JN412385

아버지의 뜻(마음)

1권-창세기 1장

아버지의 뜻(마음)

1권-창세기 1장

초판 1쇄 인쇄일 2016년 6월 23일
초판 1쇄 발행일 2016년 7월 01일

지은이 죄인
펴낸이 양옥매
디자인 이윤경
교 정 조준경

펴낸곳 도서출판 책과나무
출판등록 제2012-000376
주소 서울특별시 마포구 방울내로 79 이노빌딩 302호
대표전화 02.372.1537 **팩스** 02.372.1538
이메일 booknamu2007@naver.com
홈페이지 www.booknamu.com
ISBN 979-11-5776-200-2(03230)

이 도서의 국립중앙도서관 출판시도서목록(CIP)은 서지정보유통지원 시스템 홈페이지(http://seoji.nl.go.kr)와 국가자료공동목록시스템 (http://www.nl.go.kr/kolisnet)에서 이용하실 수 있습니다.
(CIP제어번호 : CIP2016013707)

· 1권 – 창세기 1장 ·

아버지의 뜻

(마음)

·
죄
인
지
음

책과나무

차 · 례

•

성경을 보면 진리의 영이 있습니다.

진리의 영이 있다는 것은 거짓의 영이 있다는 것입니다. 거짓이 없으면 진리가 없어야 하듯이, 거짓의 영이 있기에 진리의 영이 있다는 것으로 판단해 보시기를 원합니다.

진리는 나를 살리지만 거짓은 나를 죽입니다. 거짓이 진리로 있으면 거짓은 마치 나를 살리는 진리인 양 있으면서 나를 죽인다는 것입니다. 진리의 영이 있다는 것은 거짓의 영이 마치 나를 살리는 진리의 영으로 있다는 것을 나타낸다는 것으로 계속 말씀드리겠습니다.

깨달음이란 무엇인가요? 깨달음이란 모르는 것을 알게 되었다는 것입니다. 깨달음이란 진리로 믿고 있는 것이 거짓이라는 것을 알게 되었다는 것입니다. 깨달음이란 진리로 믿고 있는 것이 나를 죽이는 거짓임을 알게 되었다는 것입니다.

깨달음이란 성경을 보면서 무엇이 옳고 그른지 마음으로 알게 되었다는 것입니다. 깨달음이란 성경을 보면서 나를 살리는 진리가 무엇이고 나를 죽이는 거짓이 무엇인지 마음으로 알게 되었다는 것으로 계속 말씀드리겠습니다.

내가 진리를 알고자 하는 것은 거짓이 있기 때문입니다. 거짓이 거짓으로 있고 진리가 진리로 있으면 나는 거짓을 알려고 하지 않아도 됩니다. 그러나 거짓이 진리로 있으면 거짓은 진리가 있다는 것을 나에게 숨겨야 합니다.

거짓이 진리로 있으면 진리가 있다는 것을 가르쳐 주는 자가 없다는 것이기에 나는 마음으로 진리가 무엇인지 알려고 하여야 한다는 것입니다. 그러면 깨달음이란 거짓이 나를 살리는 진리로 있으면서 나를 죽이고 있다는 것을 내가 마음으로 알게 되었다는 것으로 판단해 보시기를 원합니다.

창세기 1장은 성경의 시작입니다. 창세기 1장은 성경의 나중을 알기 위하여 기록된 시작이라는 것입니다. 그러면 창세기 1장은 성경을 알기 위하여 내가 반드시 알아야 하는 반석이라는 것입니다. 그리고 창세기 1장은 성경이 기록된 뜻을 나에게 가르쳐 주려고 기록된 반석이라는 것을 나는 마음으로 알아야 한다는 것으로 계속 말씀드리겠으니 판단해 보시기를 원합니다.

예레미야 29:13 너희가 온 마음으로 나를 구하면 나를 찾을 것이요 나를 만나리라

하나님은 "내가 누구인지 알려면 너는 마음으로 나를 찾아야 한다"고 말한 것입니다. 하나님을 알고자 한다면 나는 마음으로 하나님이 누구인지 알려고 하여야 한다는 것입니다. 하나님이 무엇을 원하고 있는지 알고자 한다면 나는 마음으로 하나님이 한 말을 알려고 하여야 한다는 것으로 계속 말씀드리겠으니 판단해 보시기를 원합니다.

그리고 내가 집을 떠났다면 나는 집으로 돌아가야 합니다. 그런데 내가 어디에서 왔는지 모르면 나는 집으로 돌아가는 길을 찾지 못합니다. 그러면 내가 성경을 보면서 돌아갈 집을 찾지 못하면 나는 집으로 돌아가려고 떠돌아다니는 자가 된다는 것입니다.

성경에 집으로 돌아가는 길이 없다면 나는 떠돌아다니는 자가 되어야 한다는 것입니다. 성경에 하늘로 돌아가는 방법을 기록하지 않았다면 나는 허공을 떠돌아다녀야 하기에, 성경에는 내가 하늘로 돌아가는 답(길)이 있어야 한다는 것으로 계속 말씀드리겠으니 판단해 보시기를 원합니다.

1학년부터 학교를 다니는 이유가 무엇인가요? 나는 1학년부터 시험의 답을 배우지 못합니다. 나는 1학년부터 시험의 답을 배우지 못하지만 나중에 더 좋은 답을 찾는 반석을 배운다는 것입니다.

내가 1학년부터 배우는 것은 시험에서 거짓이 아니라 진리를 찾으려는 것입니다. 나는 시험에서 거짓이 아닌 진리를 찾고 나중에 더 좋은 것을 알기 위하여 1학년부터 배운다는 것입니다. 그러면 창세기 1장은 내가 시험에 빠지지 않기 위하여 반드시 알아야 하는 진리의 반석이라는 것을 나는 마음으로 알(깨달)아야 한다는 것으로 계속 말씀드리겠으니 판단해 보시기를 원합니다.

창세기 2:4 여호와 하나님이 천지를 창조하신 때에 천지의 창조된 대략이 이러하니라

대략이란 대강의 줄거리를 말하기에 천지가 창조된 과정을 모르면 그 과정을 대략으로 기록하지 못합니다. 천지가 창조된 과정을 대략으로 기록하려면 그 과정을 알아야 한다는 것입니다. 그러면 창세기 1장은 내가 반드시 알아야 할 것을 요약하여 기록한 것이기에 창세기 1장은 무엇인가를 알게 하려고 기록된 반석이라는 것입니다.

그런데 창세기 1장을 대략으로 기록하였다 것은 내가 무엇인가를 구체적으로 아는 것을 원하지 않고 있는 것이 되기도 합니다. 창세기 1장을 대략으로 기록하였다는 것은 내가 무엇인가를 구체적으로 아는 것을 원하지 않기에 나에게 무엇인가를 숨기려고 한 것이 된다는 것입니다.

창세기 1장을 대략으로 기록하였다는 것은 성경을 보더라도 무엇인가를 알지 못하게 하였다는 것입니다. 창세기 1장을 대략으로 기록하였다는 것은 성경을 보더라도 무엇인가를 찾지 못하게 하였다는 것이기에 진리를 숨기려고 한 것이 된다는 것으로 계속 말씀드리겠으니 판단해 보시기를 원합니다.

만약 이해가 되지 않는 부분이 있으면 그냥 읽고 넘어가시기를 간절히 원합니다. 그리고 이 죄인이 드리는 말씀을 보시면서 머리에 그림만 그려 달라고 감히 부탁의 말씀을 드립니다. 나중을 알려면 처음을 알아야 하듯이 처음과 나중은 중간에 끊어지지 않고 계속 이어져 있기 때문으로 처음부터 읽으시면 감히 이러한 말씀을 드리는 이유를 아시게 되실 것입니다.

이 죄인은 나를 살리려고 일하시는 아버지의 뜻을 간절히 구하고 있습니다. 나를 살리려고 일하시는 아버지의 뜻(마음)을 마음으로 알면 머리로 외우지 않아도 아버지의 뜻(마음)을 알게 된다는 것입니다. 이 죄인이 드리는 말씀을 외우려고 하시면 기존에 생각하고 짐작한 틀을 깨지 못하고 혼란에 빠질 것이기에 감히 부탁의 말씀을 드리는 것으로 보시면서 판단해 보시기를 간절히 원합니다.

•

1:1 태초에 하나님이 천지를 창조하시니라

나의 믿음은 내가 증거해야 확실한 증거가 됩니다. 이 죄인이 드리는 말씀을 보시면서 아버지를 하나님으로 불러야 할지 하나님을 아버지라 불러야 할지 판단해 보시기를 원합니다.

태초는 시간의 시작이라는 것입니다. 하나님은 태초의 전부터 있었다는 것입니다. 하나님은 태초의 전부터 있었기에 태초에 천지를 창조하였다고 말한 것입니다. 그러면 하나님이 태초라는 시간이 시작되기 전에 어디에 있었다는 것인지 나는 마음으로 알려고 하여야 한다는 것입니다.

그런데 하나님이 태초에 천지를 창조한 것이 아니라는 것입니다. 하나님으로 인하여 태초에 빛이 없는 하늘과 땅이 만들어진 것으로 계속 말씀드리겠습니다. 창세기 1장은 아버지께서 왜 빛이 없는 하늘과 땅을 만들었는지 나에게 숨기려고 대략으로 기록한 것으로 계속 말씀드리겠으니 판단해 보시기를 원합니다.

아버지께서 빛이 있는 하늘을 만들었다면 아버지는 어디에 있다는 것인가요? 아버지께서 빛이 있는 하늘을 만들었다면 아버지는 빛이 없는 하늘에 있어야 한다는 것입니다. 아버지께서 빛이 있는 하늘을 만들었다면 아버지는 빛이 없는 하늘에 있어야 하지만 태초에 만든 하늘은 빛이 없는 하늘이기에 아버지는 빛이 있는 하늘에 계신 것이 된다는 것입니다.

아버지는 빛이 없는 하늘과 땅을 창조하신 것입니다. 빛이 없는 하늘과 땅을 창조하려면 빛이 있는 하늘에 있어야 한다는 것입니다. 그러면 아버지께서는 자신이 빛이 있는 하늘에 있다는 것을 나에게 나타내면서 내가 땅에서 숨을 쉬면서 살아 있듯이 아버지는 자신이 빛이 있는 하늘에서 숨을 쉬면서 살아 있다는 것을 나타내신 것으로 계속 말씀드리겠으니 판단해 보시기를 원합니다.

창조란 이제까지 없었던 것을 새로이 만들었다는 것입니다.

하늘에 계신 아버지라고 말하는데 하늘이 있기에 아버지가 계신 것일까요 아니면 아버지가 있기에 하늘이 있는 것일까요? 하늘이 있기에 아버지가 하늘에 있다면 아버지는 하늘을 찾아 허공을 떠돌아다녀야 한다는 것입니다. 그러면 아버지는 자신이 빛이 있는 하늘에 있다는 것을 나타내려고 태초에 아버지가 없기에 빛이 없는 하늘과 땅을 만든 것으로 계속 말씀드리겠습니다.

아버지가 빛이 없는 하늘을 만들고 그 하늘에 있으면 하늘은 어떻게 되어야 한다는 것인가요? 아버지가 빛이 없는 하늘을 만들고 그 하늘에 있으면 빛이 있는 하늘이 되어야 한다는 것입니다. 아버지가 있는 곳은 아버지의 집이기에 빛이 없는 하늘을 만들고 그 하늘에 있으면 그 하늘은 당연히 빛이 있는 하늘이 되어야 한다는 것입니다. 그러면 나는 아버지가 있기에 빛이 있는 것이지 빛이 있기에 아버지가 빛의 하늘에 있는 것이 아님을 마음으로 알아야 한다는 것입니다.

아버지께서 태초에 아버지가 없기에 빛이 없는 하늘과 땅을 만든 것은 아버지가 없으면 하늘에 빛이 없다는 것을 보여준 것으르 계속 말씀드리겠으니 보시고 판단해 보시기를 원합니다.

아버지의 집에 땅이 있으면 나는 하늘의 어디에 있는 것일까요?

빛이 있는 하늘에는 그림자가 없지만 땅에는 나의 그림자가 있다는 것입니다. 내가 나의 그림자가 있는 땅에 있다는 것은 하늘의 끝에 있는 것과 같다는 것으로 판단해 보시기를 원합니다.

내가 땅(하늘의 끝)에 있다는 것은 아버지와 있지 않겠다고 한 것이 된다는 것입니다. 그리고 나에게 아버지를 떠난 탕자라고 하였으니 나는 아버지에게 돌아가지 않겠다고 고집을 부리고 있다는 것으로 계속 말씀드리겠으니 판단해 보시기를 원합니다.

땅이 없다면 아버지를 떠난 탕자인 나는 어디에 있어야 한다는 것인가요? 나는 아버지가 없기에 빛이 없는 하늘에 있어야 한다는 것입니다. 그런데 나는 아버지가 없기에 빛이 없는 하늘이 아니라 땅(하늘의 끝)에 있다는 것입니다. 그러면 아버지께서는 내가 아버지에게 돌아오기를 기다리고 있다는 아버지의 마음을 나타낸 것으로 계속 말씀드리겠으니 판단해 보시기를 원합니다.

아버지께서 빛이 없는 하늘과 땅을 만든 것은 아버지의 뜻이 있다는 것입니다. 그리고 아버지께서 아버지를 떠난 나에게 아들을 보낸 것은 아버지의 뜻이 살아 있음을 나타낸 것입니다. 그러면 아버지께서는 아버지를 떠난 나에게 아버지의 뜻을 나타내신 것이기에 나는 아버지께 아버지의 뜻을 모른다고 말하지 못한다는 것입니다.

아버지께서는 아버지가 없기에 빛이 없는 하늘과 땅을 만들었고 나는 아버지를 떠나 땅에 있으니 내가 아버지의 뜻을 모르면 죄가 되지만 아버지께 아버지의 뜻을 가르쳐 달라고 하면 죄를 짓는 것이 아니라는 것입니다. 그리고 이 죄인은 아버지의 아들이 말(증거)한 것을 보면서 아버지께 아버지의 뜻을 가르쳐 달라고 간절히 매달리고 있기에 아버지의 뜻(마음)을 알면 이 죄인이 얼마나 미약한 말을 하고 있는 가엾은 자인지 아시게 되실 것입니다.

아버지께서는 무엇으로 빛이 없는 하늘과 땅을 만든 것일까요?

아버지는 재료를 가지고 빛이 없는 하늘과 땅을 만든 것일까요? 아버지가 재료를 가지고 빛이 없는 하늘과 땅을 만들었다면 아버지의 집에는 밤(어둠)이 있어야 한다는 것입니다. 그러나 아버지는 자신의 그림자가 없는 빛에 계시기에 아버지의 집에 없는 것을 새로이 창조한 것이 된다는 것입니다.

그러면 아버지는 말씀으로 빛이 없는 하늘과 땅을 만든 것일까요? 아버지가 말씀으로 만들었다면 성경에는 태초에 하나님의 말로 하늘과 땅이 있게 되었다고 기록되어야 하지 않을까요? 그러나 성경에 기록된 창세기의 처음(시작)은 태초에 하나님이 하늘과 땅을 창조하였다는 것입니다.

무슨 재료가 있는 것도 아니고 말씀도 아니라면 뜻으로 하늘과 땅을 만든 것이 아닐까요? 뜻의 의미는 무엇을 하겠다고 속으로 먹은 마음이라는 것입니다. 그러면 아버지께서 무엇을 하겠다고 마음으로 결정을 하고 태초에 빛이 없는 하늘과 땅을 만든 것이기에 성경의 시작에는 아버지의 뜻이 있다는 것입니다.

아버지께서 마음을 정하고 아버지가 없기에 빛이 없는 하늘과 땅을 만든 것은 아버지가 그 일을 하겠다고 결정을 할 만한 일이 하늘(아버지의 집)에서 있었다는 것입니다. 아버지께서 뜻을 세우고 아버지가 없기에 빛이 없는 하늘과 땅을 만든 것은 아버지가 그 일을 하여야만 할 이유가 하늘(아버지의 집)에 있었다는 것이기에 나는 반드시 아버지의 뜻을 마음으로 알려고 하여야 한다는 것으로 계속 말씀드리겠으니 판단해 보시기를 원합니다.

•

1:2 땅이 혼돈하고 공허하며 흑암이 깊음 위에 있고 하나님의 신은 수면에 운행하시니라

하나님의 신이 빛이 없는 하늘에 있다는 것입니다. 그러면 하나님은 빛이 있는 하늘에 있지만 하나님의 신이 빛이 없는 하늘에 있다는 것이기에 나는 하나님의 신이 누구인지 알아야 한다는 것입니다. 그런데 하나님은 자신만 유일한 신이라고 말하기에 하나님의 신이란 곧 하나님이라는 것을 나는 마음으로 알아야 한다는 것으로 판단해 보시기를 원합니다.

요한복음 4:24을 보면 하나님은 영이라고 말합니다. 하나님을 유일한 신이라고 말하니 신이란 영이라는 것입니다. 그러면 신이란 영을 말하기에 하나님의 신이란 곧 하나님의 영이라는 것입니다.

하나님의 영이란 하나님의 모습으로 있는 영이라는 것입니다. 하나님의 영이란 하나님의 모습이기에 곧 하나님의 아들이라는 것입니다. 그러면 하나님은 빛이 있는 하늘에 있지만 빛이 없는 하늘에는 하나님의 모습(아들)이 있다고 말한 것입니다.

하나님은 빛이 있는 하늘에 있지만 하나님의 아들(모습)은 빛이 없는 하늘에 있다고 말한 것입니다. 그러면 내가 하나님의 아들(모습)이 되면 나는 빛이 없는 하늘에 있게 된다는 것으로 계속 말씀드리겠으니 판단해 보시기를 원합니다.

그리고 요한1서 1:5을 보면 하나님을 빛이라고 말합니다. 하나님은 빛이고 영이기에 하나님은 빛의 영이라는 것입니다. 하나님은 빛이고 신이란 영이기에 하나님의 신이란 빛의 영이라는 것입니다. 그러면 하나님의 신이 빛이 없는 하늘에 있다는 것은 하나님(빛의 영)이 빛이 없는 하늘에 있다는 것을 숨기려고 나를 기혹한 것으로 계속 말씀드리겠으니 판단해 보시기를 원합니다.

하나님의 신 ⇒ 성령(하나님의 영) ⇒ 하나님의 아들(모습)

↓

빛의 영 ⇒ 하나님은 빛이고 영 ⇒ 빛의 영은 하나님을 말함

하나님과 성령(하나님의 영)과 하나님의 아들(모습)은 모두 빛의 영을 나타낸다는 것입니다. 빛의 영은 자신이 빛이 없는 하늘에 있다는 것을 숨기려고 하나님과 성령(하나님의 영)과 하나님의 아들(모습)이라는 이름으로 있다는 것입니다. 빛의 영은 자신이 누구인지 드러내지 않으려고 하나님과 성령(하나님의 영)과 하나님의 아들(모습)이라는 이름으로 자신을 숨기고 있다는 것으로 삼위일체에 대하여는 계속 말씀드리겠습니다.

그런데 아버지가 하나님이라면 하나님의 신은 아버지의 영이라는 것입니다. 아버지가 하나님이라면 하나님의 신은 아버지의 영이기에 아버지의 모습으로 있는 아버지의 아들이 된다는 것입니다. 아버지가 하나님이라면 아버지의 아들은 빛이 없는 하늘에 있어야 한다는 것이기에 내가 아버지를 가리켜 하나님이라고 말하면 나는 아버지가 없는 하늘에 있게 된다는 것으로 계속 말씀드리겠으니 판단해 보시기를 원합니다.

하나님이 아버지라면 하나님의 신인 빛의 영은 아버지의 모습인 아버지의 아들이라는 것입니다. 하나님이 아버지라면 빛의 영은 아버지가 있는 집에 있어야 한다는 것입니다. 그러나 빛의 영은 아버지가 없기에 빛이 없는 하늘에서 아버지의 이름으로 있기에 성경에 하

나님(빛의 영)이 아니라 하나님(빛)의 신(영)으로 기록한 것으로 계속 말씀드리겠으니 판단해 보시기를 원합니다.

1. 아버지께서 빛이 없는 하늘을 만든 것은 아버지가 있어야 하늘에 빛이 있다는 것을 나타내신 것입니다.

아버지께서 아버지가 없는 하늘을 만들었으면 자신의 집이 어떠한 하늘인지 나에게 보여주어야 한다는 것입니다. 그리고 왜 아버지가 없는 하늘을 만들었는지 나에게 가르쳐 주어야 한다는 것입니다.

요한1서 1:5 하나님은 빛이시라 그에게는 어두움이 조금도 없으시니라

하나님은 자신의 집을 하늘이라고 말합니다. 하나님이 빛이라면 하나님(빛)의 신(영)이 있는 하늘은 빛이 있어야 한다는 것입니다. 하나님은 자신의 집을 하늘이라고 말하기에 빛의 영은 빛이 있는 하늘에 있어야 한다는 것입니다. 하나님은 자신의 집을 하늘이라고 말하기에 빛의 영이 있게 된 빛이 없는 하늘은 빛의 하늘이 되어야 한다는 것으로 판단해 보시기를 원합니다.

아버지가 있기에 하늘에 빛이 있는 것일까요 아니면 빛이 있기에 아버지가 빛의 하늘에 있는 것일까요? 그리고 창세기 1장은 말씀으로 시작되는 것일까요 아니면 뜻으로 시작되는 것일까요?

태초에 하늘과 땅을 만들었다는 것은 아버지께서 마음으로 결정을 하고 아버지의 뜻으로 만든 것입니다. 그러면 나는 아버지께서 왜 마음으로 결정을 하고 빛이 없는 하늘과 땅을 만들어야만 하였는지 아버지의 뜻을 간절히 알려고 하여야 한다는 것으로 계속 말씀드리겠으니 판단해 보시기를 원합니다.

내가 나의 집에서 평안하게 있으면 나는 무엇을 하겠다는 마음을 먹지 않는다는 것입니다. 나에게 무엇을 하겠다는 마음이 없으면 나는 뜻을 세우지 않는다는 것입니다. 그리고 내가 무엇을 하겠다는 마음을 먹었지만 그 마음을 철회하면 나는 그 일을 하지 않기에 뜻을 세우지 않는다는 것입니다.

내가 님의 집에서 주인이 되려고 하면 님은 나에게 경고를 할 것입니다. 내가 님의 집을 빼앗으려고 하면 님은 나에게 빼앗기지 않으려고 할 것입니다. 그래도 내가 계속 님을 쫓아내려고 계획(음도)을 꾸미면 님은 나를 님의 집에서 쫓아낼 것입니다.

그러나 내가 주인이 되려고 한 것을 후회하고 용서를 구하면 님은 나를 쫓아내야겠다고 마음먹은 것을 철회한다는 것입니다. 내가 주인이 되려고 한 것을 후회하고 님에게 용서를 구하면 님은 나를 쫓아내야겠다고 마음먹은 것에 대하여 뜻을 세우지 않게 된다는 것입니다. 그러면 아버지께서 마음을 철회하지 않았기에 뜻을 세우고 아버지가 없기에 빛이 없는 하늘과 땅을 만든 것이 된다는 것으로 판단해 보시기를 원합니다.

아버지께서는 태초에 아버지가 없기에 빛이 없는 하늘과 당을 만든 것입니다. 그리고 아버지가 없기에 빛이 없는 하늘에 하나님(빛의 영)이 있게 되었다는 것입니다. 그런데 하나님(빛의 영)이 아버지가 없기에 빛이 없는 하늘에 있게 된 것은 그 이유가 있다는 것으로 계속 말씀드리겠으니 판단해 보시기를 원합니다.

하늘에 있는 빛은 무슨 빛일까요?

마태 6:9 하늘에 계신 우리 아버지여 이름이 거룩히 여김을 받으시오며

아버지의 이름에 대하여는 계속 말씀드리겠습니다. 거룩하다는

것은 성스럽고 위대하다는 것입니다. 성스럽고 위대한 것이 무엇인지 모르기에 나는 거룩한 것을 추상적으로 생각하게 된다는 것입니다. 그러나 무엇을 추상적으로 믿으면 나는 나의 믿음이 추상적이지 않다는 것을 나타내려고 무조건 그 종교(믿음)를 진리로 믿어야 한다고 스스로 세뇌를 시키게 된다는 것입니다.

거룩하다는 것은 살아 있다는 것으로 계속 말씀드리겠습니다. 아버지의 이름도 살아 있으면 아버지는 얼마나 거룩한 것인가요? 아버지의 살아 계심이 빛으로 나오기에 아버지가 있는 집은 아버지의 거룩함이 빛으로 있는 하늘이라는 것입니다.

아버지께서 태초에 만든 하늘은 빛이 없는 하늘이고 아버지가 없는 하늘이라는 것입니다. 아버지께서 태초에 만든 하늘은 아버지가 없기에 빛이 없는 하늘이라는 것입니다. 아버지께서 태초에 만든 하늘은 아버지가 없기에 아버지의 거룩함이 없는 하늘이라는 것입니다. 그러면 아버지께서는 아버지가 없기에 아버지의 거룩함이 없는 하늘을 만든 것이지 빛의 영이 없기에 빛이 없는 하늘을 만든 것이 아니라는 것으로 계속 말씀드리겠으니 판단해 보시기를 원합니다.

아버지께서 계신 하늘 ⇒ 아버지께서 태초에 창조한 하늘

아버지가 있기에 빛이 있음 ⇒ 아버지가 없기에 빛이 없음

아버지의 거룩함이 있음 ⇒ 아버지의 거룩함이 없음

↓

빛의 영이 주인이 되려고 함 ⇒ 빛의 영이 주인으로 있게 됨

아버지께서 왜 아버지가 없기에 빛이 없는 하늘을 만들었는지 나는 아버지의 마음을 알아야 한다는 것입니다. 아버지께서 왜 아버지가 없기에 빛이 없는 하늘을 만들었는지 아버지의 마음을 알려고 하지

않으면 나는 내가 왜 아버지를 떠난 것인지 알려고 하지 않는 것이기에 결코 아버지의 뜻을 구하지 못하게 된다는 것으로 계속 말씀드리겠습니다.

2. 땅이 혼돈하고 공허하다고 아버지의 마음을 말한 것입니다.

하나님이 사람에게 생기를 주고 사람을 생령으로 만들었다고 말합니다. 생기는 살아 있는 기이고 생령은 살아 있는 영이라는 것입니다. 그런데 하나님이 자신만 살아 있는 유일한 신(영)이라고 말하는 것은 잘 아실 것입니다. 그러면 하나님이 사람을 생령(살아 있는 영)으로 만들었다는 것은 거짓이라는 것입니다. 하나님은 유일하게 살아 있는 영이기에 하나님이 만든 사람은 생기(살아 있는 기)로 있는 죽은 영이라는 것으로 계속 말씀드리겠으니 판단해 보시기를 원합니다.

혼돈이란 온갖 사물이나 정신적 가치가 뒤섞이어 갈피를 잡지 못하는 것입니다. 땅은 지구이고 우주는 빛이 없는 하늘이라는 것입니다. 그러면 땅은 우주(빛이 없는 하늘)에 있기에 땅에 있는 나는 허공(빛이 없는 하늘)을 떠돌아다니고 있는 것이 된다는 것으로 판단해 보시기를 원합니다.

그리고 땅은 우주에 있으면서 불인 해를 돌고 있다는 것입니다. 그러면 나는 허공(빛이 없는 하늘)에 있는 불(해)이 태우고 있는 하늘을 보면서 빛이 있는 하늘이 무엇인지 갈피를 잡지 못하고 있다는 것으로 계속 말씀드리겠습니다.

공허란 텅 비었고 헛됨을 의미하는 것입니다. 내가 불(해)이 밝히고 있는 달에 있다고 생각해 보시기 바랍니다. 나는 빛이 있는 하늘을 찾아 빛이 없는 허공을 떠돌아다니는 헛된 일을 하고 있는 것이 된다는 것입니다. 내가 허공(빛이 없는 하늘)을 떠돌아다니면서 빛이 있는 하늘을 찾으려고 헛된 일을 하고 있는 것은 마음으로 아버지가 있는 하늘을 찾지 않으면서 하나님이 주인으로 있는 허공(빛이 없는 하늘)에서 빛을 찾아 떠돌아다니고 있기 때문이라는 것으로 계속 말씀드리겠습니다.

땅이 혼돈하고 공허하다는 것은 나에게 빛이 있는 하늘을 찾아 빛이 없는 허공을 떠돌아다니지 말라고 아버지의 마음을 나타낸 것입니다. 빛이 있는 하늘을 찾으려고 빛의 영이 주인으로 있는 빛이 없는 허공을 떠돌아다니지 말라고 아버지의 마음을 나타낸 것입니다. 아버지께서는 아버지를 떠난 나에게 "네가 눈으로 빛이 있는 하늘을 찾으면 너는 내가 있는 하늘을 찾지 못할 것이다"고 아버지의 마음을 나타낸 것으로 계속 말씀드리겠습니다.

흑암이 깊음 위에 있다는 것입니다.

아버지께서는 태초에 아버지가 없는 하늘과 땅을 만든 것입니다.

아버지께서 만든 하늘 ⇒ 아버지가 없기에 빛이 없는 하늘

하늘에 빛이 없음 ⇒ 땅(하늘의 끝)을 비추지 못함

흑암은 무엇인가요? 흑암에는 빛이 없다는 것입니다. 흑암에는 빛이 없으니 아버지의 거룩함이 없다는 것입니다. 흑암은 아버지의 거룩함(살아 계심)이 없기에 사망을 의미한다는 것입니다.

아버지께서 빛이 없는 하늘과 땅을 만들었으니 땅에 있는 나는 아버지의 거룩함(살아 계심)이 없는 사망의 아래에 있는 것이 된다는 것입니다. 그러나 내가 사망의 아래에 있기에 사망으로 들어가는 것이 아니라 하늘을 밝히려고 하기에 사망으로 들어가야 한다는 것으로 계속 말씀드리겠습니다.

아버지께서는 빛이 없는 하늘을 만들었지만 흑암이라고 말하지 않았다는 것입니다. 아버지께서 빛이 없는 하늘을 흑암이라 부르면 아버지는 무덤을 만든 것이 된다는 것입니다. 아버지께서 빛이 없는 하늘을 흑암이라 부르면 아버지는 나를 죽이려고 무덤을 만든 것이 된다는 것입니다. 그러나 아버지께서 빛이 없는 하늘을 만든 것은 나에게 아버지를 떠나지 말라고 한 것으로 계속 말씀드리겠습니다.

깊음은 어디를 말하는 것일까요?

아버지는 하늘과 땅을 만들었으니 흑암의 아래에 있는 깊음은 땅이 되어야 한다는 것입니다. 그런데 빛의 영이 수면 위를 운행하였으니, 하늘과 땅의 사이에는 물이 있다는 것입니다. 그러면 빛이 없는 하늘의 아래에 물이 있고 물 아래에는 땅이 있어야 하지만, 깊음은 그 끝을 모르기에 땅은 깊음이 아니라는 것입니다.

그리고 물은 거울과 같기에 자신의 위에 있는 것이 어떠한 모습인지 나타낸다는 것입니다. 그런데 물의 위에는 빛의 영이 있지만 빛이 없는 하늘이라는 것입니다. 그러면 물은 빛의 영이 있지만 빛이 없는 하늘의 아래에 있기에 흑암이 되어야 한다는 것입니다. 물은 빛의 영이 있는 하늘의 모습이 어떠한지 나타내어야 하지만 물은 자신의 위에 빛의 영이 있다는 것을 나타내지 못하는 흑암이기에 물은 빛의 영이 있는 하늘의 모습을 나에게 숨기고 있는 것이 된다는 것입니다.

아버지께서 아버지가 없기에 빛이 없는 하늘을 만들었으니 물은 아버지가 없으면 하늘에 빛이 없다는 모습을 나타내어야 한다는 것입니다. 그리고 빛이 없는 하늘에 빛의 영이 있게 되었으니 물은 빛의 영이 빛이 없는 하늘에 있다는 모습이 되어야 한다는 것입니다. 그러나 물은 흑암이기에 빛의 영이 빛이 없는 하늘에 있다는 것을 숨기면서 빛의 영이 없으면 하늘에 빛이 없다는 것을 나타내는 모습이 되었다는 것으로 계속 말씀드리겠습니다.

아버지가 없기에 빛이 없는 하늘 ⇒ 빛의 영이 있게 됨

↓ 하늘의 아래에 물이 있음 ↓

물은 아버지가 없으면 하 ⇒ 물은 빛의 영이 빛이 없는 하

늘에 빛이 없다는 모습 늘에 있다는 모습이 되어야 함

물은 빛이 없는 하늘의 아래에 있기에 흑암이라는 것입니다. 물은 하나님이 빛이 없는 하늘에 있다는 것을 숨기면서 하나님이 하늘에 없으면 하늘에 빛이 없다는 것을 나타내는 흑암이 되었다는 것으로 계속 말씀드리겠습니다.

3. 하나님(빛의 영)이 수면 위를 돌아다녔다는 것입니다.

아버지께서 빛이 없는 하늘을 만들었지만 하늘 아래에 물이 있다는 것입니다. 그런데 빛의 영이 물을 밟고 빛이 없는 하늘에 있게 된 것입니다. 그러면 물은 하나님이 있는 하늘의 모습을 나타내는 그림자이고 흑암이라는 것입니다.

하나님은 빛이 없는 하늘에서 물의 위를 돌아다녔다는 것입니다. 그리고 물은 하나님이 빛이 없는 하늘에 있다는 모습에서 흑암(하나님이 빛이 없는 하늘에 있다는 것을 숨김)이 되었다는 것으로 계속 말씀드리겠습니다.

하늘에서 땅을 보면 땅은 흑암의 아래에 있다는 것입니다. 하늘에서 땅을 보면 땅은 흑암 아래에 있기에 깊음이 되어야 한다는 것입니다. 하늘에서 땅을 보면 땅은 흑암 아래에 있기에 깊음이 되어야 하

지만, 깊음은 자신의 끝에 있는 것을 보여주지 않기에 흑암 아래의 깊음은 땅이 아니라는 것입니다.

빛이 없는 하늘 ⇒ 하나님(빛의 영)이 있음

↓

물 ⇒ 흑암(하나님이 빛이 없는 하늘에 있음을 숨김)이 됨

↓

깊음 ⇒ 자신의 끝을 보여주지 않기에 땅을 보여주지 않음

↓

땅 ⇒ 깊음이 아니라는 것임 ⇒ 땅에 있는 나는 하나님이 빛이 없는 하늘에 있다는 것을 모르면서 하나님이 하늘에 없기에 하늘에 빛이 없다고 말한다는 것임

하나님은 자신이 있는 하늘의 그림자인 흑암을 밟고 자신이 빛이 없는 하늘에 있다는 것을 숨기려고 한다는 것입니다. 하나님은 자신이 빛이 없는 하늘에 있다는 것을 숨기면서 흑암을 밟고 깊음의 위에 있지만 깊음은 땅이 아니라는 것입니다.

밤에 땅에 물을 뿌리고 물에 비추는 하늘을 보시면 흑암이 무엇인지 아실 것입니다. 깊음은 흑암의 아래에 있고 땅을 보여주지 않으니 깊음은 물이나 땅이 아니라는 것입니다. 그러면 흑암 아래의 깊음은 흑암과 땅의 사이에 있는 허공이라는 것입니다.

빛이 없는 하늘 ⇒ 하나님(빛의 영)이 있음

↓

물 ⇒ 흑암(하나님이 빛이 없는 하늘에 있음을 숨김)이 됨

↓

허공 ⇒ 하나님이 밟고 있는 흑암의 아래에 있는 깊음이 됨

↓

땅 ⇒ 깊음의 아래에 있지만 흑암의 아래에 있는 것이 아님

흑암은 하나님이 있는 하늘의 그림자(모습)인 물이라는 것입니다.

아버지께서는 아버지가 없기에 빛이 없는 하늘을 만들었고 하나님이 있게 되었다는 것입니다. 하나님은 아버지가 없는 하늘에 있고 하나님이 밟고 있는 물은 흑암이라는 것입니다. 하나님은 아버지가 없는 하늘에서 주인으로 있고 물은 하나님이 빛이 없는 하늘에 있다는 것을 숨기는 흑암이라는 것입니다.

물은 흑암이 되어 깊음(허공)의 위에 있다는 것입니다. 하나님이 밟고 있는 흑암이 깊음(허공)의 위에 있으니 하나님은 자신이 빛이 없는 하늘에 있다는 것을 숨기고 있다는 것입니다. 하나님이 밟고 있는 흑암이 깊음(허공)의 위에서 땅을 덮고 있으니 하나님은 자신이 어디에 있는 누구인지 나에게 가르쳐주지 않겠다고 한 것으로 판단해 보시기를 원합니다.

하나님은 빛이 없는 하늘에 있고 나는 땅에 있다는 것입니다.

탕자는 아버지를 떠난 아들이라는 것입니다. 나는 아버지를 떠나 땅에 있다는 것입니다. 그런데 빛은 하늘에 있어야 한다는 것입니다. 그러면 내가 하늘(아버지의 집)에서 빛으로 있었다면 나는 땅이 아니라 빛이 없는 하늘에 있어야 한다는 것입니다.

내가 땅에 있다는 것은 내가 하늘(아버지의 집)에서 빛으로 있던 것이 아니라는 것입니다. 내가 땅에 있다는 것은 내가 하늘(아버지의 집)에서 빛으로 있던 것이 아니라 숨을 쉬는 영으로 있었다는 것을 나타낸다는 것으로 계속 말씀드리겠습니다.

하나님이 자신의 집을 하늘이라고 말하는 것은 자신의 집은 빛이

있는 하늘이라는 것입니다. 그런데 하나님은 아버지가 없는 하늘에 있게 되었으니 하늘(아버지의 집)을 자신의 집으로 삼으려고 한 것이 된다는 것입니다. 그리고 나는 아버지와 함께 있으면서 하늘(아버지의 집)을 밝히는 빛이 되려고 하였기에 아버지를 떠나 땅에 있게 되었다는 것으로 계속 말씀드리겠습니다.

하나님은 하늘(아버지의 집)을 떠나 아버지가 없는 하늘에서 나에게 아버지가 되려고 한다는 것입니다. 아버지를 떠나 땅에서 육체(하나님의 형상)로 있는 나는 아버지가 없는 하늘에서 아버지로 있는 하나님의 아들(모습)이 되려고 한다는 것입니다. 아버지를 떠나 땅에서 육체(하나님의 형상)로 있는 나는 빛이 아니기에 아버지가 없는 하늘을 밝히는 불(하나님의 모습)이 되려고 한다는 것으로 계속 말씀드리겠습니다.

아버지가 나를 시험하기에 내가 땅에 있는 것이라고 오해하지 않아야 한다는 것입니다. 내가 아버지를 떠나 하나님의 아들(모습)이 되려고 땅에서 육체(하나님의 형상)로 있는 것이기 때문입니다. 아버지는 나를 시험하지 않지만 내가 하늘을 밝히는 빛이 되려고 아버지를 떠나 땅에서 육체(하나님의 형상)로 있는 것임을 나는 마음으로 알아야 한다는 것으로 계속 말씀드리겠습니다.

아버지께서 나를 숨을 쉬면서 살아 있는 영으로 만들려고 일하고 계심을 모르면 나는 결코 아버지의 마음(뜻)을 알지 못하게 된다는 것입니다. 내가 하나님의 아들(모습)이 되려고 하나님을 아버지라 부르는데 아버지께서 "네가 나의 뜻(마음)을 아느냐"고 물으면 나는 무조건 하나님이나 예수님만 믿는다고 말할 것인가요? 그리고 아버지께서 "너의 믿음이 무엇이냐"고 물으면 나는 하나님이나 예수가 왜 나의 아버지이고 주인인지 설명하지 못하면서 하나님이나 예수를 무조건 믿기에 섬긴다는 말만 할 것인가요? 이것이 아버지의 거룩함(살아 계심)이 빛으로 있는 하늘(아버지의 집)로 들어가는 문(아버지의 마음)을 열지 못하는 동문서답이라고 말씀드리는 것으로 계속 드리는 말씀을 보시면서 판단해 보시기를 원합니다.

요한복음 5:36 내게는 요한의 증거보다 더 큰 증거가 있으니 아버지께서 내게 주사 이루게 하시는 역사 곧 **나의 하는 그 역사가 아버지께서 나를 보내신 것을 나를 위하여 증거하는** 것이요 10:25 예수께서 대답하시되 내가 너희에게 말하였으되 믿지 아니하는도다 **내가 내 아버지의 이름으로 행하는 일들이 나를 증거**하는 것이어늘

아버지의 이름이란 아버지의 모습으로 있는 영이라는 것입니다. 내가 아버지의 이름으로 있는 아버지의 모습이기에 아버지께서 나를 아들로 증거하는 것이 아니라고 말한 것입니다. 내가 아버지의 이름으로 아버지께서 하시고 계신 일을 하고 있기에 아버지께서 나를 아들로 증거하는 것이라고 말한 것입니다.

아버지의 이름으로 있는 아버지의 모습이란 아버지를 대신하여 아버지로 있는 영이라는 것입니다. 아들은 “나는 아버지의 이름으로 아버지를 대신하여 아버지로 있는 영이 아니다”고 말한 것입니다. 아들은 아버지의 이름으로 아버지를 대신하여 아버지로 있는 영이 아니라 아버지께서 하시고 계신 일을 아버지의 이름으로 하고 있는 것이라고 말한 것입니다. 아들은 “나는 아버지의 이름으로 아버지를 대신하여 너에게 아버지로 있으려는 것이 아니라 너의 영을 살리려고 일하시는 아버지를 따라 일하기에 아버지께서 나를 아들로 증거하는 것이다”고 말한 것으로 계속 말씀드리겠습니다.

아들은 아버지의 뜻을 행하면서 자신이 누구인지 증거해 주는 분은 아버지라고 말한 것입니다. 이 죄인이 감히 아버지의 뜻을 간절히 알려고 하는 것은 내가 아버지를 모르면 아버지가 나를 아들로 증거하지 않을 것이고 나는 아버지의 아들로 돌아가지 못할 것이기 때문입니다. 아버지가 아들을 보낸 것은 아버지의 뜻이 계신 것이기에 아들이 비유로 말한 뜻에서 아버지의 뜻을 간절히 구하면서 아버지가 원하는 것을 행하여야 나는 아버지에게 아들이라는 증거를 받게 된다는 것으로 계속 말씀드리겠으니 판단해 보시기를 원합니다.

4. 아버지께서는 아버지의 마음과 뜻을 나타내신 것입니다.

마음이 없으면 뜻이 없기에 일하지 않는다는 것입니다. 마음이 없으면 뜻이 없기에 일하지 않지만 하지 않아도 될 일을 하였다면 그 일에는 뜻이 있다는 것입니다. 아버지께서 하지 않아도 될 일을 하셨다면 나는 내가 아버지의 마음을 아프게 하였기에 아버지께서 그 일을 하였다는 것을 알아야 한다는 것으로 판단해 보시기를 원합니다.

내가 아버지의 마음을 아프게 하였기에 아버지께서 하지 않아드 될 일을 하였다는 것을 알아야 나는 아버지의 마음에 들려고 일하게 된다는 것입니다. 내가 아버지의 마음을 아프게 하였기에 아버지께서 태초에 그 일을 하였다는 것을 알아야 나는 아버지의 뜻을 간절히 구하면서 아버지의 마음에 들려고 일하게 된다는 것으로 판단해 보시기를 원합니다.

아버지의 뜻에는 나의 영을 살리려는 아버지의 마음이 있다는 것을 알아야 나는 아버지의 마음에 들려고 한다는 것입니다. 아버지의 뜻에는 나의 영을 살리려는 아버지의 마음이 있다는 것을 알아야 나는 아버지의 마음에 드는 일을 하려고 아버지께 아버지의 뜻을 가르쳐달라고 간절히 매달리게 된다는 것으로 아버지께서 나에게 무엇을 원하고 있는지에 대하여는 계속 말씀드리고 있으니 판단해 보시기를 간절히 원합니다.

아버지가 아버지로 있지 못하는 하늘에는 나의 영을 살리려는 아버지가 없다는 것입니다. 아버지가 아버지로 있지 못하는 하늘에는 아버지를 아버지라 부르지 않는 자가 있다는 것입니다. 아버지를 아버지라 부르지 않는 자가 주인으로 있는 하늘에는 나의 영을 살리려는 아버지가 없기에 나의 영을 죽이려고 일하는 자가 아버지로 있는 하늘이라는 것으로 판단해 보시기를 원합니다.

아버지께서 빛이 없는 하늘과 땅을 만든 것은 아버지의 뜻이 있다는 것입니다. 아버지께서는 마음으로 빛이 없는 하늘과 땅을 만들겠다고 결정한 것을 철회하지 않았다는 것입니다. 아버지께서 마음으로 결정한 것에 대하여 뜻을 세우고 태초에 빛이 없는 하늘과 땅을 만들었으니 아버지는 태초에 만든 하늘과 땅을 영원히 빛이 없는 곳으로 있게 할 수도 있었다는 것을 나는 마음으로 알아야 한다는 것입니다.

그러나 아버지께서는 빛의 영이 있게 된 빛이 없는 하늘에 빛을 있게 하였고 땅에서 육체로 있게 된 나에게는 아들을 보낸 것입니다. 그러면 아버지께서는 태초에 만든 하늘과 땅을 그대로 두고 아버지의 뜻을 이루겠다는 아버지의 의지를 나에게 나타내신 것입니다. 그리고 아버지께서 자신이 만든 하늘과 땅을 없애면 아버지는 뜻도 없이 일한 것이 되기에 하늘과 땅을 그대로 두고 아버지의 뜻을 이룬다는 것입니다. 아버지께서는 빛이 없는 하늘과 땅을 그대로 두고 아버지의 뜻을 이루기에 때가 되면 빛의 영은 자신이 하늘의 주인이라는 것을 나타내려고 아버지가 없는 하늘을 불로 태운다는 것으로 계속 말씀드리겠습니다.

아버지께서는 나의 영을 살리겠다는 아버지의 마음으로 아버지를 떠난 내가 땅에서 육체로 있는 것을 지켜보고 계신 분이라는 것입니다. 아버지께서는 아버지를 떠난 탕자인 내가 하나님의 아들(모습)이 되려고 하기에 나를 숨을 쉬면서 살아 있는 영(아버지의 모습)으로 만들어 나에게 아버지의 집으로 들어가는 둔을 열어주려고 아버지의 집에서 나를 기다리고 계신 분이라는 것입니다. 그러나 내가 나의 영을 살리는 일을 하지 않으면서 아버지를 무조건 아버지로 믿는다고 아버지의 집으로 들어가는 것이 아니라고 아버지의 아들이 가르쳐주었으니 내가 어떻게 하여야 아버지의 집으로 들어가는지에 대하여는 계속 말씀드리겠으니 보시면서 판단해 보시기를 간절히 원합니다.

•

1:3 하나님이 가라사대 빛이 있으라 하시매 빛이 있었고 4 그 빛이 하나님의 보시기에 좋았더라 하나님이 빛과 어두움을 나누사 5 빛을 낮이라 칭하시고 어두움을 밤이라 칭하시니라 저녁이 되며 아침이 되니 이는 첫째 날이니라

빛의 영은 빛이 없는 하늘에 있지만 그 하늘에 빛이 있게 되었다는 것입니다. 그러면 아버지께서는 빛의 영을 빛이 없는 하늘에 두고 자신의 영광을 나타내려고 빛을 있게 한 것이 됩니다. 그러나 빛이 없는 하늘에 빛의 영과 빛이 있게 된 것은 그럴만한 이유가 있었다는 것으로 계속 말씀드리겠습니다.

하나님은 빛의 영이 자신을 숨기려고 만든 이름이라는 것입니다. 하나님이 빛이라면 하나님은 빛의 하늘에 있어야 합니다. 그리고 하나님이 빛이 있으라고 말하면 하나님에게서 빛이 나오지 않는다는 것이기에 나는 하나님이 빛이 있으라고 말한 것이 아님을 마음으로 알아야 한다는 것입니다.

빛은 하늘에 있어야 한다는 것입니다. 빛은 하늘을 밝혀야 하기에 빛이 없는 하늘에 있어야 한다는 것입니다. 빛은 누가 있으라고 말하지 않아도 빛이 없는 하늘을 빛으로 만들어야 한다는 것입니다. 그러나 빛은 빛이 있으라는 말을 듣고 빛이 없는 하늘에 있게 되었으니 빛은 하나님이 아님을 나는 마음으로 알아야 한다는 것으로 계속 말씀드리겠으니 판단해 보시기를 원합니다.

1. 하나님이 가라사대 빛이 있으라 하시매 빛이 있었고

아버지의 말씀으로 하늘에 빛이 있게 되었다는 것입니다.

빛의 영은 빛이 없는 하늘에서 ⇒ 빛이 있는 하늘에 있게 됨

물은 흑암에서 ⇒ 물(하나님이 빛의 하늘에 있다는 모습)이 됨

님이 나에게 무엇을 하라고 시키려면 대화를 하면서 서로 무슨 말을 하고 있는지 그 의미를 알아야 한다는 것입니다.

창세기 11:1 온 땅의 구음이 하나이요 언어가 하나이었더라 6 여호와께서 가라사대 이 무리가 한 족속이요 언어도 하나이므로 이같이 시작하였으니 이후로는 그 경영하는 일을 금지할 수 없으리로다

태초에 한 사람이 있었으니 구음이 하나이고 언어가 하나인 것은 당연한 것이 아닐까요? 그리고 사람이 말을 하였다면 사탐은 누구의 언어를 사용한 것일까요? 사람은 동산에서 하나님과 대화를 하였으니 하나님의 언어를 사용한 것이 된다는 것입니다.

그런데 하나님은 아버지를 떠나 빛이 없는 하늘에 있게 되었으니 아버지와 대화를 한 것입니다. 그러면 아버지와 한 사람과 하나님은 모두 하나의 언어로 말한 것이기에 나는 내가 하나님에게 말하는 것을 아버지도 듣고 있다는 것을 마음으로 알아야 합니다. 그리고 아버지와 한 사람과 하나님이 하나의 언어로 말하였다는 것은 한 사람과 하나님이 아버지의 집에서 살아 있는 영(아버지의 모습)으로 있었다는 것으로 계속 말씀드리겠으니 판단해 보시기를 원합니다.

내가 방언으로 말하지 않으면 하나님은 듣지 못한다는 것일까요? 성령을 받지 못하였거나 방언을 하지 못한다면 이러한 말씀을 드리지 못할 것입니다. 내가 방언(외국어)을 하듯이 외국인도 방언(한국어)을 하기에 하나님은 나의 방언(외국어)과 외국인의 방언(한국어)을 모두 듣고 있다는 것입니다. 모든 사람이 말하는 것을 하나

님은 모두 듣고 있다는 것이기에 내가 방언으로 말하여야 하나님이 듣는다고 믿으면 나는 나의 입을 성령에게 주고 성령을 대신하여 말하는 입이 되어야 한다는 것으로 이것에 대하여는 계속 말씀드리겠습니다.

방언으로 말하면 나는 무슨 말인지 모른다는 것입니다. 내가 나의 입에서 나오는 말이 무슨 말인지 모르면 나는 헛소리를 하고 있는 것이 된다는 것입니다. 내가 모르는 말을 하면 하나님은 듣고 있다는 것이기에 하나님은 나의 헛소리를 듣지 나의 진실된 말을 듣는 자가 아니라는 것입니다. 그러면 나는 하나님에게 나를 살려달라고 하면서 죽은 자가 되려고 헛소리를 한다는 것이고 하나님은 나의 헛소리를 듣고 나를 죽이려고 한다는 것으로 계속 말씀드리겠으니 판단해 보시기를 원합니다.

그리고 한국인만 아니라 외국인도 하나님의 응답을 듣는다는 것은 잘 아실 것입니다. 그러면 하나님은 응답을 듣는 자들의 언어로 말한다는 것이기에 나는 내가 모르는 말을 하지 말고 내가 원하는 말을 하여야 한다는 것으로 판단해 보시기를 원합니다.

있으라는 자리를 떠나거나 벗어나지 말고 머물라는 것입니다. 그러면 아버지께서는 빛에게 "빛의 영이 있지만 빛이 없는 하늘을 빛의 하늘로 만들고 흑암(물)을 비추라"고 말씀하신 것입니다. 그리고 아버지께서 빛에게 "빛의 영이 있지만 빛이 없는 하늘을 빛의 하늘로 만들고 흑암(물)을 비추라"고 한 것은 빛에게 땅을 비추라고 말씀하신 것으로 계속 말씀드리겠습니다.

하늘에게 "빛의 하늘이 되라"고 말하면 하늘은 어떻게 된다는 것일까요?

하늘에게 빛의 하늘이 되라고 하면 하늘은 스스로 빛이 있는 하늘이 되어야 합니다. 아버지께서 하늘에게 빛의 하늘이 되라고 하였다면 "나는 하늘을 밝히지 못하기에 빛이 없는 하늘에 있다"고 말한 것이 된다는 것입니다.

빛이 없는 하늘은 아버지가 없지만 하나님이 있다는 것입니다. 하늘이 빛의 하늘이 되면 하늘에 아버지가 없고 하나님이 있기에 빛이 있는 것이 된다는 것입니다. 하늘이 빛의 하늘이 되면 하늘은 하나님이 있기에 빛이 있는 것이라 하고 나는 하나님이 주인으로 있는 하늘이 빛이라고 말하게 된다는 것입니다.

그리고 아버지께서 하나님에게 하늘을 빛으로 만들라고 하면 하나님에게서 빛이 나와야 한다는 것입니다. 하나님에게서 빛이 나와 하늘을 빛으로 만들면 나는 하나님을 하늘의 아버지로 섬기면서 자신만 유일하게 살아 있는 영이라고 말하는 하나님의 아들인 죽은 영이 되어야 한다는 것입니다.

하늘은 아버지의 집이지만 하나님도 자신의 집을 하늘이라고 말한다는 것입니다. 하늘은 아버지의 집이지만 하나님도 자신의 집을 하늘이라고 말하기에 하늘은 주인이 있는 건물과 같기에 하늘은 자신의 주인으로 인하여 빛이 있는 하늘이 되어야 한다는 것입니다. 하늘은 자신의 주인으로 인하여 빛이 있는 하늘이 되어야 하지만 아버지가 없는 하늘이 빛의 하늘이 되려면 자신을 불로 태워야 한다는 것으로 계속 말씀드리겠습니다.

하나님이 빛이 없는 하늘에 있는 것은 자신에게서 빛이 나오지 않기 때문이라는 것입니다. 하나님이 빛이 없는 하늘에 있으면서 빛이 있으라고 말하였다면 하나님은 자신이 하늘을 빛으로 밝히지 못한다고 스스로 증거한 것이 된다는 것입니다.

하나님에게 하늘을 빛으로 만들라고 하면 하나님은 어떻게 된다는 것인가요?

하나님이 빛이 없는 하늘을 빛으로 만들면 하나님에게서 빛이 나와야 한다는 것입니다. 하나님이 빛이 없는 하늘을 빛으로 만들면 하나님은 "나의 거룩함이 빛이기에 내가 하늘의 주인이다"고 말한다는 것입니다. 하나님이 빛이 없는 하늘을 빛으로 만들면 하나님은 "내가 하늘의 주인이기에 하늘에 빛이 있는 것이다"고 하면서 하늘에서 살아 있는 유일한 영이 된다는 것입니다.

하나님이 하늘을 빛으로 만들면 하나님은 아버지가 없기에 빛의 하늘에 있는 것이 된다는 것입니다. 하나님이 하늘을 빛으로 만들면 아버지는 하나님이 없기에 빛이 없는 하늘에 있어야 한다는 것입니다. 하나님이 빛이 없는 하늘을 빛으로 만들면 하나님은 아버지가 없는 빛의 하늘에서 유일하게 살아 있는 영으로 있어야 하고 아버지는 빛이 없는 하늘에서 숨을 쉬지 못하는 죽은 영으로 있어야 한다는 것으로 판단해 보시기를 원합니다.

자신만 유일하게 살아 있는 영이라고 말하는 하나님이 빛의 하늘에 있으면 나는 하늘에서 살아 있는 영으로 있지 못한다는 것입니다. 하나님이 빛의 하늘에 있으면 나는 빛이 없는 하늘에서 살아 있는 영으로 있어야 한다는 것입니다. 하나님이 빛이 없는 하늘을 빛으로 만들면 아버지는 빛이 없는 하늘에 있어야 하고 나는 영을 살리는 일을 하여도 결코 빛의 하늘로 들어가지 못하기에 허공(빛이 없는 하늘)에서 살아 있는 영으로 있어야 한다는 것으로 판단해 보시기를 원합니다.

하나님(빛의 영)이 있는 빛이 없는 하늘에 빛이 있게 되었다는 것입니다.

빛이 없는 하늘을 빛으로 만들려면 많은 빛이 필요한 것일까요? 아버지께서 빛이 없는 하늘을 만들었지만 하나님이 주인으로 있으니 아버지가 만든 빛이 없는 하늘은 하나라는 것입니다.

그러면 빛이 없는 하늘에 있게 된 빛은 몇 개가 되어야 한다는 것인가요? 빛이 없는 하늘이 하나이듯이 빛이 없는 하늘에 하나의 빛이 있게 되었다는 것입니다. 그리고 자신만 유일하게 살아 있는 영이라고 말하는 하나님이 자신의 집을 하늘이라고 말한 것은 빛이 있는 하늘은 하나이고 빛이 없는 하늘도 하나라고 말한 것으로 판단해 보시기를 원합니다.

빛이 없는 하늘은 빛만 있는 하나의 하늘이 되었다는 것입니다. 하나님이 주인으로 있는 빛이 없는 하늘이 빛만 있는 하나의 하늘이 되었다는 것으로 판단해 보시기를 원합니다.

아버지가 있는 하늘에는 아버지의 거룩함(살아 계심)이 빛으로 있다는 것입니다. 아버지가 없는 하늘에는 하나님이 있지만 빛이 없다는 것입니다. 그러면 아버지의 집에 있던 빛이 하나님이 있는 집(빛이 없는 하늘)으로 간 것이 된다는 것입니다. 그런데 아버지의 집에 있던 빛은 아버지가 있던 부분에 대하여 빛이 없어야하기에 아버지가 있던 부분은 비어 있어야 한다는 것입니다.

빛은 아버지가 있던 자리에 빛이 없으면서 하나님이 있지만 빛이 없는 하늘로 간 것이 됩니다. 빛은 아버지가 있던 자리에 빛이 없으면서 하나님이 있지만 빛이 없는 하늘로 간 것이기에 하나님은 아버지가 있던 자리인 빛이 없는 자리에 있어야 한다는 것입니다. 빛은 하나님이 있지만 빛이 없는 하늘로 갔고 하나님은 아버지가 있던 자리에 있어야하기에 하나님(빛의 영)은 아버지의 모습이라는 것으로 판단해 보시기를 원합니다.

빛은 빛의 영이 있는 하늘에 있고 빛의 영은 아버지의 모습이기에 빛의 영은 빛의 하늘에 있는 아버지의 모습이 된다는 것입니다. 그러면 아버지께서는 빛과 빛의 영에게 아버지가 있는 하늘이 어떠한 모습인지 나타내라고 말씀하신 것으로 계속 말씀드리겠으니 판단해 보시기를 원합니다.

빛이 아버지가 있는 집을 빛으로 만든 것이 아니라는 것입니다.

아버지의 집이 빛이 있는 하늘이라고 하여 빛이 아버지가 있는 하늘을 밝힌 것이 아니라는 것입니다. 아버지의 이름도 거룩히 여김을 받으니 아버지는 거룩함 그 자체로 계신 분이라는 것입니다. 아버지는 거룩함 그 자체로 계신 분이기에 아버지가 있는 집은 아버지의 거룩함이 빛으로 있는 하늘이라는 것입니다. 아버지가 있는 집은 아버지의 거룩함이 빛으로 있기에 빛은 아버지의 집을 밝힌 것이 아니라 아버지의 거룩함으로 빛을 냈다는 것으로 계속 말씀드리겠습니다.

빛은 하늘(아버지의 집)을 떠나 하나님이 있지만 빛이 없는 하늘을 빛의 하늘로 만든 것입니다. 그런데 빛이 하늘(아버지의 집)을 떠나 아버지의 모습인 하나님이 있지만 빛이 없는 하늘을 밝힌 것은 그 이유가 있다는 것입니다.

하나님은 하늘에서 주인이 되려고 하였기에 아버지를 떠나 아버지가 없는 하늘에서 주인으로 있게 되었다는 것입니다. 그리고 빛은 하나님이 하늘의 주인이기에 하늘에 빛이 있는 것이라고 하였기에 하늘(아버지의 집)을 떠나 하나님이 주인으로 있는 빛이 없는 하늘에 있게 되었다는 것으로 계속 말씀드리겠으니 판단해 보시기를 원합니다.

하나님이 있는 빛이 없는 하늘 ⇒ 아버지가 있는 하늘

↓

하나님의 거룩함은 빛이 아님 ⇒ 아버지의 거륵함은 빛

↓

빛은 하나님(빛의 영)이 있지만 빛이 없는 하늘에 있음

↓

아버지의 모습인 하나님은 빛이 있게 된 하늘에 있게 됨

빛은 아버지가 없지만 아버지의 모습인 하나님이 있는 하늘을 밝힌 것입니다. 그리고 물은 흑암(하나님이 빛이 없는 하늘에 있다)에서 물(아버지의 모습인 하나님이 빛의 하늘에서 아버지로 있다는 모습)이 되었다는 것으로 계속 말씀드리겠습니다.

하나님은 아버지가 없는 하늘에서 아버지의 모습으로 있음

↓

하나님은 빛이 없는 하늘에서 ⇒ 빛이 있는 하늘에 있게 됨

↓

아버지의 모습이 아버지가 없는 하늘에 있으면 빛이 없는 하늘에 있게 됨	⇔	아버지의 모습이 아버지가 없지만 빛이 있는 하늘에 있게 되었으니 아버지가 있는 하늘의 모습

하나님은 아버지가 없기에 빛이 없는 하늘에 있게 되었으니 하늘의 주인이 되려고 한 것을 후회하여야 한다는 것입니다. 하나님은 하늘의 주인이 되려고 한 것을 후회하고 아버지가 있는 하늘로 돌아가야 하지만 아버지가 없는 하늘에서 자신이 하늘의 주인이라고 하였다는 것으로 계속 말씀드리겠습니다.

빛은 아버지의 모습인 하나님이 있는 하늘에 있게 되었으니 아버지

가 있는 하늘의 모습을 나타내어야 한다는 것입니다. 그러면 빛이 하나님이 있는 하늘에 있게 된 것은 아버지가 있는 하늘의 모습을 나타내라는 아버지의 뜻이 계신다는 것입니다. 그러나 빛은 하나님을 빛이 있는 하늘의 주인(아버지)으로 만들었다는 것으로 계속 말씀드리겠습니다.

2. 그 빛이 하나님 보시기에 좋았더라 하나님이 빛과 어두움을 나누사

나에게 하나님의 양자가 되라는 것은 진짜 아버지가 있다는 것입니다. 나에게 하나님의 양자가 되라는 것은 아버지가 죽었으니 하나님의 아들이 되라는 것입니다. 그리고 나에게 하나님의 양자가 되라는 것은 나를 아버지를 죽인 탕자로 만들려는 것으로 계속 말씀드리겠으니 판단해 보시기를 원합니다.

하나님이 나를 양자로 삼으려면 나에게 아버지가 있다는 것을 숨겨야 합니다. 하나님은 아버지가 되려고 아버지가 살아 있다는 것을 숨기지만 내가 하나님이 누구인지 마음으로 알려고 하면 나는 나에게 아버지가 있다는 것을 알게 된다는 것입니다. 자신만 유일하게 살아 있는 영이라고 말하는 하나님이 나에게 아버지가 되려면 나를 죽은 영으로 만들어야 하기에 내가 하나님을 마음으로 알려고 하면 나는 나의 영을 살리려고 일하는 아버지가 있다는 것을 알게 된다는 것으로 판단해 보시기를 원합니다.

하나님이 나에게 원하는 것은 아버지가 원하는 것이 아니라는 것입니다. 하나님이 나에게 시키는 일은 아버지가 원하는 일이 아니라는 것입니다. 하나님이 무엇을 가리켜 보기에 좋다고 말하면 아버지가 보기에 좋지 않은 것임을 나는 마음으로 알아야 한다는 것으로 판단해 보시기를 원합니다.

하나님은 빛이 없는 하늘에서 주인(아버지)으르 있음

↓

하나님(빛의 영)이 보기에 좋음 ⇒ 아버지가 보기에 좋지 않음

하나님(빛의 영)의 마음에 들음 ⇒ 아버지의 마음에 들지 않음

하나님이 마음에 들어 하 ⇔ 빛이 하나님을 위하여 있으면
는 것은 빛이라는 것임 아버지의 마음에 들지 않음

하나님은 빛이 있는 ⇔ 하나님(빛의 영)을 하늘의 주인으로
하늘에 있으려고 함 만들면 아버지의 마음에 들지 않음

죽은 자는 숨을 쉬지 못합니다.

죽으면 어떠한 육체가 되었다는 것인가요? 죽으면 숨을 쉬지 못하는 육체가 되었다는 것입니다. 살아 있다는 것은 숨을 쉬고 있다는 것이고 죽었다는 것은 숨을 쉬지 못하게 되었다는 것입니다. 그러면 내가 숨을 쉬면서 살아 있는 것은 아버지에게서 숨결을 받았기 때문이라는 것으로 계속 말씀드리겠습니다.

숨을 쉬고 있다는 것은 거룩한(살아 계신) 아버지의 숨결을 받았다는 것입니다. 숨을 쉬고 있다는 것은 나에게 아버지의 거룩함(살아 계심)이 숨결로 있다는 것입니다. 그러면 나는 숨을 쉬면서 살아 있는 것으로 아버지께서 숨을 쉬면서 살아 계신 분이라는 것을 증거하는 것으로 판단해 보시기를 원합니다.

내가 생기가 되면 나는 나에게 있는 숨결(아버지의 거룩함)로 하나님의 거룩함을 나타내어야 한다는 것입니다. 내가 생기가 되면 나는 하나님의 집(빛이 없는 하늘)을 밝히는 불(하나님의 거룩함)이 되어야 하기에 아버지의 마음에 들지 않는 탕자가 된다는 것으로 계속 말

씀드리겠습니다.

아버지께서 마음에 들어 하는 것은 아버지가 없는 하늘에서 주인으로 있는 하나님의 마음에 들지 않는다는 것입니다. 아버지께서 마음에 들어 하는 것은 자신만 유일하게 살아 있는 영이라고 말하면서 아버지가 없는 하늘에서 아버지가 되려는 하나님이 싫어한다는 것입니다. 내가 아버지의 마음에 들려고 영을 살리는 일을 하면 아버지는 좋아하지만 자신만 유일하게 살아 있는 영이라고 말하는 하나님은 싫어한다는 것입니다. 그러면 내가 영을 살리는 일을 하면 자신만 유일하게 살아 있는 영이라고 말하는 하나님은 나를 영을 살리는 일을 하지 않는 자로 만들려고 한다는 것으로 판단해 보시기를 원합니다.

하나님은 빛이 없는 하늘에 있게 되었다는 것입니다.

빛은 하나님이 주인으로 있는 하늘을 빛의 하늘로 만든 것입니다. 그런데 하나님이 보기에 자신의 집(빛이 없는 하늘)을 밝히는 빛이 좋았다는 것입니다. 그러면 하나님은 빛이 마음에 들어 자신의 집을 빛이 있게 된 하늘과 어둠(빛이 없던 하늘)으로 나눈 것으로 판단해 보시기를 원합니다.

하나님이 자신의 집을 밝히는 빛을 마음에 들어 하면 자신의 집은 마음에 들지 않았다는 것입니다. 하나님은 빛이 없는 자신의 집은 마음에 들지 않았지만 자신의 집을 밝힌 빛은 마음에 들었다는 것입니다. 하나님은 빛이 없는 자신의 집을 밝힌 빛이 좋았지만 자신의 집은 마음에 들지 않았기에 자신의 집을 빛이 있는 하늘과 어둠(빛이 없는 하늘)으로 나눈 것입니다. 하나님은 빛이 없는 자신의 집을 밝힌 빛이 좋았기에 빛이 있는 하늘을 자신의 집으로 삼고 자신의 집은 마음에 들지 않았기에 어둠으로 만들었다는 것입니다.

빛이 없는 하늘에 있게 된 하나님은 빛이 있게 된 하늘이 마음에 든 것입니다. 하나님은 빛이 없는 하늘은 마음에 들지 않아 어둠으로 만들었지만 어둠은 하나님이 주인으로 있던 빛이 없는 하늘이라는 것입니다. 그러면 하나님은 자신이 주인으로 있던 빛이 없는 하늘이 마음에 들지 않았기에 어둠이라 부르면서 마치 자신은 어둠에 없는 것처럼 나를 미혹한 것이 된다는 것으로 계속 말씀드리겠습니다.

빛은 하나님이 주인인 빛이 없는 하늘을 빛으로 만듦

↓

하나님은 빛의 하늘에 있음 ⇔ 빛이 없는 하늘은 하나님 집

하나님이 하늘의 주인이기 ⇔ 하나님이 하늘의 주인이 아니

에 하늘에 빛이 있다고 함　　기에 빛이 없음을 나타냄

하나님(빛의 영)의 마음에 듦 ⇔ 하나님의 마음에 들지 않음

↓

빛과 어둠은 하나님이 주인으로 있는 하늘에서 나누어진 것임

낮(빛)과 밤(어둠)은 모두 하나님이 주인으로 있는 하늘에 있고

내가 눈으로 보고 있는 하늘이라는 것임

하나님은 빛과 어둠을 지금의 낮과 밤처럼 나눈 것일까요?

하나님은 빛과 어둠을 지금의 낮과 밤처럼 나는 것이 아닙니다. 하나님은 물의 위에 있기에 물의 위에 있는 하늘은 빛이 있는 하늘이 되고 하나님의 머리 위에 있는 하늘은 빛이 있다가 물러났기에 다시 빛이 없는 태초의 하늘로 돌아간 것으로 계속 말씀드리겠으니 판단해 보시기를 원합니다.

하나님이 주인으로 있는 빛이 없는 하늘에 빛이 있게 됨

↓

하나님은 자신이 있는 물의 위를 빛이 있게 된 하늘로 둠

하나님은 자신의 머리 위를 다시 빛이 없는 하늘로 만듦

↓

빛이 비춘 물 ⇒ 하나님이 빛의 하늘에서 아버지로 있다는 모습

빛이 비추지 않는 물 ⇒ 하나님은 빛이 없는 하늘에 없다는 모습

↓

허공(흑암 아래의 깊음) 아래의 땅 ⇒ 나는 하나님이 빛이 없는 하늘에 있지 않다고 미혹되어 있다는 것임

빛은 하늘에서 하나님의 마음에 드는 일을 하였다는 것입니다.

내가 살아 있다는 것을 나타내는 것과 내가 죽었다는 것을 나타내는 것이 있다면 나는 당연히 내가 살아 있음을 나타내는 것을 마음에 들어 하면서 좋아한다는 것입니다. 내가 살아 있음을 나타내는 곳과 내가 죽었다는 것을 나타내는 곳이 있다면 나는 내가 살아 있음을 나타내는 곳에 있으려고 하지 내가 죽었다는 것을 나타내는 곳에 있지 않으려고 한다는 것입니다.

내가 빛이 없는 곳에 있다면 나는 내가 살아 있다는 것을 나타내지 못한다는 것입니다. 하나님은 빛이 없는 하늘에서 빛이 있게 된 하늘에 있게 되었으니 자신이 하늘에서 살아 있다는 것을 나타내려고 한다는 것입니다. 하나님은 빛이 있게 된 하늘에서 자신이 하늘의 주인이기에 하늘에 빛이 있는 것이라고 한다는 것입니다. 그러나 낮과 밤은 모두 하나님이 주인으로 있던 하나의 하늘에 있는 것임을 나는 마음으로 알아야 한다는 것입니다.

하나님이 주인으로 있는 집(빛이 없는 하늘)에 빛이 있게 됨

↓

빛의 하늘에 있음 ⇒ 빛이 없는 하늘에 있지 않으려고 함

자신이 살아 있기에 하늘에 빛이 있는 것이라고 함 ⇒ 자신이 하늘에 없기에 하늘에 빛이 없는 것이라고 함

빛은 하나님이 하늘에서 살아 있기에 자신은 하나님의 거룩함이라고 함 ⇒ 빛은 하나님이 하늘에 없으면 하나님의 거룩함이 없기에 하늘은 밤(어둠)이 된다고 함

↓

빛이 비추는 물은 하나님이 빛의 하늘에서 아버지로 있다는 모습 ⇒ 빛이 비추지 않는 물은 흑암(하나님이 하늘에 없기에 하늘에 빛이 없다는 모습)으로 있음

하나님은 자신의 집(빛이 없는 하늘)을 밝히는 빛으로 인하여 자신이 빛의 하늘에서 살아 있다는 것을 나타낸 것입니다. 빛은 하나님의 마음에 들려고 하나님의 집(빛이 없는 하늘)을 아버지가 있는 빛의 하늘로 만든 것입니다. 그리고 하나님은 자신이 빛의 하늘에서 아버지로 있다는 것을 나타내려고 자신의 집(빛이 있게 된 하나의 하늘)을 빛과 어둠으로 나누고 마치 자신은 빛이 없는 하늘에 있지 않는 것처럼 말한다는 것입니다.

빛이 없는 하늘이 빛이 있는 하늘로 됨 ⇒ 빛이 있게 된 하나의 하늘에 어둠이 생겼으니 어둠은 태초에 있던 빛이 없는 하늘이라는 것임 ⇒ 하나님은 하나인 자신의 집(빛이 있게 된 하늘)을 빛과 어둠으로 나누고 마치 자신은 어둠(빛이 없는 하늘)에 있지 않는 것처럼 나를 미혹하고 있다는 것임 ⇒ 나는 미혹되어 마음으

로 알려고 하는 것을 싫어하기에 귀와 눈을 닫고 있다는 것임

성경은 하나님만 유일한 신(영)이라는 책입니다. 성경(하나님만 유일한 영이라는 책)을 보면 나는 영이 되지 않아야 한다는 것입니다. 성경(하나님만 유일한 영이라는 책)을 보면 나는 영이 되지 않아야 하기에 마음으로 영을 살리려는 것을 싫어하게 된다는 것입니다. 성경(하나님만 유일한 영이라는 책)을 보면서 그냥 맹목적으로 믿으면 나는 영이 되지 않아야 하기에 내가 왜 영을 살리는 일을 하여야 하는지 마음으로 알려고 하는 것을 싫어하게 된다는 것으로 판단해 보시기를 원합니다.

내가 성경(하나님만 유일한 영이라는 책)을 보면서 그냥 맹목적으로 믿으면 나는 내가 왜 영을 살리는 일을 하여야 하는지 마음으로 알려고 하지 않아야 하기에 나는 눈과 귀를 닫게 된다는 것입니다. 내가 성경(하나님만 유일한 영이라는 책)을 보면서 그냥 맹목적으로 믿기에 아버지의 아들이 나에게 "너는 눈과 귀를 닫고 네가 왜 영을 살리는 일을 하여야 하는지 마음으로 알려고 하지 않으니 너는 눈과 귀를 여는 고침을 받고 영을 살리는 일을 하라"고 말한 것으로 계속 말씀드리겠습니다.

빛은 하나님을 빛의 하늘에 있는 아버지로 만든 것입니다.

빛이 없는 하늘에 있게 된 하나님은 자신이 하늘에서 살아 있다는 것을 나타내어야 합니다. 하나님은 자신만 유일하게 살아 있는 영이라고 말하기에 자신이 하늘에 있기에 하늘에 빛이 있다는 것을 나타내어야 합니다. 그러면 빛은 하나님의 마음에 들려고 하나님을 빛의 하늘에서 살아 있는 유일한 영으로 만들려고 일한 것이 된다는 것입니다.

빛이 없는 하늘은 아버지의 모습인 하나님과 빛이 있는 하늘이 되었다는 것입니다. 그러면 아버지께서는 아버지의 모습인 하나님이 빛이 있게 된 하늘에 있게 되었다고 아버지의 마음에 들었다고 한 것일까요?

빛이 없는 하늘은 아버지의 모습인 하나님과 빛이 있는 하늘이 되었지만 아버지께서는 물 가운데에 허공을 있게 하고 하늘이라 부른 것입니다. 아버지께서 물 가운데에 허공을 있게 하고 하늘이라 부른 것은 "하나님과 빛이 있는 하늘은 하늘이 아니다"고 말씀하신 것이기에 아버지의 마음에 들지 않는 곳이 되었다는 것으로 계속 말씀드리겠습니다.

아버지는 빛이 없는 하늘을 보기 좋게 만들려고 아버지의 모습인 빛의 영과 빛이 있는 하늘로 만든 것일까요?

아버지께서 빛이 없는 하늘을 아버지의 모습인 빛의 영과 빛이 있는 하늘로 만들려고 하였다면 아버지는 눈으로 즐기려고 일한 것입니다. 아버지가 빛이 없는 하늘을 아버지의 모습인 빛의 영과 빛이 있는 하늘로 만들었다면 아버지는 그냥 자신의 영광을 나타내려고 한 것이지만 아버지께서 빛이 없는 하늘을 만든 것은 아버지의 뜻이 있다는 것입니다. 아버지가 빛이 없는 하늘을 아버지의 모습인 빛의 영과 빛이 있는 하늘로 만들었다면 아버지는 그냥 뜻도 없는 일을 한 것이지만 아버지께서 빛이 없는 하늘을 만든 것은 아버지가 있는 하늘이 어떠한 모습인지 가르쳐준 것으로 계속 말씀드리겠습니다.

아버지께서 만든 빛이 없는 하늘은 무엇을 나타낸 것일까요?

아버지가 만든 하늘 ⇒ 아버지가 없는 하늘은 빛이 없음

빛이 없는 하늘에 빛의 영이 있게 됨 ⇒ 아버지가 없는 하늘+아

버지의 모습으로 있는 영이 있게 됨 ⇒ 아들이 하늘의 주인이 되려고 하면 아버지가 없기에 빛이 없는 하늘에 있게 된다는 것임

아버지가 없는 하늘+아버지의 모습인 빛의 영+빛 ⇒ 아버지를 떠난 아들은 아버지가 빛의 하늘에 있다는 것을 알아야 함 ⇒ 아버지가 있는 하늘을 모르면 아버지가 없는 하늘에서 아버지로 있는 탕자가 되어야 함

아버지께서 빛이 없는 하늘에 빛이 있으라고 한 것은 나에게 "네가 하늘을 밝히려고 하면 너는 아버지가 없기에 빛이 없는 하늘에 있게 될 것이다"고 말씀하신 것입니다. 빛이 없는 하늘에 아버지의 모습인 빛의 영이 있게 된 것은 내가 하늘의 주인이나 하나님의 아들(모습)이 되려고 하면 나는 아버지가 없기에 빛이 없는 하늘에 있게 된다는 것을 나타낸다는 것입니다. 빛의 영이 있지만 빛이 없는 하늘에 빛이 있게 된 것은 내가 하늘을 밝히는 빛이 되려고 하면 나는 하나님이 주인으로 있는 집(빛이 없는 하늘)에 있게 된다는 것을 나타낸 것으로 계속 말씀드리겠습니다.

아버지께서 아버지의 모습인 빛의 영이 있는 하늘에 빛을 있게 한 것은 나에게 아버지가 있는 하늘의 모습을 보여주면서 "너는 내가 있는 하늘을 눈으로 찾지 못하니 마음으로 찾으라"고 말씀하신 것입니다. 아버지께서 아버지의 모습인 빛의 영이 있는 하늘에 빛을 있게 한 것은 나에게 아버지가 있는 하늘의 모습을 보여주면서 "너는 하늘에서 빛이 아니라 숨을 쉬는 영(아버지의 모습)으로 있어야 한다"고 말씀하신 것이기에 나의 영을 살리겠다는 아버지의 뜻(마음)을 나타내신 것으로 계속 말씀드리겠습니다.

3. 하나님이 빛을 낮이라 칭하시고 어두움을 밤이라 칭하시니라

하나님은 빛이 있게 된 자신의 집을 빛의 하늘과 어둠(태초에 있던 빛이 없는 하늘)으로 만든 것입니다. 하나님은 빛이 있게 된 자신의 집을 빛의 하늘과 어둠(태초에 있던 빛이 없는 하늘)으로 만든 것이기에 하나의 하늘을 둘로 나눈 것입니다.

하나님은 빛이 있게 된 자신의 집을 빛의 하늘과 어둠(빛이 없던 태초의 하늘)으로 나누고 빛을 낮으로 어둠을 밤이라 부른 것입니다. 하나님은 빛이 있게 된 자신의 집을 낮과 밤으로 있는 두 개의 하늘로 나눈 것이기에 낮(빛이 있게 된 하늘)과 밤(빛이 없는 하늘)은 모두 하나님이 주인으로 있는 하늘에 있다는 것으로 판단해 보시기를 원합니다.

하나님이 자신의 집(빛이 있게 된 하늘)을 낮과 밤으로 나눈 것은 자신의 마음에 든 낮(빛이 있는 하늘)에 있으려고 한 것입니다. 하나님이 하나인 자신의 집(빛이 있게 된 하늘)을 낮과 밤으로 나눈 것은 자신의 마음에 든 낮(빛이 있는 하늘)에 있으면서 밤(태초에 있던 빛이 없는 하늘)에 있지 않으려고 한 것입니다. 하나님이 하나인 자신의 집(빛이 있게 된 하늘)을 낮과 밤으로 나눈 것은 밤에 있지 않으려고 한 것이지만 밤은 하나님이 태초에 있던 어둠(빛이 없는 하늘)이라는 것입니다.

하나님은 하나인 자신의 집(빛이 있게 된 하늘)을 낮과 밤으로 만들고 낮(빛이 있는 하늘)에 있으면서 자신은 밤(태초에 있던 빛이 없는 하늘)에 있지 않다고 나를 미혹한 것입니다. 하나님은 하나인 자신의 집(빛이 있게 된 하늘)을 낮과 밤으로 만들고 낮(빛이 있는 하늘)의 주인으로 있으면서 자신은 어둠에 있지 않다고 나를 미혹하지만 어둠은 아버지께서 태초에 만든 빛이 없는 하늘이고 하나님이 주인으로 있던 하늘이라는 것입니다.

하나님은 빛이 없는 하늘에서 빛만 있는 하나의 하늘에 있게 됨

↓

낮(빛이 있게 된 태초의 하늘) ⇒ 밤(빛이 없는 태초의 하늘)

↓

하나님이 주인으로 있음 ⇒ 하나님이 주인으로 있던 하늘

↓

낮과 밤은 태초의 하늘에 있기에 모두 하나님이 주인이라는 것임

나는 낮과 밤에 하늘을 보고 있습니다. 나는 하나님이 하나의 하늘을 둘로 나눈 빛과 어둠을 모두 보고 있는 것입니다. 나는 하나님이 주인으로 있으려는 낮(빛의 하늘)과 하나님이 주인으로 있던 밤(빛이 없는 하늘)을 모두 보고 있다는 것을 마음으로 알아야 한다는 것으로 계속 말씀드리겠습니다.

하나님이 하늘의 주인이 되려면 밤(빛이 없는 하늘)을 낮으로 만들어야 합니다. 하나님은 때가 되면 밤(빛이 없는 하늘)을 낮으로 만들어야 하기에 해처럼 자신의 집(빛이 없는 태초의 하늘)을 불로 태운다는 것으로 계속 말씀드리겠습니다.

하나님(빛의 영)은 빛과 어둠을 낮과 밤이라 부른 것입니다.

하나님은 왜 빛이 있게 된 하늘을 낮이라 부르고 어둠(빛이 없는 하늘)을 밤이라 부른 것일까요? 빛은 하나님이 주인으로 있는 빛이 없는 하늘을 밝힌 것입니다. 빛은 하나님이 주인으로 있는 빛이 없는 하늘을 밝히기에 하나님에게 빛이 없다는 것을 증거 합니다. 빛은 하나님이 주인으로 있는 빛이 없는 하늘을 밝히기에 하나님은 빛으로

하늘을 밝히지 못한다는 것을 증거한다는 것입니다.

빛은 하나님이 빛의 하늘에 있다는 것을 나타내려고 하나님의 집을 밝히지만 하나님이 하늘을 빛으로 밝히지 못한다는 것을 증거한다는 것입니다. 빛은 하나님이 빛의 하늘에서 살아 있다는 것을 나타내려고 하나님의 집을 밝히지만 하나님의 거룩함은 빛이 아니라는 것을 증거한다는 것입니다. 빛은 하나님이 빛의 하늘에서 살아 있다는 것을 나타내려고 하나님의 집을 밝히지만 하나님이 빛이 없는 하늘에서 살아 있다는 것을 증거하기에 하나님은 빛에게 낮이라는 이름을 주면서 자신의 집을 밝히지 말고 자신의 집(빛의 하늘)이 되라고 한 것입니다.

어둠은 아버지께서 태초에 만든 하늘이고 하나님이 주인으로 있는 빛이 없는 하늘입니다. 어둠은 하나님이 주인으로 있는 빛이 없는 하늘이지만 하나님은 어둠을 빛으로 밝히지 못한다는 것입니다. 어둠은 하나님이 주인으로 있지만 빛이 없는 하늘이기에 하나님에게는 어둠을 밝히는 빛이 없다는 것을 증거한다는 것입니다.

어둠은 하나님이 주인으로 있지만 빛이 없는 하늘이기에 하나님이 빛의 하늘에 있다는 것을 나타내지 못합니다. 어둠은 하나님이 주인으로 있지만 하나님에게는 빛이 없다는 것을 증거한다는 것입니다. 어둠은 하나님이 주인으로 있지만 빛이 없는 하늘이기에 하나님의 거룩함이 빛이라는 것을 나타내지 못한다는 것입니다. 그러면 하나님은 어둠에게 밤이라는 이름을 주고 하나님이 없는 하늘은 하나님의 거룩함이 없기에 빛이 없는 하늘이라는 것을 나타내라고 한 것임을 나는 마음으로 알고 낮(빛)과 밤(어둠)이라는 말에 미혹되지 않아야 한다는 것으로 계속 말씀드리겠으니 판단해 보시기를 원합니다.

하나님이 빛을 낮이라 부른 것은 빛이 하나님의 집을 아버지의 거룩함이 있는 하늘로 만들었다는 것입니다.

내가 숨을 쉬면서 살아 있는 것은 아버지에게서 아버지의 거룩한(살아 있는) 숨결을 받았기 때문이라는 것입니다. 내가 아버지의 거룩한(살아 있는) 숨결로 숨을 쉬고 있듯이 빛은 아버지의 거룩함으로 빛을 낸다는 것입니다. 내가 아버지의 거룩한 숨결로 숨을 쉬면서 살아 있듯이 빛은 아버지의 거룩함으로 빛을 내면서 살아 있다는 것을 나타낸다는 것으로 판단해 보시기를 원합니다.

빛은 하나님이 있지만 빛이 없는 하늘을 빛의 하늘로 만든 것입니다. 빛이 하나님이 있지만 빛이 없는 하늘을 빛의 하늘로 만든 것은 아버지의 거룩함이 있는 하늘로 만든 것입니다. 그리고 하나님은 아버지의 거룩함이 빛으로 있는 하늘에서 자신이 거룩한 아버지라고 말한다는 것으로 판단해 보시기를 원합니다.

빛은 하나님의 집(빛이 없는 하늘)을 아버지의 거룩함이 있는 빛의 하늘로 만든 것입니다. 하나님은 아버지가 없는 하늘에서 아버지로 있는데 빛이 하나님의 집(빛이 없는 하늘)을 아버지의 거룩함이 있는 빛의 하늘로 만든 것입니다. 하나님은 아버지가 없는 하늘에서 아버지로 있는데 빛이 하나님의 집(빛이 없는 하늘)을 아버지의 거룩함이 있는 빛의 하늘로 만들었으니 하나님은 아버지의 거룩함이 빛으로 있는 하늘에서 자신이 아버지라는 것을 나타내려고 한다는 것입니다.

하나님은 아버지가 없는 하늘에서 아버지로 있고 빛은 아버지가 없는 하늘을 아버지의 거룩함이 있는 빛의 하늘로 만든 것입니다. 하나님은 아버지가 없는 하늘에서 아버지로 있고 빛은 아버지가 없는 하늘을 아버지의 거룩함이 있는 빛의 하늘로 만들었으니 빛은 하나님의 집인 낮이 되어야 한다는 것입니다.

그리고 빛은 아버지의 거룩함으로 하나님을 빛의 하늘에 있는 아버지로 만들었으니 빛이 없는 하늘에서 하나님은 거룩함인 생기로 있는 빛이 되어야 한다는 것으로 계속 말씀드리겠습니다. 하나님이 자신의 집을 아버지의 거룩함이 있는 빛의 하늘로 만든 빛을 자신의 집으로 삼아 자신이 아버지라는 것을 나타내려고 하였듯이 숨을 쉬면서 살아 있는 나의 육체를 자신의 집으로 삼아 자신이 숨결(아버지의 거룩함)로 숨을 쉬는 아버지라는 것을 나타내려고 한다는 것으로 계속 말씀드리겠습니다.

내가 나의 집을 밝히려고 하는데 나에게서 빛이 나오지 않는다는 것입니다. 빛이 없는 내가 나의 집을 밝히려면 나는 나의 집을 불로 밝혀야 합니다. 나에게서 빛이 나오지 않는데 내가 나의 집을 밝히려면 나는 불이 되어 나의 집을 불로 태워야 한다는 것으로 판단해 보시기를 원합니다.

아버지께서는 빛이 없어도 아버지의 거룩함으로 아버지의 집을 빛으로 만드는 분이라는 것입니다. 그러나 하나님은 자신의 집을 밝히는 빛이 없으면 불로 자신의 집을 밝혀야 하기에 하나님의 거룩함은 빛이 아니라 불이라는 것을 나는 마음으로 알아야 한다는 것으로 계속 말씀드리겠습니다.

아버지의 거룩함으로 빛을 내는 빛은 어떠한 모습일까요?

낮에는 빛이 있지만 밤에는 빛이 없다고 말합니다. 낮에는 빛이 있고 밤에는 빛이 없다고 말하지만 낮의 하늘에는 해가 있고 밤의 하늘에는 달이 있습니다. 그러면 나는 해가 밝히는 하늘을 보면서 빛이 있지만 달이 밝히는 하늘을 보면서 빛이 없다고 말하는 것입니다.

그런데 빛은 하늘을 밝혀야 하기에 빛이 없는 하늘에 있어야 한다는 것입니다. 그리고 아버지께서는 빛에게 빛이 없는 하늘에 있으라고 말씀하신 것입니다. 그러면 빛은 빛이 없는 하늘에 있어야 하기에 밤(빛이 없는 하늘)에 있어야 한다는 것입니다.

빛은 빛이 있는 하늘을 밝히지 못하기에 낮의 하늘에 있는 것이 아니라는 것입니다. 빛은 어둠(빛이 없는 하늘)을 밝혀야 하기에 밤의 하늘에 있어야 한다는 것입니다. 빛은 밤의 하늘에 있어야 하기에 낮의 하늘을 밝히는 것은 빛이 아니라는 것입니다. 빛은 밤의 하늘에 있어야 하기에 낮의 하늘을 밝히는 해는 빛이 아니라 불이라는 것입니다.

빛은 아버지의 거룩함으로 빛이 없는 하늘을 밝혀야 하기에 낮에 있는 것이 아니라는 것입니다. 아버지의 거룩함이 없는 빛은 빛이 없는 하늘을 밝히지 못하기에 밤에 있는 것이 아니라는 것입니다. 아버지의 거룩함으로 빛을 내는 빛은 밤의 하늘에 있어야 하고 아버지의 거룩함이 없는 빛은 낮의 하늘에 있어야 한다는 것입니다. 그러면 내가 아버지의 거룩함이 있는 빛을 보려면 밤의 하늘을 밝히는 달을 보면 된다는 것이고 아버지의 거룩함이 없는 빛을 보려면 낮의 하늘을 불로 태우는 해를 보면 된다는 것으로 계속 말씀드리겠습니다.

아버지의 거룩함이 있는 빛 ⇔ 아버지의 거룩함이 없는 빛

↓

빛이 없는 하늘을 밝힘 ⇔ 빛이 없는 하늘을 밝히지 못함

밤의 하늘을 밝히고 있는 달 ⇔ 낮의 하늘을 밝히고 있는 해

↓

아버지의 거룩함으로 빛을 내는 ⇔ 아버지의 거룩함이 없는

빛은 하늘을 불로 태우지 않음 빛은 하늘을 불로 태움

4. 하나님이 빛을 낮이라 부르시고 어두움을 밤이라 부르시니라 저녁이 되며 아침이 되니 이는 첫째 날이니라

저녁이 되며 아침이 되었다는 것은 낮은 저녁이 되고 밤은 아침이 되었다는 것입니다. 저녁이 되면 낮은 밤으로 가고 아침이 되면 밤은 낮으로 간다는 것입니다. 그런데 나는 낮의 하늘과 밤의 하늘을 보고 있지만 저녁과 아침이라는 하늘의 아래에 있지 못하니 저녁과 아침이라는 하늘을 보지 못하는 것입니다.

그런데 달을 보면 낮과 밤이 있지만 낮과 밤의 경계가 하나로 이어져 있다는 것입니다. 그러면 저녁과 아침은 낮과 밤의 경계이기에 낮과 밤의 가운데에 있다는 것입니다. 나는 달을 보면서 저녁과 아침은 따로 떨어져 있는 것이 아니라 낮과 밤의 가운데에 있다는 것을 마음으로 알아야 한다는 것입니다.

하나님이 자신의 집(빛이 있게 된 태초의 하늘)을 낮과 밤으로 나누었지만 달을 보면 낮과 밤은 있어도 저녁과 아침은 없다는 것입니다. 그러면 저녁과 아침은 나의 귀를 미혹하여 나의 눈을 속이려고 하나님이 만든 하늘이고 말로만 있는 하늘이라는 것을 나는 마음으로 알아야 한다는 것입니다.

하나님은 자신의 집(빛이 있게 된 태초의 하늘)을 낮과 밤으로 나눈 것입니다. 하나님은 자신의 집(빛이 있게 된 태초의 하늘)을 낮과 밤으로 나누었으니 낮과 밤의 가운데에 있는 곳이 저녁과 아침이 된다는 것입니다. 그리고 아버지께서 물 가운데에 허공을 드고 하늘이라고 불렀으니 하나님은 하늘에 있지 못하고 허공(저녁과 아침)에 있어야 한다는 것으로 계속 말씀드리겠습니다.

하나님은 빛이 없는 하늘에 있지만 아버지께서는 빛이 있는 하늘에 있다는 것입니다. 하나님이 만든 낮과 밤으로 인하여 아버지가 만든 빛이 없는 하늘은 밤이 되고 아버지가 있는 하늘은 빛이기에 낮이 된다는 것입니다. 아버지가 있는 하늘이 낮이고 태초에 만든 하늘이 밤이면 저녁과 아침은 아버지가 있는 하늘과 태초에 만든 하늘의 가운데에 있는 것입니다. 아버지가 있는 하늘과 태초에 만든 하늘의 가운데가 저녁과 아침이면 하나님은 아버지가 있는 하늘로 들어가는 문의 앞에서 자신만 유일하게 살아 있는 영으로 있으면서 아버지의 집으로 들어가는 문을 막고 있는 것이 된다는 것으로 계속 말씀드리겠습니다.

하늘에는 저녁과 아침이란 하늘이 없다는 것입니다.

아버지의 집은 빛만 있기에 낮과 밤이 없다는 것입니다. 아버지의 집에 낮과 밤이 있다면 아버지는 저녁과 아침이 있는 하늘에 있어야 합니다. 아버지의 집에 낮과 밤이 있다면 아버지는 하나님이 주인으로 있는 하늘에 있어야 한다는 것입니다.

아버지의 집에 낮과 밤이 있다면 아버지는 자신만 유일하게 살아 있는 영이라고 말하는 하나님이 주인으로 있는 하늘에서 죽은 영으로 있어야 합니다. 아버지의 집에 낮과 밤이 있다면 아버지는 자신만 유일하게 살아 있는 영이라고 말하는 하나님이 주인으로 있는 하늘에서 흑암(물)에 얼굴을 대고 엎드려 있어야 한다는 것입니다.

아버지가 하나님이 주인으로 있는 하늘에 있다면 아버지는 하나님에게 심판을 받아야 한다는 것입니다. 아버지가 하나님이 주인으로 있는 하늘에 있다면 아버지는 하나님에게 심판을 받고 낮에 있거나 밤에 있어야 한다는 것입니다. 아버지가 하나님이 주인으로 있는 하늘에 있다면 하나님을 하늘의 주인으로 섬기면 밤에 있어야 하고 하나님을 하늘의 주인으로 있지 못하게 하면 낮에 있어야 한다는 것입니다.

이는 첫째 날이니라

베드로후서 3:8 사랑하는 자들아 주께는 하루가 천년 같고 천년이 하루 같은 이 한 가지를 잊지 말라

달을 보면 낮과 밤의 가운데에 저녁과 아침이 있지만 낮과 밤은 움직이지 않고 그대로 있다는 것입니다. 그리고 우주에서 지구를 보면 땅이 돌기에 땅에 저녁과 아침이 있는 것이지 당의 위에 있는 낮과 밤의 하늘은 그대로 있다는 것입니다.

하나님의 집에는 낮과 밤이 있습니다. 낮과 밤의 하늘은 움직이지 않기에 하나님은 시간의 흐름이 없어야 합니다. 하나님은 시간의 흐름이 없어야 하지만 자신의 집에 저녁과 아침을 만든 것은 하나님이라는 것입니다. 땅이 저녁과 아침을 돌기에 나에게 시간의 흐름이 있듯이 하나님이 자신의 집에 저녁과 아침을 만들었으니 하나님에게도 시간의 흐름이 있다는 것입니다.

땅이 하나님이 만든 저녁과 아침을 돌고 있으니 하나님에게도 하루라는 시간이 있다는 것입니다. 그런데 낮과 밤의 하늘은 그대로 있고 땅이 낮과 밤을 돌기에 하루가 되는 것입니다. 그러면 하나님에게 하루가 있지만 땅에 있는 나의 하루가 하나님에게 하루가 되는 것은 아니라는 것입니다.

땅은 하나님이 만든 저녁과 아침을 돌고 있습니다. 하나님이 만든 저녁과 아침으로 인하여 땅에 하루라는 시간이 생겼으니 저녁과 아침을 만든 하나님도 하루라는 시간의 흐름이 있다는 것입니다. 그리고 주께는 하루가 천년 같고 천년이 하루 같다고 말한 것은 하나님에

게 있는 시간은 멈추어 있는 것이 아니라 흐른다고 말한 것임을 나는 마음으로 알아야 한다는 것입니다.

하나님에게 하루라는 시간의 흐름이 있다는 것은 무엇을 말하는 것일까요? 내가 저녁과 아침을 지나가기에 나의 육체는 나이가 들고 때가 되면 반드시 죽어야 한다는 것입니다. 그런데 나의 육체가 때가 되면 반드시 죽어야 하는 것은 하나님이 만든 저녁과 아침으로 인한 것이기에 하나님도 시간이 흘러 때가 되면 반드시 죽어야 한다는 것을 나타낸다는 것으로 계속 말씀드리겠으니 판단해 보시기를 원합니다.

내가 낮이나 밤에만 있으면 나에게는 저녁과 아침이 없다는 것입니다. 그런데 아버지가 있는 하늘은 빛이기에 밤이나 저녁과 아침이 없다는 것입니다. 그러면 아버지가 있는 하늘에는 하루가 되는 저녁과 아침이 없고 빛만 있기에 아버지의 집은 영원한 낮이라는 것입니다. 아버지가 있는 하늘에는 저녁과 아침이 없고 빛만 있기에 아버지의 집은 영원한 낮이고 시간의 흐름이 없으니 아버지는 영원히 잠들지 않고 살아 계신 분이라는 것을 나는 마음으로 알아야 한다는 것입니다.

그러나 하나님은 자신의 집을 낮과 밤으로 나누고 저녁과 아침을 만들었기에 하나님에게는 하루가 천년 같고 천년이 하루 같은 시간이 있다는 것입니다. 하나님은 저녁과 아침이 있는 하늘에 있기에 하나님에게는 하루가 천년 같고 천년이 하루 같은 시간이 있으니 세월이 흐르면 나중이 있어야 한다는 것입니다. 하나님에게는 하루가 천년 같고 천년이 하루 같은 시간이 있으니 육체가 시간이 흐르면 나중(죽음)이 있듯이 하나님도 때가 되면 반드시 죽어야 하는 나중이 있다는 것을 나는 마음으로 알아야 한다는 것으로 계속 말씀드리겠습니다.

성경은 하나님을 유일하게 살아 있는 영으로 섬기라는 책입니다.

역사는 이긴 자의 기록입니다. 성경은 하나님을 유일하게 살아 있는 영으로 섬긴 자들이 기록한 책입니다. 그러면 성경은 하나님을 유일하게 살아 있는 영으로 섬기면서 죽은 영이 된 자들이 기록한 책이라는 것입니다.

그러나 육체가 아니라 영을 살리라고 말한 것이 성경에 기록되어 있다는 것입니다. 그러면 육체가 아니라 영을 살리라고 말한 자는 하나님을 유일한 신(영)으로 섬기라는 시험을 이기고 살아 있는 영이 되었기에 성경에 기록된 것이 된다는 것입니다. 아버지의 아들이 자신의 영을 죽이려고 시험한 것을 이겼기에 나의 영을 살리려는 아버지의 뜻이 성경(하나님을 유일하게 살아 있는 영으로 섬기라는 책)에 기록된 것임을 나는 마음으로 알아야 한다는 것입니다.

아들이 육체로 있으면서 자신의 영을 죽이려고 시험한 것을 이겼다는 것은 나의 영을 살리려는 아버지의 뜻(마음)이 시험을 이겼다는 것입니다. 아들이 시험에 빠졌다면 죽은 영이 되어야 하기에 나의 영을 살리려는 아버지의 뜻(마음)은 성경(하나님을 유일하게 살아 있는 영으로 섬기라는 책)에 기록되지 못한다는 것입니다. 아들이 육체로 있으면서 자신의 영을 죽이려고 시험한 것을 이겼기에 성경(하나님을 유일하게 살아 있는 영으로 섬기라는 책)에 나의 영을 살리려는 아버지의 뜻(마음)이 기록되었다는 것으로 계속 말씀드리겠으니 보시면서 판단해 보시기를 원합니다.

아들은 하나님이 만든 육체로 있으면서 아버지의 뜻을 행한 것입니다. 아들이 육체로 있으면서 아버지의 뜻을 행한 것은 아들에게 영을 살리려는 아버지의 마음이 있었다는 것입니다. 아들이 육체로 있으면서 아버지의 뜻을 행한 것은 아들에게 영을 살리려는 아버지의 마음이 있었다는 것이기에 아버지의 영이 육체가 되어 나에게 온 것이 된다는 것으로 계속 말씀드리겠습니다.

성경에 아버지의 뜻이 기록되어야 하는 것은 하나님이 아버지로 있기 때문입니다. 하나님이 나에게 아버지로 있기에 성경에 나의 영을 살리려는 아버지의 뜻(마음)이 기록되어야 한다는 것입니다. 그리고 성경에 나의 영을 살리려는 아버지의 뜻(마음)이 기록되어야 하는 것은 아들이 자신의 영을 죽이려고 시험한 것을 이기고 나의 영을 살리려는 아버지의 뜻(마음)이 살아 있음을 증거하였기 때문으로 계속 말씀드리겠습니다.

이 죄인이 창세기 1장에 대하여 말씀드리는 것은 기도문으로 알게 된 것에 대하여 감히 말씀드리는 것입니다. 이 죄인은 기도문으로 창세기 1장에 대하여 말씀드리고 있으니 기도문에 어떠한 말씀의 뜻이 있는 것인지 뒤에서 계속 말씀드리겠습니다. 태초에 있었던 일이 대략적으로 기록되어 있지만 아들이 자신의 영을 죽이려고 시험한 것을 이겼기에 아버지께서 왜 태초에 아버지가 없는 하늘과 땅을 만들어야만 하였는지 아버지의 뜻(마음)을 나에게 숨기지 못한다는 것입니다.

아버지께서 태초에 하신 일을 알 수 없지만 나에게 아버지가 되려는 하나님이 한 일을 기록한 책이 있으니 내가 나의 영을 살리려는 아버지의 뜻을 알고자 한다면 나는 찾을 수 있다는 것입니다. 자신만 유일하게 살아 있는 영이라고 말하는 하나님이 나를 죽은 영으로 만들려면 나의 영을 살리려는 아버지의 뜻을 숨겨야 하기에 내가 하나님이 한 일을 마음으로 알고자 한다면 나는 나의 영을 살리려는 아버지와 아버지의 뜻을 반드시 찾게 된다는 것으로 계속 말씀드리겠으니 판단해 보시기를 원합니다.

5. 아버지의 집에는 빛만 있기에 하루가 없다는 것입니다.

하루가 되었다는 것은 그날 할일을 하였다는 것입니다. 하루가 되었다는 것은 낮에 그날 할일을 하였기에 밤에 쉰다는 것입니다. 아버지에게 하루가 있다면 아버지는 그날 할일만 하고 잠들어야 한다는 것으로 판단해 보시기를 원합니다.

아버지의 집에 빛만 있다는 것은 아버지에게 하루가 없다는 것입니다. 아버지에게 하루가 없다는 것은 잠들지 않고 나의 영을 살리려는 일을 하시고 계신다는 것입니다. 그러나 아버지의 뜻이 이루어지면 아버지와 아들은 아버지의 거룩함이 빛으로 있는 하늘에서 영원히 일하지 않는다는 것으로 계속 말씀드리겠습니다.

요한복음 5:17 예수께서 저희에게 이르시되 내 아버지께서 이제까지 일하시니 나도 일한다 하시매

아들은 아버지에게 하루가 없다고 말한 것입니다. 아버지께서 지금까지 일하고 계신다는 것은 태초에 빛이 없는 하늘과 땅을 만들고 지금까지 쉬지 않고 일하시고 계신다고 말한 것입니다. 아버지께서 지금까지 쉬지 않고 일하고 계신다는 것은 태초에 빛이 없는 하늘과 땅을 만들고 할일을 다하지 못하였기에 나도 아버지가 일을 마무리하시기 전에는 쉬지 못하지만 그것은 아버지와 아들이 밤에 있지 않고 빛만 있는 하늘에 있기 때문이라고 말한 것으로 계속 말씀드리겠으니 판단해 보시기를 원합니다.

마가 2:27 또 가라사대 안식일은 사람을 위하여 있는 것이요 사람이 안식일을 위하여 있는 것이 아니니

안식일은 하나님을 유일한 신(영)으로 섬기는 내가 쉬는 날이기에 하나님이 일하는 날이라는 것입니다. 안식일은 하나님을 유일한 신(영)으로 섬기는 내가 쉬는 날이기에 하나님이 하늘에서 유일하게 살아 있다는 것을 나타내는 날이라는 것입니다. 그러면 내가 하나님을 유일하게 살아 있는 영으로 섬기지 않는 날에 하나님은 자신이 하늘에서 유일하게 살아 있는 영으로 있다는 것을 나타내는 일을 할 것이라고 말한 것으로 계속 말씀드리겠으니 판단해 보시기를 원합니다.

안식일이 나를 위하여 있다는 것은 "때가 되면 아버지와 아들은 영원히 하늘(아버지의 집)에서 일하지 않고 쉬는 날이 올 것이다"고 말한 것입니다. 안식일이 나를 위하여 있다는 것은 "때가 되면 아버지와 아들은 하늘(아버지의 집)에서 영원히 일하지 않고 쉴 것이지만 하나님은 영원히 쉬지 못할 것이다"고 말한 것으로 계속 말씀드리겠습니다.

아버지가 일하기에 아들도 당연히 일한다고 한 것은 "아버지께서 하늘에서 살아 있다는 것을 나타내면서 영을 살리려고 일하기에 나도 당연히 아버지가 하늘에서 살아 계신 분임을 증거하면서 너를 아버지의 집으로 들어가는 영으로 만들려고 일하는 것이다"고 말한 것입니다. 아버지께서 자신이 살아 있기에 하늘에 빛이 있다는 것을 나타내면서 영을 살리려고 일하시기에 아들도 당연히 아버지가 살아 있기에 하늘에 빛이 있다는 것을 증거하면서 나를 아버지의 집에 있는 살아 있는 영으로 만들려고 일하는 것이라고 말한 것으로 계속 말씀드리겠습니다.

아버지께서는 자신의 집을 밝히려고 일하지 않는다는 것입니다.

아버지의 집은 아버지가 있기에 당연히 빛이 있다는 것입니다. 아버지의 집에는 아버지가 있기에 당연히 빛이 있으니 아버지는 자신의 집을 밝히려고 일하지 않는다는 것입니다. 아들이 아버지께서 일하신다고 한 것은 “아버지는 아버지의 집을 밝히려고 일하는 것이 아니라 너의 영을 살리려는 일을 하시고 계신 것이다”고 말한 것으로 계속 말씀드리겠으니 판단해 보시기를 원합니다.

아버지께서는 자신이 살아 있기에 하늘에 빛이 있다는 것을 내가 눈으로 보고 있는 하늘에 나타내고 계시지만 내가 하늘을 보면서 그것을 모르고 있다는 것입니다. 아버지께서는 자신이 살아 있기에 하늘에 빛이 있다는 것을 내가 눈으로 보고 있는 하늘에 나타내고 있지만 때가 되어 아버지가 나의 영을 살리려고 일하지 않으면 하나님은 내가 눈으로 보고 있는 하늘을 불로 태우는 일을 한다는 것으로 계속 말씀드리겠습니다.

하나님은 자신의 집(빛이 있게 된 태초의 하늘)을 낮과 밤으로 나누고 저녁과 아침을 만들었기에 첫째 날이 있고 일곱째 날도 있다는 것입니다. 하나님에게는 하루가 있기에 태초라는 시간에서 시작하여 나중(일곱째 날)이 있다는 것입니다. 그러나 하나님에게 있는 하루는 육체에게 있는 시간이 아니라 하나님이 원하는 일을 하였다는 것이기에 나의 영을 살리려고 일하시는 아버지의 뜻을 숨기는 일을 하였다는 것으로 계속 말씀드리겠습니다.

아버지께서는 빛의 영이 있지만 빛이 없는 하늘에 빛이 있으라고 말씀하심 ⇒ 빛은 아버지의 모습인 빛의 영이 있는 하늘을 아버지의 거룩함으로 밝히면서 아버지가 있는 하늘의 모습을 나타내어야 함 ⇒ 아버지의 모습인 빛의 영은 빛의 하늘에서 아버지로 있다는 것을 나타내면서 아버지의 뜻을 숨겼다는 것임

하루가 되었다는 것은 하나님(빛의 영)이 빛의 하늘에서 아버지로 있다는 것을 나타냈다는 것입니다.

하나님은 하늘의 주인이 되려고 하기에 아버지가 자신의 집(태초의 하늘)에서 한 일을 이루지 못하게 한다는 것입니다. 나의 영을 살리려고 일하시는 아버지께서 한 일을 하나님이 이루지 못하게 하면 자신만 하늘에서 유일하게 살아 있는 영으로 있겠다는 것입니다. 나의 영을 살리려고 일하시는 아버지께서 한 일을 하나님이 이루지 못하게 하면 나를 죽은 영으로 만들고 자신만 하늘에서 유일하게 살아 있는 영으로 있겠다는 것입니다.

그러나 아버지께서는 뜻이 있기에 그 일을 한 것입니다. 아버지가 한 일에는 뜻이 있기에 때가 되면 아버지의 뜻은 반드시 이루어진다는 것입니다. 아버지가 한 일에는 뜻이 있기에 하나님은 자신이 원하는 것을 이룬 것처럼 보이겠지만 때가 되면 아버지의 뜻은 반드시 드러나 이루어진다는 것입니다. 하나님은 아버지가 한 일 곧 나의 영을 살리려는 아버지의 뜻을 숨기면서 자신이 원하는 것을 이룬 것처럼 보이겠지만 아버지의 뜻은 반드시 드러나 이루어지기에 때가 되면 하나님은 자신이 한 일로 인하여 자신이 어떻게 되었는지 나타내어야 한다는 것으로 계속 말씀드리겠습니다.

하루가 되었다는 것은 하나님이 그날 할 일을 하여 목표를 이루었다는 것이지만 아버지의 뜻이 있다는 것입니다.

아버지께서는 뜻이 계셨기에 태초에 아버지가 없기에 빛이 없는 하늘과 땅을 만든 것입니다. 아버지께서는 뜻이 계셨기에 빛에게 아버지의 모습인 빛의 영이 있지만 빛이 없는 하늘을 빛의 하늘로 만들라고 말씀하신 것입니다.

가. 아버지께서는 태초에 빛이 없는 하늘을 만듦

아버지께서는 하늘(아버지의 집)에 계시면서 아버지가 없는 하늘을 만든 것입니다. 아버지께서 하늘(아버지의 집)에 계시면서 아버지가 없는 하늘을 만들면 아버지는 내가 눈으로 보고 있는 하늘에 없다는 것입니다.

아버지는 자신의 집에 계심 ⇒ 아버지가 없는 하늘을 만듦

↓

아버지가 있는 하늘은 빛이 ⇔ 아버지가 없는 하늘은 빛이
라는 것을 나타내신 것임 없다는 것을 나타내신 것임

나. 빛이 없는 하늘에 아버지의 모습인 빛의 영이 있게 됨

아버지가 있는 하늘은 빛이라는 것입니다. 아버지는 아버지의 집에 있는 아들에게 아버지가 없는 하늘이 어떠한지 보여주려고 태초에 빛이 없는 하늘을 만든 것입니다. 그리고 아버지는 아버지의 집에 있는 아들에게 아버지를 대신하여 하늘의 주인이 되려고 하면 아버지가 없는 하늘에 있게 된다는 것을 보여주려고 태초에 빛이 없는 하늘을 만든 것으로 계속 말씀드리겠습니다.

아버지가 있는 집 ⇒ 아버지의 모습으로 있는 영(아들)+빛의 하늘

아버지가 없는 집 ⇒ 하늘의 주인이 되려는 아들+빛이 없는 하늘

다. 아버지는 빛이 있으라고 말씀하심

아버지의 모습인 빛의 영이 있는 하늘에 빛이 있으면 아버지가 있는 하늘의 모습이 된다는 것입니다.

아버지가 없는 하늘+아버지의 모습인 빛의 영+아버지의 거룩함으로 빛을 낸 빛 ⇒ 아버지가 있기에 아버지의 거룩함(살아 계심)이 빛으로 있는 하늘의 모습이 됨

라. 하나님이 빛이 있게 된 자신의 집을 낮과 밤으로 나눔

하나님이 빛이 있게 된 자신의 집(태초의 하늘)을 낮과 밤으로 나눈 것은 아버지가 있는 하늘의 모습을 나타내지 않았다는 것입니다. 하나님은 자신의 집(빛이 있게 된 태초의 하늘)을 아버지가 있는 하늘의 모습으로 만들지 않으려고 낮(빛이 있는 하늘)과 밤(빛이 없는 태초의 하늘)으로 나눈 것입니다.

하나님은 빛이 있게 된 태초의 하늘을 아버지가 있는 하늘의 모습으로 만들지 않고 낮과 밤으로 나누고 낮에 있으면서 자신이 하늘에 있기에 하늘에 빛이 있는 것이라고 한 것입니다. 하나님은 빛이 있게 된 태초의 하늘을 낮과 밤으로 나누고 낮에 있으면서 자신이 하늘에 없으면 하늘은 밤이라고 한 것입니다. 하나님은 자신이 하늘의 주인이기에 자신이 주인으로 있는 하늘에 빛이 있는 것이라고 하면서 아버지의 뜻이 태초의 하늘에 있었음을 숨기려고 하였다는 것으로 판단해 보시기를 원합니다.

누가 8:17 숨은 것이 장차 드러나지 아니할 것이 없고 감추인 것이 장차 알려지고 나타나지 않을 것이 없느니라

빛의 영은 아버지의 모습이기에 빛이 있게 된 하늘에 있는 빛의 영을 보면 나는 아버지에 대하여 알게 된다는 것입니다. 그런데 빛의 영이 자신의 모습을 숨기면 나에게 아버지에 대하여 숨기려는 것입니다. 그러나 빛의 영이 자신의 모습을 숨겨도 아버지는 아버지를 찾으면 아버지를 찾게 만들었다는 것으로 계속 말씀드리겠으니 판단해 보시기를 원합니다.

하나님의 모습이 성경에 기록되어 있지 않습니다. 하나님의 모습이 성경에 기록되어 있지 않다는 것은 하나님을 본 자가 없기 때문입

니다. 하나님을 본 자가 없다는 것은 하나님이 자신을 드러내지 않으려는 것이지만 하나님은 아버지가 되려고 하기에 자신이 누구인지 드러내야 한다는 것입니다.

하나님은 자신의 집을 하늘이라고 말하지만 하나님이 낮의 하늘에 있는 것을 본 자가 없다는 것입니다. 하나님이 낮의 하늘에 있는 것을 본 자가 없다는 것은 하나님이 자신의 집에 숨어 자신을 드러내지 않으려는 것입니다. 하나님은 자신의 집에 숨어 자신을 드러내지 않으려고 하지만 때가 되면 자신이 어떠한 하늘에 있는지 나타내야 한다는 것입니다. 그리고 하나님은 영을 살리려는 아버지의 뜻을 이루지 못하게 하려고 한 자신이 어떻게 되었는지 드러내야 한다는 것으로 계속 말씀드리겠습니다.

6. 하나님(빛의 영)이 밟고 서 있던 물은 어떻게 되어야 할까요?

반석이란 발로 밟고 서 있는 것입니다. 물을 반석으로 삼으면 가라앉아야 하는데 하나님은 물을 밟고 있다는 것입니다. 그리고 물은 흑암이기에 하나님은 흑암 아래의 깊음으로 들어가야 한다는 것입니다. 그러면 하나님이 주는 반석의 위에 있으면 나는 흑암 아래의 깊음으로 들어가야 한다는 것입니다.

하나님을 반석으로 삼으면 나는 하나님의 머리를 밟고 서 있는 것입니다. 하나님을 반석으로 삼으면 나는 하나님의 머리를 밟고 흑암 아래의 깊음으로 들어가지 않으려는 것입니다. 하나님을 반석으로 삼으면 나는 하나님의 머리를 밟고 허공(하나님의 머리 위에 있는 하늘인 밤)을 떠돌아다녀야 하지만 때가 되면 나는 흑암 아래의 깊음으로 들어간다는 것으로 계속 말씀드리겠습니다.

아버지께서 태초에 만든 하늘은 빛이 없는 하늘이라는 것입니다.

하나님은 아버지가 없는 하늘에서 주인으로 있다는 것입니다. 하나님은 자신이 주인으로 있는 하늘의 모습을 나타내는 그림자인 물의 위에 있다는 것입니다. 하나님은 자신이 주인으로 있는 하늘의 모습을 나타내는 그림자인 물의 위에 있지만 물은 흑암이기에 나는 하나님이 주인으로 있는 하늘은 빛이 없다는 것을 마음으로 알아야 한다는 것으로 판단해 보시기를 원합니다.

아버지의 모습인 하나님(빛의 영)이 빛이 없는 하늘에 있음

↓

물 ⇒ 흑암(하나님이 빛이 없는 하늘에 있다는 모습)

↓

허공 ⇒ 흑암 아래의 깊음

빛이 없는 하늘에 하나님이 있게 되었지만 빛이 있게 되었다는 것입니다. 그러면 하나님이 빛이 없는 하늘에 있다는 모습을 나타낸 흑암인 물은 어떻게 되어야 하는가요?

아버지의 모습인 하나님이 빛이 있게 된 하늘에 있음

↓

물 ⇒ 흑암(하나님이 빛이 없는 하늘에 있다는 모습)에서 물

↓ (하나님이 빛의 하늘에서 아버지로 있다는 모습)이 됨

허공 ⇒ 빛이 땅을 비추면 흑암 아래의 깊음이 아니어야 함

물은 흑암(하나님이 빛이 없는 하늘에 있다는 모습)에서 물(하나님이 빛의 하늘에서 아버지로 있다는 모습)이 된 것입니다. 그런데 하나님은 자신이 하늘에서 아버지로 있다는 것을 나타내려고 자신의 집(빛이 있게 된 태초의 하늘)을 낮(빛이 있는 하늘)과 밤(태초에 있

던 빛이 없는 하늘)으로 나누었으니 물은 빛이 비추는 물과 빛이 비추지 않는 물로 나누어져야 한다는 것입니다.

하나님이 빛이 있게 된 하나의 하늘을 낮과 밤으로 나눔

↓

하나님이 주인으로 있는 낮 ⇒ 하나님이 없는 밤

빛이 비추는 물 ⇒ 빛이 비추지 않는 물

↓

하나님이 빛의 하늘에서 ⇒ 하나님이 하늘에 없기에 하늘

아버지로 있다는 모습 에 빛이 없다는 모습인 흑암

그러면 빛이 비추지 않는 물은 어디에 있어야 하는 것일까요?

아버지께서는 물 가운데에 허공을 있게 하고 하늘이라 부른 것입니다. 하늘이 있는데 아버지께서 허공을 하늘이라 부르면 아버지는 물 가운데에 허공을 그냥 있게 한 것이 아니라는 것입니다.

하나님은 하나의 하늘을 낮과 밤으로 나눈 것입니다. 하나님이 하나의 하늘을 빛이 있게 된 하늘과 태초에 있던 빛이 없는 하늘로 나누었기에 아버지께서 하나의 물을 둘로 나눈 것입니다. 하나님이 하나의 하늘을 낮(빛이 있게 된 하늘)과 밤(태초에 있던 빛이 없는 하늘)으로 나누고 낮과 밤의 가운데에 저녁과 아침을 만들었기에 아버지께서 하나의 물 가운데에 허공을 있게 하고 물을 낮과 밤으로 나눈 것으로 계속 말씀드리겠습니다.

하나님이 빛이 있게 된 자신의 집을 낮과 밤으로 나눔

↓

하나님이 낮과 밤의 가운데에 저녁과 아침을 만듦

↓

허공 위의 물 ⇒ 하나님이 낮에서 아버지로 있다는 모습

↓

허공(흑암 아래의 깊음) ⇒ 저녁과 아침의 자리에 있는 것임

↓

허공 아래 물 ⇒ 흑암(하나님이 하늘에 없기에 밤이라는 모습)

↓

땅 ⇒ 흑암의 아래에 있는 깊음이 되어야 함

하나님은 자신이 하늘의 주인이라는 것을 나타내려고 자신의 집(빛이 있게 된 태초의 하늘)을 낮(빛이 있는 하늘)과 밤(태초에 있던 빛이 없는 하늘)으로 나눈 것입니다. 하나님이 빛이 있는 하늘의 주인이라는 것을 나타내기에 아버지께서 물을 낮(빛이 비추는 물)과 밤(빛이 비추지 않는 물)으로 나누고 허공(흑암 아래의 깊음)을 물 가운데인 저녁과 아침의 자리에 두고 하나님이 주인으로 있는 하늘은 빛이 없다는 것을 나타낸 것입니다.

하나님이 빛만 있는 하나의 하늘을 낮과 밤으로 나눈 것은 자신으로 인하여 빛이 있는 하늘과 빛이 없는 하늘이 만들어진 것이라고 증거한 것임을 나는 마음으로 알아야 한다는 것입니다. 하나님이 빛만 있는 하나의 하늘을 낮과 밤으로 나눈 것은 자신으로 인하여 아버지께서 빛이 없는 하늘을 만들었다고 증거한 것임을 나는 마음으로 알아야 한다는 것으로 계속 말씀드리겠으니 판단해 보시기를 원합니다.

•

1:6 하나님이 가라사대 물 가운데 궁창이 있어 물과 물로 나뉘게 하리라 하시고 7 하나님이 궁창을 만드사 궁창 아래의 물과 궁창 위의 물로 나뉘게 하시매 그대로 되니라 8 하나님이 궁창을 하늘이라 칭하시니라 저녁이 되며 아침이 되니 이는 둘째 날이니라

궁창이란 허공이기에 물 가운데에 허공을 있게 하고 하나의 물을 둘로 나누었다는 것입니다. 그리고 허공을 하늘이라 불렀기에 물은 하늘 위의 물과 하늘 아래의 물로 나누어졌다는 것입니다.

허공 위의 물 ⇒ 하늘 위의 물이 됨

↑

물 가운데에 허공이 있음 ⇒ 하늘이 됨

↓

허공 아래의 물 ⇒ 하늘 아래의 물이 됨

아버지께서는 아버지가 없는 하늘이 어떠한지 보여주려고 빛이 없는 하늘을 만들었지만 그 하늘에 아버지의 모습인 빛의 영이 있게 되었다는 것입니다. 아버지께서 빛에게 "빛의 영이 있지만 빛이 없는 하늘을 밝히라"고 한 것은 빛의 영과 함께 아버지가 있는 하늘의 모습을 나타내라고 하신 것입니다.

그리고 빛의 영에게 "네가 하늘의 주인이 되려고 하였기에 빛이 없는 하늘에 있게 되었으니 너는 아버지가 있기에 하늘에 빛이 있다는 것을 알아야 한다"고 하신 것입니다. 그러나 빛의 영은 빛이 있게 된 태초의 하늘을 낮(빛이 있는 하늘)과 밤(태초에 있던 빛이 없는 하늘)으로 나누고 자신이 하늘의 주인이기에 하늘에 빛이 있는 것이라고 한 것입니다.

아버지가 없기에 빛이 없는 하늘이 만들어지고 하나님이 있음

↓

하나님이 있지만 빛이 없는 태초의 하늘에 빛이 있게 됨

↓

하나님이 하나의 하늘을 빛(낮)과 어둠(밤)으로 나눔

↓

빛이 있는 하늘을 낮이라 부름 ⇒ 빛이 없는 하늘을 밤이라 부름

↓

하나님이 있기에 낮이 생김 ⇒ 하나님이 없으면 밤이 생기지 않음

↓

하나님이 하늘의 주인이 되려고 하였기에 아버지의 집이 낮이 됨 ⇒ 하나님이 하늘의 주인이 되려고 하지 않았다면 밤(아버지가 없는 하늘)이 생기지 않았다는 것임

↓

하나님으로 인하여 아버지가 있는 낮(빛의 하늘)과 아버지가 없는 밤(빛이 없는 하늘)이 생겼다는 것임

빛이 있게 된 하늘은 하나님이 주인으로 있는 하늘이 되었다는 것입니다. 그리고 내가 눈으로 보고 있는 낮과 밤의 하늘은 하나님이 주인으로 있는 하늘이기에 나는 낮과 밤의 하늘을 보면서 마음으로 아버지가 있기에 빛이 있는 하늘이 있다는 것을 알아야 한다는 것으로 판단해 보시기를 원합니다.

낮 ⇒ 아버지의 모습인 빛의 영과 빛이 있기에 아버지가 있는 하늘의 모습을 나타냄 ⇒ 아버지는 아버지가 있는 하늘의 모습(그

림자)을 하늘에 나타냄 ⇒ 하나님은 아버지가 있는 하늘의 모습(그림자)에서 주인으로 있다는 것임
물 ⇒ 물은 하나님이 있는 하늘의 모습을 나타내는 흑암 ⇒ 하나님은 자신이 있는 하늘의 모습을 흑암(물)에 나타냄 ⇒ 하나님은 하늘의 주인이 아니라는 것임
밤 ⇒ 아버지께서 태초에 만든 빛이 없는 하늘 ⇒ 아버지가 없고 하나님이 있지만 빛이 없는 하늘 ⇒ 밤은 어둠이지만 하나님이 태초에 주인으로 있던 빛이 없는 하늘이라는 것임

1. 하나님이 가라사대 물 가운데 궁창이 있어 물과 물로 나뉘게 하리라 하시고

아버지께서는 마음으로 물 가운데에 허공을 두고 하늘이라 부르겠다고 하신 것입니다. 아버지는 마음으로 허공을 하늘이라 불러 태초의 하늘을 하늘로 있지 못하게 하겠다고 하신 것입니다. 아버지가 마음으로 허공을 두고 하늘이라 불러 태초의 하늘을 하늘로 있지 못하게 하겠다고 한 것은 빛의 영과 빛이 있게 된 하늘이 하늘로 있는 것을 계속 참고 계셨다는 것입니다.

아버지께서 허공을 하늘이라 불러 빛의 영과 빛이 있게 된 하늘을 하늘로 있지 못하게 하겠다고 뜻을 세운 것은 태초의 하늘이 아버지가 있는 하늘의 모습으로 있는 것을 참고 계셨다는 것입니다. 아버지께서 허공을 두고 하늘이라 불러 태초의 하늘을 아버지가 있는 하늘의 모습을 나타내는 하늘로 있지 못하게 하겠다고 뜻을 세운 것은 하나님이 빛이 있게 된 하늘에서 아버지로 있는 것을 계속 참고 계셨다는 것으로 판단해 보시기를 원합니다.

아버지가 없기에 빛이 없는 하늘 ⇒ 하나님이 아버지로 있는 하늘 ⇒ 하나님은 아버지가 아니기에 빛이 없는 하늘을 빛으로 만들지 못함 ⇒ 아버지의 말씀으로 빛이 있게 됨 ⇒ 하나님은 빛이 있게 된 하늘을 낮과 밤으로 나눔 ⇒ 하나님은 낮(빛이 있는 하늘)에 있으면서 자신이 빛의 하늘에 있는 아버지라는 것을 나타냄

허공이 하늘이라 불림 ⇒ 하나님과 빛은 태초의 하늘에 있지만 하늘에 있는 것이 아님 ⇒ 빛은 하늘에 있어야 하기에 하나님이 주인으로 있는 태초의 하늘을 떠나야 함 ⇒ 빛은 하나님이 주인으로 있는 낮을 떠나 하늘(물 가운데 허공)에 있어야 하기에 하나님은 다시 밤(빛이 없는 태초의 하늘)에 있게 되었다는 것임

허공은 어디에 있던 것일까요?

아버지께서는 빛이 있으라고 말씀하셨지만 물 가운데에 허공을 있게 하겠다고 마음으로 말한 것입니다. 아버지께서 빛이 있으라고 말씀하신 것은 아버지의 집에 빛이 있기 때문이지만 물 가운데에 허공을 있게 하겠다고 마음으로 말한 것은 아버지의 집은 허공이 아니라 하늘이기 때문입니다.

그리고 하나님도 자신의 집을 하늘이라고 말하기에 태초의 하늘에도 허공이 없어야 합니다. 허공은 아버지가 있는 하늘과 하나님이 있는 하늘에 없지만 아버지께서는 물 가운데에 허공을 있게 하겠다고 뜻을 세운 것입니다. 그런데 아버지께서 물 가운데에 허공을 있게 하겠다고 뜻을 세웠다고 없던 허공이 갑자기 물 가운데에 생기면 물은 어떻게 되는가요?

없던 허공이 물 가운데에 생기면 물은 허공으로 인하여 허공이 있는

자리만큼 위로 올라가거나 밑으로 내려가야 합니다. 없던 허공이 물 가운데에 생기면 물은 허공이 있는 자리만큼 하늘로 올라가 하늘의 크기를 줄여야 합니다. 없던 허공이 물 가운데에 생기면 물은 허공이 있는 자리만큼 하늘을 침범하기에 하늘은 하늘이 아니어야 합니다.

그리고 없던 허공이 물 가운데에 생기면 물은 허공이 있게 된 자리만큼 밑으로 내려가 땅을 드러내야 합니다. 없던 허공이 물 가운데에 생기면 물은 허공이 있는 자리만큼 내려가 땅을 드러내야 하지만 아버지께서는 땅이 드러나라고 말씀하신 것이 아니라는 것입니다.

허공이 물 가운데에 있어도 하늘과 땅은 그대로 있어야 합니다. 허공이 물 가운데에 있어도 하늘과 땅이 그대로 있으려면 물이 증발을 하여야 하지만 물이 증발을 하려면 불로 태워야 합니다. 그런데 아버지께서는 허공을 하늘이라고 불렀기에 허공이 된 물을 불로 태우면 아버지는 하늘을 불로 태우는 자가 되기에 물은 증발을 한 것이 아니라는 것입니다.

허공은 하늘과 땅에 없다가 생긴 것이 아니기에 물 가운데에 허공이 있어도 하늘과 땅은 그대로 있어야 한다는 것입니다. 그런데 하나님이 하늘에서 물을 밟고 있으니 허공은 하늘과 물의 사이에 있는 것이 아닙니다. 그리고 아버지께서 하늘과 땅을 만들었으니 허공은 하늘의 위에 있는 것이 아닙니다. 그러면 허공은 물과 땅의 사이에 있던 것으로 흑암이 깊음 위에 있고 깊음은 자신의 끝인 바닥을 보여주지 않으니 허공은 흑암(물)과 땅의 사이에서 깊음으로 있었다는 것으로 판단해 보시기를 원합니다.

하나님(빛의 영)이 주인(아버지)으로 있기에 빛이 없는 하늘

↓

흑암(하나님이 빛이 없는 하늘에 있다는 모습을 숨기는 물)

↓

허공은 흑암(하늘 아래의 물)의 아래에 있는 깊음

↓

땅은 하늘이 아니라 깊음(허공)의 끝에 있다는 것임

2. 하나님이 궁창을 만드사 궁창 아래의 물과 궁창 위의 물로 나뉘게 하시매 그대로 되니라

하나님은 자신의 집(빛이 있게 된 태초의 하늘)을 낮(빛이 있는 하늘)과 밤(태초에 있던 빛이 없는 하늘)으로 나눈 것입니다.

하나님 머리 위는 하나님이 태초에 있던 밤(빛이 없는 하늘)

↑

낮과 밤의 가운데는 저녁과 아침이 됨

↓

물의 위는 하나님이 주인으로 있는 낮(빛이 있게 된 하늘)

하나님이 자신의 집을 낮과 밤으로 나누면 하나님이 있는 하늘의 모습인 물도 낮과 밤으로 나누어져야 합니다. 하나님이 자신의 집을 낮과 밤으로 나누면 하나님이 있는 하늘의 모습인 물도 낮(하나님이 빛의 하늘에 있다는 모습)과 밤(하나님이 없는 하늘의 모습)으로 나누어져야 하기에 허공(물 가운데)의 아래에 있는 물은 흑암(하나님이 하늘에 없기에 하늘에 빛이 없다는 모습)이 된다는 것입니다.

하나님이 있게 된 하늘 ⇒ 물(하나님이 빛이 없는 하늘에 있음)

↓

하나님 머리 위 하늘은 하 ⇒ 허공의 위에 있는 물은 흑암(

나님이 있기에 빛이 없는 하나님이 빛이 없는 하늘에
하늘에서 밤(하나님이 없기 있다)에서 낮(하나님이 빛의
에 하늘에 빛이 없다)이 됨 하늘에 있다)의 므습이 됨

가운데는 저녁과 아침 ⇒ 허공은 저녁과 아침 자리에 있게 됨

물의 위 하늘은 하나님이 ⇒ 허공의 아래에 있는 물은 흑암(하나
있기에 빛이 없는 하늘에 님이 빛이 없는 하늘에 있다)의 모습
서 낮(하나님이 있기에 에서 밤(하나님이 하늘에 없으면
빛이 있는 하늘)이 됨 빛이 없다는 모습)이 됨

물 가운데에 허공이 있어도 하늘과 허공 위의 물은 그대로 있다는 것입니다. 물 가운데에 허공이 있어도 하늘과 허공 위의 물은 그대로 있지만 허공 아래의 물은 허공이 있던 자리로 내려간 것입니다. 허공(물 가운데)의 아래에 있는 물은 허공이 있던 자리로 내려가 바다가 되었다는 것으로 계속 말씀드리겠습니다.

낮과 밤은 하나님이 주인으로 있는 하늘에서 그대로 있음

↓

허공 위의 물 ⇒ 낮(하나님이 빛의 하늘에 있다)의 모습

물 가운데 ⇒ 흑암 아래의 깊음인 허공이 있음

허공 아래의 물 ⇒ 흑암(하나님이 없기에 하늘에 빛이 없다)이지만 허공(흑암 아래의 깊음)의 자리로 감

허공은 흑암 아래의 깊음입니다.

허공은 흑암 아래의 깊음이기에 허공 위의 물은 흑암이 되어야 합니다. 하나님이 하늘에서 밟고 있는 물은 허공의 위에 있는 물이기에 흑암이 되어야 한다는 것입니다. 허공의 위에 있는 물은 낮(하나님이 빛의 하늘에 있다)의 모습에서 태초에 있던 흑암(하나님이 빛

이 없는 하늘에 있다는 모습)이 되어야 하기에 하나님은 다시 빛이 없는 하늘에 있어야 한다는 것입니다.

하나님이 낮에 있게 됨 ⇒ 하나님은 낮에서 밤에 있게 됨

↓

허공 위 물은 낮(하나님이 빛 ⇒ 밤(하나님이 빛이 없는 하늘
의 하늘에 있다는 모습)에서   에 있다는 모습)인 흑암이 됨

↑

물 가운데에 있는 허공은 ⇒ 흑암의 아래에 있는 깊음이라는 것임

허공 아래의 물은 흑암이고 그 아래에 땅이 있습니다. 허공 아래의 물이 허공의 자리에 있기에 땅은 흑암의 아래에 있는 것입니다. 그러면 땅은 흑암의 아래에 있기에 나는 깊음에 있으면서 하나님이 하늘에 없기에 하늘에 빛이 없는 것이라고 미혹되어 있다는 것으로 계속 말씀드리겠습니다.

아버지께서 허공을 하늘이라 부른 것입니다. 아버지께서 허공을 하늘이라 부른 것은 빛에게 하늘이 된 허공에 있으라고 말씀하신 것입니다. 그러면 허공은 하나님이 없지만 빛이 있는 하늘이 된 것이기에 나는 하나님이 하늘에 없어도 빛이 있는 하늘이 있다는 것을 알아야 한다는 것으로 판단해 보시기를 원합니다.

3. 하나님이 궁창을 하늘이라 칭하시니라

아버지께서 허공을 하늘이라 부르면 하나님이 주인으로 있는 태초의 하늘은 하늘이 아니라는 것입니다. 아버지께서 허공을 하늘이라 부르면 하나님이 주인으로 있는 태초의 하늘은 하늘이 아니기에 허공이 되어야 한다는 것입니다.

아버지의 뜻을 알고 싶으면 아버지께 가르쳐 달라고 하여야 한다는 것입니다. 아버지는 더 좋은 것을 주시는 분이라고 하였기에 나는 하나님을 아버지라 부르며 하나님에게 간절히 매달렸다는 것입니다. 그러나 하나님은 내가 원하는 것을 주지 않고 다른 응답을 주었기에 나는 이 죄인을 살리는 뜻을 가르쳐 달라고 더욱더 매달렸고 그 응답을 주신 분은 하나님이 아니라 나에게 숨결을 주신 아버지라는 것을 알게 되었다는 것입니다.

그리고 아버지께 가르쳐 달라고 속으로 울고 떼를 쓰면서 잔에 넘치게 주시면 잔(머리)이 깨지기 전에 잔(머리)에 있는 것을 버리고 다시 받기를 간절히 원하고 있다는 것입니다. 머리에 틀이 만들어지면 그 틀을 깨고 앞으로 가기를 간절히 원하기에 드리는 말씀을 보시면서 머리에 그림만 그리고 속으로 틀을 완성하지 않아야 이 죄인보다 더 좋고 많은 것을 구하실 것이라고 말씀드리는 것입니다.

하나님에게 응답을 받았다면 새의 소리와 네 믿음이 너를 살렸다는 말을 듣고 계속 구하면 너의 다치고 상한 영으로는 아직 때가 아니라는 말을 듣고 또 구하면 번개와 천둥으로 하나님만 유일하게 살아 있는 영이라는 것을 나타내고 또 구하면 더 이상의 계시가 없다는 말을 듣게 되지만 멈추지 않고 계속 나의 영을 살리는 것을 구하면 반드시 아버지께서 직접 주시기에 말씀드리는 것으로 오해하지 마시기를 원합니다.

하나님의 뜻을 알고 싶은데 나에게 가르쳐 주는 자가 없다면 나는 누구에게 가르쳐 달라고 하여야 하는가요? 학교에서 작가가 쓴 글을 배우고 있지만 작가에게 배우는 길이 있다면 당연히 작가에게 배우려고 할 것입니다. 말과 일을 한 자만큼 자신이 왜 그리하였는지 잘 아는 자가 없기에 내가 그 뜻을 알고자 한다면 나는 뜻이 있는 자에게 가르쳐 달라고 하여야 한다는 것입니다.

성경(하나님만 유일하게 살아 있는 영이라는 책)을 보면서 하나님에게 가르쳐 달라고 하면 나는 나의 영을 죽이려는 하나님의 뜻을 알게 된다는 것입니다. 그러나 나의 영을 살리려고 하나님에게 매달렸다면 내가 왜 불에 타는 갈증을 호소하면서 물을 찾아 헤매고 다녀야 하였는지 알게 된다는 것으로 계속 말씀드리겠으니 판단해 보시기를 원합니다.

이 죄인은 갑자기 나에게 숨결을 주신 아버지를 알게 된 것이 아니라는 것입니다. 하나님을 유일한 영으로 섬기려면 하나님의 뜻을 알아야 한다고 믿었기 때문입니다. 하나님의 뜻을 너무나 알고 싶은데 시원하게 가르쳐 주지 않고 무조건 믿으라고 하기에 나는 내가 간절히 알고 싶은 것을 찾으려고 떠돌아다니다 결국 하나님을 아버지라 부르며 간절히 매달리게 되었다는 것입니다.

이 죄인은 하나님에게 나의 영을 살리는 뜻을 듣지 못하였지만 포기하지 않고 계속 구하다 나에게 숨결을 주신 아버지를 찾게 되었다는 것입니다. 그리고 이 죄인은 나에게 숨결을 주신 아버지께 나의 영을 살리려는 뜻을 더 간절히 구하면서 불에 타던 갈증을 해소하게 되었지만 계속 구하지 않으면 또 불에 타들어가기에 감히 아버지의 뜻에 대하여 말씀드리는 것입니다.

이 죄인이 감히 이러한 말씀을 드리는 것은 하나님의 뜻을 알고 싶으면 하나님에게 구하고 아들이 말한 뜻을 알고 싶으면 아버지께 구하셔야 하기 때문입니다. 이 죄인이 드리는 말씀을 보시면서 더 좋고 더 많은 진리를 구하시려면 이 죄인도 숨결을 주신 아버지에게 뜻을 구하고 있으니 아버지께 직접 구하시라고 말씀드리는 것으로 아버지께 직접 구하시면 이 죄인이 드리는 말씀이 얼마나 작고 미약한 것인지 아실 것입니다.

그리고 아버지께서 일하시고 계신 것은 영을 살리겠다는 아버지의 마음을 나타내신 것이기에 영을 살리겠다는 것이 아버지의 뜻이라는 것을 알게 되었다는 것입니다. 아버지께 뜻을 간절히 구하면서 자신만 유일하게 살아 있는 영이라고 말하는 하나님은 나를 죽은 영으로 만들어야 하기에 내가 구하는 것을 주지 않는다는 것을 알게 되었다는 것입니다. 내가 영을 살리려고 일하지 않으면서 자신만 유일하게 살아 있는 영이라고 말하는 하나님에게 나의 영을 살리라고 하였기에 불에 타는 고통을 당하였다는 것을 알게 되었다는 것으로 판단해 보시기를 원합니다.

나에게 숨결을 주신 아버지와 하나님이 같다는 믿음으로 이 죄인이 드리는 말씀을 보시면 혼란에 빠질 것이기에 말씀드린 것입니다. 나에게 숨결을 주신 아버지께 간절히 매달리면서 감히 아버지의 뜻을 말씀드리는 것은 직접 아버지께 구하시라는 것으로 내가 나의 영을 살리겠다고 하면 누가 그 답을 주는지 아실 것이기 때문입니다. 아들이 아버지의 뜻을 행하였다는 것은 영을 살리겠다는 아버지의 뜻(마음)이 아들에게 있었다는 것이기에 내가 아들에게 있는 아버지의 뜻(마음)을 알고자 한다면 나는 아버지께 직접 구하여야 한다는 것으로 판단해 보시기를 원합니다.

하나님이 자신의 집을 하늘이라 말하는 것은 잘 아실 것입니다.

하나님이 물 가운데에 허공을 있게 하고 하늘이라 부른 것일까요? 하나님이 자신의 집을 하늘이라 말하면서 허공을 하늘이라 부르면 자신은 하늘이 아니라 허공에 있다고 말한 것입니다. 하나님이 물 가운데에 있는 허공을 하늘이라 부르면 자신은 하늘이 아니라 허공에 있다고 말한 것이기에 나는 하나님이 한 일이 아니라는 것을 마음으로 알아야 한다는 것입니다.

하나님이 주인으로 있는 집은 내가 눈으로 보고 있는 하늘이라는 것입니다. 하나님이 허공을 하늘이라 불렀다면 자신이 있는 하늘은 허공이라 말한 것이기에 물 가운데에 허공을 두고 하늘이라 부른 것은 하나님이 아니라 아버지라는 것을 나는 마음으로 알아야 한다는 것으로 판단해 보시기를 원합니다.

아버지께서는 하나님이 있는 낮(빛이 있게 된 하늘)을 하늘이라 말하지 않고 허공을 하늘이라 부른 것입니다. 아버지께서는 아버지가 없는 빛의 하늘에서 하나님이 아버지로 있기에 물 가운데에 있는 허공을 하늘이라 부른 것입니다.

그런데 아버지께서 허공을 하늘이라 부르면 낮(하나님이 있는 빛의 하늘)은 어떻게 되어야 하는가요? 낮(하나님이 있는 빛의 하늘)은 밤(빛이 없는 하늘)이 되어야 한다는 것입니다. 아버지께서 허공을 하늘이라 부르면 빛은 하늘이 된 허공에 있어야 하기에 하나님은 낮(빛이 있는 하늘)에 있지 못하고 밤(빛이 없는 하늘)에 있어야 한다는 것으로 판단해 보시기를 원합니다.

아버지께서 허공을 물 가운데에 두고 하늘이라 부름 ⇒ 아버지께서는 태초에 하늘과 땅을 만들었지만 허공을 하늘이라 부른 것임

아버지께서 태초에 만든 하늘에 하나님과 빛이 있게 됨 ⇒ 하나님과 빛은 하늘이라고 불리지 못하는 곳에 있음 ⇒ 하나님과 빛

은 아버지의 집을 떠나 하늘이 아닌 허공에 있게 되었다는 것임이 죄인이 감히 비유로 말씀드린다면 **3:17 아담에게 이르시되 네가 네 아내의 말을 듣고 내가 너더러 먹지 말라 한 나무 실과를 먹었은즉 땅은 너로 인하여 저주를 받고 너는 종신토록 수고하여야 그 소산을 먹으리라**

하나님은 자신의 집(빛이 있게 된 태초의 하늘)을 낮과 밤으로 나누고 낮의 주인으로 있으면서 아버지가 있는 하늘의 모습을 나타내라는 아버지의 뜻을 무시한 것입니다. 그리고 빛은 하나님이 하늘의 주인이라는 것을 나타내려고 하나의 하늘을 낮(하나님이 있는 하늘)과 밤(하나님이 없는 하늘)으로 만들어 아버지의 뜻을 무시한 것입니다. 그런데 사람이 하나님의 말을 무시하고 선악을 알게 하는 나무의 열매를 먹었다고 땅은 사람으로 인하여 하나님에게서 저주를 받은 것입니다.

하나님과 빛이 아버지가 없는 하늘에서 아버지의 뜻을 무시하였으니 아버지는 그 하늘을 어떻게 하여야 할까요? 하늘은 아버지의 뜻을 무시한 하나님과 빛으로 인하여 저주를 받아야 한다는 것입니다. 그리고 아버지의 뜻을 무시한 하나님과 빛은 저주를 받은 하늘에서 반드시 죽어야 한다는 것입니다. 그러나 아버지는 그 믿음(행위)을 그대로 돌려주는 분이라는 것으로 계속 말씀드리겠으니 판단해 보시기를 원합니다.

하나님이 땅에 있던 동산을 갈아엎었으니 사람은 땅에 있지만 동산이 없는 땅에 있는 것입니다. 아버지가 물 가운데 허공을 하늘이라 부르면 하나님은 빛이 있게 된 하늘에서 다시 빛이 없는 하늘에 있어야 합니다. 하나님은 아버지가 만든 하늘에 있지만 하늘이 아닌 곳에 있게 되었다는 것으로 계속 말씀드리겠습니다.

종신토록 수고하여야 그 소산을 먹을 것이라고 말한 것은 살아 있으려면 쉬지 말고 일하라는 것입니다. 하나님은 자신의 말을 무시한 사람을 동산에서 쫓아내면서 "네가 살아 있으려면 너는 쉬지 않고 일하여야 한다"고 말한 것입니다. 그러면 하나님은 하늘의 주인이 되려고 아버지의 뜻을 무시하고 하늘이 아닌 곳에 있게 되었으니 자신이 하늘에서 살아 있다는 것을 나타내려면 쉬지 않고 일하여야 한다는 것입니다.

하나님은 태초의 하늘에 있지만 하늘이 아닌 곳에 있게 되었으니 자신이 하늘에서 살아 있다는 것을 나타내려면 종신토록 빛이 없는 하늘을 밝혀야 하지만 아버지는 나를 죽이려고 일하는 분이 아니라는 것입니다. 하나님이 하늘에서 살아 있다는 것을 나타내려면 종신토록 빛이 없는 하늘을 밝히는 일을 하여야 하지만 아버지에게는 사망이 없기에 때가 되면 하나님은 영원히 꺼지지 않는 불로 자신과 자신의 집(빛이 없는 태초의 하늘)을 태워야 한다는 것으로 계속 말씀드리겠으니 판단해 보시기를 원합니다.

빛은 하늘에 있어야 한다는 것입니다.

허공은 물 가운데에서 하늘이 되었기에 빛이 있어야 하지만 아버지께서 빛이 있으라고 말하지 않았다는 것입니다. 허공은 하늘이 되었으니 빛이 있어야 하지만 아버지께서 빛이 있으라고 말하지 않았으니 태초의 하늘에 있던 빛이 하늘(물 가운데 허공)에 있어야 한다는 것입니다.

아버지께서 허공을 물 가운데에 두고 하늘이라 불렀으니 허공은 하나님이 없기에 빛이 있는 하늘이 된다는 것입니다. 그리고 빛은 태초의 하늘에서 하늘 아래의 물을 비추었으니 물 가운데 하늘에 있으면서 하늘 아래의 물을 비추어야 한다는 것입니다. 그러면 빛은 하나님이 없는 하늘에서 흑암(하늘 아래의 물)을 비추면서 하나님이 하늘에 없어도 하늘에 빛이 있다는 것을 나타내어 하나님이 하늘에 없으면 하늘에 빛이 없다는 것은 거짓말이라는 것을 나타내어야 한다는 것으로 판단해 보시기를 원합니다.

빛이 없는 태초의 하늘	⇔	물 가운데 하늘은 빛이 없는 허공
↓		
하나님이 빛이 없는 하늘에서 빛이 있게 된 하늘에 있게 됨	⇔	빛은 하늘에 있어야하기에 물 가운데 하늘로 간
빛은 하나님이 주인으로 있 는 낮(빛의 하늘)을 떠남	⇔	빛은 물 가운데 하늘(빛이 없 는 허공)을 빛의 하늘로 만듦
하나님의 집은 낮과 밤이 있는 하늘에서 태초에 있던 빛이 없는 하나의 하늘로 돌아감	⇔	빛은 물 가운데 하늘(빛이 없는 허공)인 하나님이 없 는 하늘을 빛의 하늘로 만듦

빛은 하늘에 있어야 하기에 하나님이 있는 하늘을 떠나 허공(물 가운데 하늘)으로 간 것입니다. 그런데 하늘에 있어야 하는 빛이 하나님이 주인으로 있는 태초의 하늘에 있었다는 것입니다. 그러면 빛은 아버지의 집은 하늘이 아니지만 하나님의 집을 하늘이라고 하였기에 아버지를 떠나 허공(태초의 하늘)으로 간 것이 된다는 것으로 계속 말씀드리겠으니 판단해 보시기를 원합니다.

허공은 땅의 위에 있었다는 것입니다.

빛은 땅의 위에 있던 허공(물 가운데 하늘)에 있게 되었다는 것입니다. 빛은 땅의 위에 있던 허공(물 가운데 하늘)에 있게 되었으니 땅을 비추어야 한다는 것입니다. 빛은 땅의 위에 있던 허공(물 가운데의 하늘)에 있게 되었으니 하나님이 없어도 하늘에 빛이 있다는 것을 땅에 나타내어야 한다는 것입니다.

빛은 하나님이 있는 물의 위에 있었다는 것입니다. 빛은 하나님이 있는 하늘에서 흑암(하늘 아래의 물)을 하나님이 빛의 하늘에 있다는 모습으로 만든 것입니다. 그러면 빛은 하나님이 없는 물 가운데 하늘에 있으면서 흑암(물 가운데 하늘 아래의 물)을 하나님이 없는 하늘에 빛이 있다는 모습으로 만들어야 한다는 것입니다.

태초의 하늘에 있던 빛 ⇔ 물 가운데 하늘에 있게 된 빛

↓

하나님이 있는 하늘에서 흑 ⇔ 하나님이 없는 하늘에서 흑암
암(하늘 아래의 물)을 비춤 (하늘 아래의 물)을 비추어야 함

흑암(하늘 아래의 물)을 ⇔ 흑암(하늘 아래의 물)을 하나님이
하나님이 빛의 하늘에 없는 하늘에 빛이 있다는
있다는 모습으로 만듦 모습으로 만들어야 함

아버지께서 허공을 하늘이라 부른 것은 하나님이 주인으로 있는 하늘에 빛이 없다는 것을 나타내신 것입니다.

하나님이 하나인 자신의 집(빛이 있게 된 태초의 하늘)을 낮과 밤으로 나눔 ⇒ 빛은 하나님이 주인으로 있는 낮을 떠남 ⇒ 하나님이 주인으로 있던 낮은 빛이 없는 태초의 하늘로 돌아감

빛의 하늘은 하나만 있어야 한다는 것입니다. 아버지의 집은 아버지의 거룩함이 빛으로 있는 하늘이라는 것입니다. 그런데 하나님도 자신의 집을 빛이 있는 하늘이라고 말한다는 것입니다. 그러면 아버지가 주인으로 있는 집과 하나님이 주인으로 있는 집은 빛이 있는 하늘이 되어야 합니다.

아버지의 집과 하나님의 집에 빛이 있으면 빛의 하늘은 두 개가 되어야 한다는 것입니다. 아버지의 집과 하나님의 집에 빛이 있으면 빛의 하늘은 두 개가 되어야 하지만 하나님은 내가 눈으로 보는 하늘의 주인이라는 것입니다. 아버지의 집과 하나님의 집에 빛이 있으면 나는 눈으로 보는 하늘에서 주인으로 있는 하나님을 빛의 하늘에서 살아 있는 유일한 영으로 섬기면서 죽은 영이 되어야 한다는 것으로 판단해 보시기를 원합니다.

아버지는 나의 영을 살리려고 일하시기에 빛의 하늘은 두 개가 아니라는 것을 나타내어야 합니다. 아버지가 나의 영을 살리려면 빛의 하늘은 아버지가 있는 집이라는 것을 나타내면서 하나님의 집은 빛이 없다는 것을 나타내어야 한다는 것입니다. 아버지가 나의 영을 살리려면 빛의 하늘은 아버지가 있는 집이라는 것을 나타내면서 내가 눈으로 보는 하늘인 하나님의 집에는 빛이 없다는 것을 나타내어야 나는 하나님을 유일하게 살아 있는 영으로 섬기지 않고 영을 살리는 일을 하게 된다는 것입니다.

아버지는 땅이 혼돈하고 공허하다고 말씀하신 것입니다. 내가 영을 살리는 일을 하고 있다면 나의 영을 살리려고 일하시는 아버지께서 땅이 혼돈하고 공허하다고 말씀하지 않으신다는 것입니다. 나의 영을 살리려고 일하시는 아버지께서 땅이 혼돈하고 공허하다고 한 것은 "네가 누구의 하늘이 빛의 하늘인지 헷갈려하고 있다"고 말씀하신 것입니다.

아버지는 아버지의 집이 빛이라는 것을 나타냈지만 나는 누구의 하늘이 빛인지 헷갈려하고 있다는 것입니다. 나는 누구의 하늘이 빛인지 헷갈려하면서 눈으로 보는 하늘을 빛이 있는 하늘로 믿고 있다는 것입니다. 나는 눈으로 보는 하늘인 하나님이 유일하게 살아 있는 영으로 있는 하늘에 빛이 있다고 하면서 나의 영을 죽이려고 한다는 것입니다.

허공은 땅의 위에 있었으니 허공에 빛이 있으면 땅을 비추어야 한다는 것입니다. 빛이 하나님이 없는 허공(물 가운데 하늘)에서 땅을 비추면 나는 하나님이 하늘에 없어도 빛의 하늘이 있다는 것을 알게 된다는 것으로 판단해 보시기를 원합니다.

빛이 물 가운데 하늘에서 땅을 비추면 어떻게 된다는 것일까요?

하나님(빛의 영) ⇒ 태초에 있던 빛이 없는 하늘에 있게 됨

↑

하늘 위의 물 ⇒ 하나님이 빛이 없는 하늘에 있다는 모습

↑

빛 ⇒ 하나님이 없는 물 가운데 하늘에 있으면서 땅을 비춤

↓

하늘 아래의 물 ⇒ 하나님이 없어도 하늘에 빛이 있다는 모습

↓

나는 하나님이 없어도 빛이 있는 하늘이 있음을 알게 됨

빛이 땅을 비추지 않으면 어떻게 된다는 것일까요?

빛은 하나님이 주인으로 있는 태초의 하늘에서 물을 비추었지만 땅을 비추지 않았다는 것입니다. 빛이 물 가운데 하늘에서 땅을 비추지 않으면 태초의 하늘에 있던 것처럼 물 가운데 아래의 물을 비추지 않아야 합니다. 빛이 물 가운데 하늘에서 땅을 비추지 않으면 태초의 하늘에 있던 것처럼 물 가운데 위의 물을 비춘 것으로 계속 말씀드리겠습니다.

빛은 하나님이 있는 태초의 하늘을 밝히면서 물을 비추었지만 땅을 비추지 않았다는 것입니다. 빛이 하나님이 없는 물 가운데 하늘을 밝히면서 땅을 비추지 않고 물을 비추면 물 가운데 위의 물은 낮(하나님이 빛의 하늘에 있다)의 모습에서 하나님이 없는 낮의 모습이 됩니다. 빛이 하나님이 없는 물 가운데 하늘을 밝히면서 당을 비추지 않고 물을 비추면 하늘 위의 물은 하나님이 없는 낮의 모습이 되기에 빛은 물 가운데 하늘을 하나님이 자리를 비운 낮으로 만든 것으로 계속 말씀드리겠으니 판단해 보시기를 원합니다.

하나님이 주인으로 있는 태초의 하늘은 빛이 없게 됨

↓

하늘 위의 물 ⇒ 빛을 비추면 하나님이 없는 낮의 모습

↑

빛 ⇒ 물 가운데 하늘을 하나님이 없는 하나님의 집으로 만듦

↓

하늘 아래 물 ⇒ 흑암(하나님이 하늘에 없기에 빛이 없다는 모습)

↓

빛은 하나님이 하늘에 없기에 땅을 비추지 못한다고 한 것임

빛은 하나님이 없는 물 가운데 하늘을 하나님의 집으로 만든 것입니다. 빛은 하나님이 없는 물 가운데 하늘을 하나님의 집인 낮(빛의 하늘)으로 만들었지만 하나님이 있는 집은 빛이 없는 태초의 하늘이라는 것입니다. 지구는 빛이 없는 우주에 있으니 낮의 뒤에 하나님이 주인으로 있는 허공(빛이 없는 태초의 하늘)이 있다는 것을 알아야 한다는 것으로 계속 말씀드리겠습니다.

빛이 태초의 하늘에 있게 됨 ⇒ 물 가운데 하늘에 있게 됨

하늘은 물의 위에 있음 ⇒ 물 가운데 하늘도 물 위에 있음

물의 위에 하나님이 있음 ⇒ 물의 위에 하나님이 없음

하나님의 집을 낮으로 만듦 ⇒ 하나님이 없는 하늘을 낮으로 만듦

↓

빛은 하나님이 없는 물 가운데 하늘을 하나님의 집으로 만들려고 하나님이 있는 하늘의 모습을 나타내는 하늘 위의 물을 비춤

아버지께서 허공을 하늘이라고 부른 것은 하나님이 주인으로 있는 태초의 하늘을 허공으로 만든 것입니다.

달을 보면 땅의 위에 빛의 하늘이 없다는 것입니다. 달의 위에 빛의 하늘이 없다는 것은 그 하늘이 우주이기 때문입니다. 하나님이 주인으로 있는 태초의 하늘은 빛이 있었지만 달의 위에 있는 하늘이 되었다는 것으로 계속 말씀드리겠습니다.

아버지께서 허공을 하늘이라고 불렀으니 허공은 빛이 있는 하늘이 되어야 합니다. 허공은 빛이 있는 하늘이 되어야 하기에 하나님이 주인으로 있는 집은 빛이 있게 된 하늘에서 빛이 없는 하늘로 돌아가야 한다는 것입니다. 허공(흑암 아래의 깊음)은 빛이 있는 하늘이 되고 하나님이 주인으로 있는 집은 빛이 있던 하늘에서 빛이 없는 허공(흑암 아래의 깊음)이 되어야 한다는 것으로 계속 말씀드리겠습니다.

하나님이 있는 하늘 ⇒ 빛이 없는 허공(흑암 아래의 깊음)이 됨

빛이 없는 허공(흑암 아래의 깊음) ⇒ 빛이 있는 하늘로 됨

아버지께서 허공을 하늘이라 부른 것은 하나님이 주인으로 있는 하늘을 허공으로 만들겠다는 뜻이 계신 것입니다. 아버지께서 하나

님이 주인으로 있는 하늘을 허공으로 만들면 태초에 만든 하늘은 없어져야 합니다. 그런데 아버지께서 하나님이 주인으로 있는 하늘을 허공으로 만들었다고 태초의 하늘이 없어진다면 아버지께서 태초에 아버지가 없기에 빛이 없는 하늘을 만들었다는 것은 거짓말이 되어야 한다는 것입니다.

하나님이 주인으로 있는 하늘이 없어진다면 아버지께서 태초에 빛이 없는 하늘을 만들었다는 증거가 없기에 아버지는 거짓말을 한 것이 됩니다. 하나님이 주인으로 있는 하늘이 없어진다면 아버지는 나를 하늘에 있지 못하는 영으로 만들려고 거짓말을 한 악한 자가 되어야 하기에 아버지께서 태초에 하늘을 만들었다는 증거가 있어야 한다는 것으로 판단해 보시기를 원합니다.

인공위성이 있습니다. 인공위성이 있지만 정지궤도가 있습니다. 그런데 정지궤도에 있는 인공위성은 땅과 똑같이 도는 자리에 있다는 것입니다. 그러면 정지궤도가 아버지께서 태초에 만든 빛이 없는 하늘이고 허공이 된 하늘이 아닐까요?

하나님이 물을 밟고 돌아다니고 있었다는 것입니다. 하나닏이 하늘에서 가만히 있어도 땅이 돌고 있었다면 하나님이 물을 밟고 돌아다닐 이유가 없다는 것입니다. 그러나 하나님이 물을 밟고 돌아다녔다는 것은 태초에 있던 하늘과 땅은 움직이지 않고 있었다는 것입니다. 그러면 땅의 위에 있는 정지궤도가 아버지꺼서 태초에 만든 빛이 없는 하늘이라는 것으로 판단해 보시기를 원합니다.

4. 저녁이 되며 아침이 되니 이는 둘째 날이니라

저녁과 아침은 아버지의 집에 없다는 것입니다. 아버지의 집은 빛만 있기에 하루가 없다는 것입니다. 하루가 되었다는 것은 하나님이 아버지의 뜻을 이용하여 자신을 하늘의 주인으로 만들려고 아버지의 뜻을 무시하고 숨기는 일을 하였다는 것입니다.

하나님이 주인으로 있던 빛이 없는 태초의 하늘은 밤	⇒	하나님이 없는 허공(흑암 아래의 깊음)은 빛이 없기에 밤
빛이 있게 되었으니 하나님은 낮에 있게 됨	⇒	허공은 물 가운데인 낮과 밤의 가운데인 저녁과 아침의 자리에 있음
하나님이 주인으로 있던 태초의 하늘은 밤에서 낮이 됨	⇒	하나님이 없는 허공은 밤에서 저녁과 아침이 됨

하나님이 없는 허공은 하나님의 집이기에 하나님은 하늘이 아니라 저녁과 아침에 있다는 것입니다.

빛은 허공에 있지 못한다는 것임	⇒	빛은 하늘에 있어야 함
↓		
하나님이 주인으로 있는 태초의 하늘은 허공이 됨	⇒	하나님이 없는 허공(흑암 아래의 깊음)이 하늘이 되었다는 것임
하나님이 주인으로 있는 하늘은 낮에서 밤(빛이 없는 허공)이 됨	⇒	하나님이 주인으로 있지 않은 허공(흑암 아래의 깊음)은 저녁과 아침에서 낮(빛이 있는 하늘)이 됨
하나님은 자신이 허공(흑암 아래의 깊음)에 있다는 것을 숨김	⇒	빛은 하나님이 허공(흑암 아래의 깊음)에 있다는 것을 숨기려고 물 가운데 하늘을 하나님의 집으로 만듦

하나님은 빛이 없는 하늘에 있지만 빛이 있게 된 하늘에 있게 되었다는 것입니다. 그러면 나의 영을 살리려고 일하시는 아버지께서 빛의 영을 죽이려고 빛이 있게 된 하늘을 빛이 없는 허공으로 만든 것

일까요? 아버지께서 빛이 있게 된 하늘을 빛이 없는 허공으로 만든 것은 빛의 영에게 "네가 아들이 되면 빛이 있는 나의 집에 있을 것이지만 아버지가 되려고 하면 빛이 없는 허공에 있게 된다는 것을 알라"고 아버지의 마음을 나타내신 것임을 나는 마음으로 알아야 한다는 것으로 판단해 보시기를 원합니다.

아버지께서 빛의 영을 죽이려고 빛이 있게 된 태초의 하늘을 빛이 없는 허공으로 만들었다면 아버지는 나의 영을 죽이려고 일하는 것입니다. 아버지께서 빛이 있게 된 태초의 하늘을 빛이 없는 허공으로 만든 것은 빛의 영에게 하늘의 주인이 되려고 한 것을 후회하라고 기회를 준 것입니다. 아버지께서 빛이 있게 된 태초의 하늘을 빛이 없는 허공으로 만든 것은 빛의 영에게 하늘의 주인이 되려고 한 것을 후회하고 아버지가 있는 하늘로 돌아오라는 기회를 준 것이지만 아버지의 마음을 모르면 스스로 자신을 죽이는 일을 하게 된다는 것으로 판단해 보시기를 원합니다.

회개를 한다는 것은 자신이 잘못한 것에 대하여 후회하고 다시 그러한 일을 하지 않겠다는 것입니다. 아버지를 떠난 탕자인 나는 내가 무엇을 잘못하였는지 마음으로 알려고 하여야 한다는 것입니다. 내가 회개하였다고 하면서 다시 그러한 일을 하면 나는 내가 무엇을 잘못하였는지 마음으로 알려고 하지 않으면서 입으로만 용서를 구하는 자가 된다는 것입니다. 나는 내가 아버지의 집에 있으면서 어떻게 하였기에 아버지를 떠난 것인지 마음으로 알려고 하여야 나는 아버지에게 돌아가려고 아버지의 뜻을 따르는 일을 하게 된다는 것으로 판단해 보시기를 원합니다.

아버지께서는 아버지가 있기에 아버지의 거룩함이 빛으로 있는 하늘로 돌아오라는 기회를 주기에 나의 영을 살리려고 일하시는 분이라는 것입니다. 아버지는 나의 영을 살리려고 일하시기에 내가 하늘(아버지의 집)로 들어가기를 원하면서 영을 살리는 일을 하지 않으면 나는 아버지가 없는 하늘로 들어가야 한다는 것입니다. 내가 아버지의 거룩함이 빛으로 있는 하늘로 들어가려고 하면서 영을 살리는 일을 하지 않으면 나는 하나님이 유일하게 살아 있는 영으로 있는 집(빛이 없는 태초의 하늘)으로 들어가 나를 불에 태워야 한다는 것으로 계속 말씀드리겠습니다.

아버지가 영을 죽이려고 일하는 자라면 아버지께서 나에게 아들을 보내 육체가 아니라 영을 살리는 일을 하라고 말씀하실 이유가 없다는 것입니다. 아버지가 영을 죽이려고 일하는 자라면 나에게 아들을 보내 "영을 살리는 일을 하여 살아 있는 영이 되라"고 말할 이유가 없다는 것으로 판단해 보시기를 원합니다.

아버지께서 네가 영을 살리기를 기다렸는데 너는 영을 살리는 일을 하였느냐고 물으시면 나는 무엇이라고 말씀드려야 할까요? 나는 영을 살리기 위하여 하나님을 유일한 신(영)으로 섬겼다고 할 것인가요? 그리고 "나의 아들이 와서 무엇을 하라고 하였느냐"고 물으시면 나는 "서로 사랑하라고 하였다"고 할 것인가요? 서로 사랑하라고 말한 것에 대하여는 계속 말씀드리겠습니다.

육체가 아니라 영을 살리는 일을 하라고 하였으니 나는 영을 살리기 위하여 아버지께 아버지의 뜻을 간절히 구하여야 한다는 것입니다. 육체가 아니라 영을 살리는 일을 하라고 한 것은 내가 죽지 않는 육체가 되려고 하면서 죽은 영이 되려고 하기 때문입니다. 그리고 영을 살리는 일을 하라고 한 것은 내가 죽은 영이라는 것이기에 나는 나의 영을 살리려고 일하시는 아버지의 뜻을 간절히 구하여야 한다는 것으로 계속 말씀드리겠습니다.

하늘의 주인은 아버지이기에 그 누구도 아버지를 대신하여 하늘을 빛으로 만들지 못한다는 것입니다.

나는 하나님이 아버지를 대신하여 하늘을 빛으로 만들지 못한 것과 빛이 하늘을 밝히면서 허공에 있게 된 것을 보면서 하늘을 밝히려고 하지 않아야 한다는 것입니다. 내가 아버지를 대신하여 하늘을 밝히면 나는 아버지가 없는 하늘에서 아버지를 대신하여 아버지로 있는 아버지의 모습이 되어야 한다는 것입니다.

내가 아버지를 대신하여 하늘을 밝히면 나는 아버지로 있는 아들이고 아버지의 모습으로 있는 영이 되어야 합니다. 그러면 나는 아버지가 없는 하늘에서 아버지로 있는 하나님(빛의 영)을 보면서 하나님(빛의 영)같이 되려고 하지 않아야 한다는 것으로 계속 말씀드리겠으니 판단해 보시기를 원합니다.

하나님을 대신하여 하나님으로 있는 자는 하나님의 아들(도습)이라는 것입니다. 빛이 하나님을 대신하여 하늘을 밝히면 빛은 하나님이 없는 하늘에서 하나님으로 있는 하나님의 모습이 된다는 것입니다. 그리고 빛은 하나님이 없는 하늘에서 하나님을 대신하여 주인으로 있는 하나님의 아들이 되어야 하기에 빛은 하나님과 삼위일체가 된다는 것입니다.

빛이 하나님이 없는 물 가운데 하늘을 밝힌 것은 하늘에 있는 하나님의 모습이 되려고 한 것입니다. 그리고 빛은 하나님이 없는 물 가운데 하늘에서 하나님을 대신하여 주인으로 있는 하나님의 아들이 되려고 한 것입니다. 그러면 빛이 하나님이 없는 물 가운데 하늘을 밝힌 것은 하나님과 삼위일체가 되어 하늘에서 하나님같이 있으려고 하늘(아버지의 집)을 떠난 것이 된다는 것으로 계속 말씀드리겠으니 판단해 보시기를 원합니다.

아버지의 거룩함으로 빛을 낸 빛이 하나님과 삼위일체가 되면 하나님은 아버지의 거룩함이 빛으로 있는 하늘에서 아버지로 있게 된다는 것입니다. 그런데 빛이 하나님과 삼위일체가 되면 하나님을 하늘의 유일한 주인으로 있지 못하게 하기에 아비인 하나님에게 죽임을 당하여야 한다는 것으로 계속 말씀드리겠습니다.

내가 하나님을 대신하여 살아 있는 영으로 있으면 나는 하나님의 모습인 하나님의 아들이 되어야 하기에 하나님과 삼위일체가 된다는 것입니다. 아버지의 숨결로 숨을 쉬고 있는 내가 하나님과 삼위일체가 되면 하나님은 아버지의 숨결로 숨을 쉬는 아버지가 된다는 것입니다. 그런데 내가 하나님과 삼위일체가 되면 나는 하나님을 아버지로 만들면서 하나님을 유일하게 살아 있는 영으로 있지 못하게 하기에 아비인 하나님에게 죽임을 당하여야 한다는 것으로 계속 말씀드리겠습니다.

님은 님이고 나는 나라는 것입니다. 나는 나이고 아버지는 아버지이기에 아들은 아버지가 아니고 아버지도 아들이 아니라는 것입니다. 나는 나이고 하나님은 하나님이기에 나는 하나님이 아니고 하나님도 내가 아니라는 것을 알고 나는 아버지나 하나님같이 되려고 하면서 스스로 나를 죽이는 일을 하지 않아야 한다는 것으로 삼위일체에 대하여는 계속 말씀드리겠습니다.

•

1:9 하나님이 가라사대 천하의 물이 한 곳으로 모이고 뭍이 드러나라 하시매 그대로 되니라 10 하나님이 뭍을 땅이라 칭하시고 모인 물을 바다라 칭하시니라 하나님이 보시기에 좋았더라 11 하나님이 가라사대 땅은 풀과 씨 맺는 채소와 각기 종류대로 씨 가진 열매 맺는 과목를 내라 하시매 그대로 되어 12 땅이 풀과 각기 종류대로 씨 맺는 채소와 각기 종류대로 씨 가진 열매 맺는 나무를 내니 하나님이 보시기에 좋았더라 13 저녁이 되며 아침이 되니 이는 셋째 날이니라

물 가운데 하늘에는 빛이 있다는 것입니다. 물 가운데 하늘 아래에는 물이 있었지만 땅과 모인 물인 바다(하늘 아래의 물)가 있게 되었다는 것입니다. 그러면 땅은 하나님이 없지만 빛이 있는 하늘의 아래에 있게 되었다는 것이고 물이 없는 땅에서 풀과 채소와 나무가 나왔으니 풀과 채소와 나무는 하나님이 없지만 빛이 있는 물 가운데 하늘에 있게 된 것입니다.

1. 하나님이 가라사대 천하의 물이 한 곳으로 모이고 뭍이 드러나라 하시매 그대로 되니라

하늘은 아버지의 집이라는 것을 나는 마음으로 알아야 한다는 것입니다. 아버지가 없는 하늘은 아버지의 집이 아니기에 허공이라는 것을 나는 마음으로 알아야 한다는 것입니다.

천하의 물이란 하늘 아래의 물이고 하늘이란 물 가운데 하늘이라는 것입니다. 물 가운데 하늘은 빛이 있지만 아버지도 없고 하나님도 없다는 것입니다. 물 가운데 하늘은 아버지도 없고 하나님도 없는 하늘이기에 빛은 물 가운데 하늘을 밝히면서 누구의 하늘이 빛의 하늘인지 나타내어야 한다는 것입니다. 빛이 물 가운데 하늘에서 땅을 비추면 하나님이 없어도 하늘에 빛이 있다는 것을 나타내지만 하늘 위의 물을 비추면 빛은 물 가운데 하늘을 하나님이 없는 하나님의 집으로 만든 것이 된다는 것입니다.

아버지께서 빛에게 원한 것은 빛의 영을 빛의 하늘에 있는 아버지로 만드는 것이 아니라는 것입니다. 아버지께서 빛에게 원한 것은 빛의 영이 하늘에 없어도 하늘에 빛이 있다는 것을 나타내는 것입니다. 빛은 빛의 영이 하늘에 없어도 하늘에 빛이 있다는 것을 나타내어야 하지만 빛은 아버지의 뜻을 무시하고 물 가운데 하늘을 빛의 영이 자리를 비운 집으로 만든 것입니다.

아버지의 뜻을 모르면 나는 어떻게 된다는 것일까요? 아버지의 뜻을 모르면 나는 아버지의 마음을 모르기에 아버지가 무엇을 원하고 있는지 모른다는 것입니다. 아버지의 뜻을 모르면 아버지가 원하는 것이 무엇인지 모르기에 나는 아버지가 원하는 일을 하지 않고 아버지의 뜻을 무시하는 일을 하게 된다는 것입니다.

그러나 내가 아버지의 뜻을 모르기에 아버지가 원하는 일을 하지 못하는 것이 아니라는 것입니다. 내가 나의 영을 살리려고 일하는 아버지를 알려고 하는 것을 마음으로 싫어하기에 아버지의 뜻을 따르지 못하는 것입니다. 내가 나의 영을 살리려고 일하는 아버지를 찾는 것을 마음으로 싫어하면서 아버지가 원하는 일을 하지 않으려고 하기에 아버지의 뜻을 따르지 못하는 것임을 나는 마음으로 알아야 한다는 것으로 계속 말씀드리겠습니다.

아버지는 숨을 쉬면서 살아 있는 나에게 아버지라는 말을 듣고 싶어 하지만 자신만 유일하게 살아 있는 영이라고 말하는 하나님은 죽은 영인 나에게 아버지가 되려고 한다는 것입니다. 그러면 내가 하나님을 어떻게 증거하고 있는지 마음으로 알려고 하면 나는 어떻게 아버지의 뜻을 따르지 않으려고 하였는지 알게 된다는 것이기에 나는 결코 아버지의 앞에서 “아버지의 뜻을 몰랐기에 나의 영을 살리는 일을 하지 못하였다”고 말(변명)하지 못한다는 것으로 판단해 보시기를 원합니다.

빛이 물 가운데 하늘에 있음

↓

땅을 비춤 ⇒ 땅을 비추지 않고 물 가운데 위의 물을 비춤

하나님이 없어도 빛 ⇒ 자신이 있는 물 가운데 하늘을 하나

이 있는 하늘이 있　　님이 자리를 비운 하나님의 집인 낮

다는 것을 나타냄　　(빛의 하늘)으로 만듦

빛은 땅을 비추지 않았다는 것입니다.

빛은 태초의 하늘에서 하늘 아래의 물을 비춘 것입니다. 빛은 태초의 하늘에서 흑암(하늘 아래의 물)을 비추었듯이 물 가운데 하늘에서 흑암(하늘 아래의 물)을 비추어야 한다는 것입니다.

빛이 태초의 하늘을 떠났으니 물 가운데 위의 물은 흑암이라는 것입니다. 그런데 태초의 하늘에는 하나님이 있고 물 가운데 하늘에는 하나님이 없다는 것입니다. 그러면 빛은 하나님이 있는 하늘과 하나님이 없는 하늘에서 흑암인 물을 비춘 것이 됩니다. 빛은 하나님이 있는 하늘과 하나님이 없는 하늘에서 흑암인 둘을 비춘 것이기에 물 가운데 하늘 위의 물을 비추었다는 것으로 계속 말씀드리겠으니 판단해 보시기를 원합니다.

빛은 하나님이 없는 물 가운데 하늘에서 흑암(하늘 위의 물)을 비춘 것이기에 흑암(하늘 위의 물)은 하나님의 집이 빛이라는 모습이 됩니다. 빛은 하나님이 없는 물 가운데 하늘에서 흑암(하늘 위의 물)을 하나님의 집이 빛이라는 모습으로 만들었으니 물 가운데의 하늘을 낮(하나님의 집)으로 만든 것입니다.

빛은 하나님이 있는 태초의 하늘에서 하나님이 하늘에서 살아 있기에 하늘에 빛이 있다는 하나님의 거룩함을 나타낸 것입니다. 그리고 빛은 태초의 하늘을 떠나 하나님이 없는 물 가운데 하늘을 낮(하나님의 집)으로 만들었으니 하나님의 거룩함을 빛이라고 한 것으로 계속 말씀드리겠습니다.

빛은 태초의 하늘에서 ⇒ 물 가운데 하늘에 있게 됨

하나님이 있는 하늘에서 ⇒ 하나님이 없는 하늘에 있게 됨

하나님이 빛의 하늘에 있다고 함 ⇒ 하나님의 집은 낮이라고 하면서 하나님의 거룩함은 빛이라고 함

뭍이 드러나라고 말씀하신 것입니다.

드러나다는 '가려 있거나 보이지 않던 것이 보이게 되다'입니다. 땅이 보이지 않았다는 것은 물 가운데 하늘 아래의 물이 흑암이었다는 것입니다. 물 가운데 하늘에는 빛이 있지만 빛은 하늘 위의 물을 비추었다는 것으로 판단해 보시기를 원합니다.

땅은 빛이 있는 하늘의 아래에 그 모습을 드러내라는 것입니다. 빛이 물 가운데 하늘에서 흑암(하늘 아래의 물)의 아래에 있는 땅을 비추지 않았기에 땅을 빛이 있는 하늘의 아래에 있게 하였고 모인 물인 흑암(하늘 아래의 물)을 바다라고 말씀하신 것입니다. 빛이 물 가운데 하늘에서 땅을 비추지 않고 태초의 하늘에 있던 것처럼 흑암(하늘

위의 물)을 비추었기에 아버지께서 흑암(하늘 아래의 물)을 바다라 부르고 땅을 빛이 있는 하늘의 아래에 있게 하였다는 것입니다.

물 가운데 하늘 위의 물은 태초에 있던 흑암이라는 것입니다. 물 가운데 하늘 위의 물은 흑암이지만 빛이 비춘 물이라는 것입니다. 물 가운데 하늘 위의 물은 흑암(하나님이 빛이 없는 하늘에 있다)에서 하나님이 빛의 하늘에 있다는 모습이 되었지만 빛이 태초의 하늘을 떠났기에 다시 흑암(하나님이 빛이 없는 하늘에 있다는 모습)이 되어야 한다는 것입니다.

하나님은 빛에 있다가 빛이 없게 된 하늘에 있게 됨

↓

하늘 위의 물 ⇒ 하나님의 모습이 없으니 하나님 집의 모습임

↑

물 가운데 하늘 ⇒ 빛은 낮(하나님의 집)으로 만듦

↓

하늘 아래의 물 ⇒ 흑암(하나님이 없는 하늘은 빛이 없다는 모습)

물 가운데 하늘에는 빛이 있기에 땅은 빛의 아래에 있게 된 것입니다. 빛은 물 가운데 하늘을 밝히면서 땅을 달처럼 만들지 않아야 한다는 것입니다. 달에 있는 땅을 보면 그 하늘에 빛이 없다는 것이기에 빛은 물 가운데 하늘을 밝히면서 땅을 달처럼 만들지 않아야 한다는 것으로 판단해 보시기를 원합니다.

빛은 땅을 내가 낮에 있는 것처럼 만들어야지 달의 낮처럼 만들지 않아야 한다는 것입니다. 빛은 땅을 빛의 하늘 아래에 있는 낮으로 만들고 달의 낮처럼 만들지 않아야 한다는 것입니다.

땅은 달처럼 빛이 없는 하늘의 아래에 있는 것이 아니라 내가 낮에

있는 것처럼 있어야 한다는 것입니다. 그러나 땅이 빛이 있는 물 가운데 하늘의 아래에 있게 되었다고 지금 내가 있는 땅처럼 되었다는 것이 아니라는 것으로 계속 말씀드리겠습니다.

빛은 아버지의 거룩함으로 빛을 내면서 하늘을 빛으로 만든 것입니다. 빛이 아버지의 거룩함으로 빛을 내지 못하면 달의 하늘처럼 된다는 것입니다. 빛이 아버지의 거룩함으로 빛을 내지 못하면 달을 밝히는 해가 된다는 것으로 계속 말씀드리겠습니다.

빛은 아버지의 거룩함으로 하나님이 없는 물 가운데 하늘을 밝힌 것입니다. 빛은 하나님이 없는 물 가운데 하늘을 밝히면서 그 하늘을 낮(하나님의 집)으로 만든 것입니다. 그러면 빛은 하나님이 없는 물 가운데의 하늘을 아버지의 거룩함이 있는 낮(하나님의 집)으로 만든 것으로 계속 말씀드리겠습니다.

빛이 태초의 하늘에서 ⇒ 물 가운데 하늘에 있게 됨

물의 위에 하나님이 있었지만 ⇒ 물의 위에 하나님이 없음

빛은 물 가운데 하늘을 하나님이 자리를 비운 하나님의 집으로 만든 것입니다. 빛은 물 가운데 하늘을 아버지의 거룩함이 있는 하나님의 집으로 만든 것으로 계속 말씀드리겠습니다.

빛은 물 가운데 하늘을 낮(하나님의 집)으로 만든 것입니다.

빛은 하나님이 있는 태초의 하늘에서 낮이라는 이름으로 있었다는 것입니다. 그리고 빛은 하나님이 없는 물 가운데 하늘을 하나님이 자리를 비운 낮(하나님의 집)으로 만든 것입니다.

하나님은 자신의 집을 하늘이라 말하면서 빛이 없는 태초의 하늘에 있다는 것입니다. 그러면 빛은 물 가운데 하늘을 낮(하나님의 집)으로 만들면서 물 가운데 하늘을 하나님이 없는 허공(하나님의 집)으로

만든 것으로 판단해 보시기를 원합니다.

아버지께서는 물 가운데에 허공을 두고 하나님이 없기에 하늘이라 불렀지만 빛은 물 가운데 하늘을 낮(하나님의 집)으로 만들면서 하나님이 없기에 허공이라고 한 것이 됩니다. 빛이 없던 태초의 하늘에 빛이 있게 되었지만 하나님으로 인하여 빛이 없는 하늘로 돌아갔듯이 허공은 물 가운데에서 빛이 있는 하늘이 되었지만 빛으로 인하여 다시 허공으로 돌아갔다는 것으로 계속 말씀드리겠으니 판단해 보시기를 원합니다.

태초의 하늘 ⇒ 허공이 됨 ⇒ 빛은 허공을 하늘로 만들려고 함

↓

빛을 비춘 하늘 아래의 물 ⇒ 빛을 비춘 하늘 위의 물이 됨

↓

허공 ⇒ 하늘이 됨 ⇒ 빛은 하늘을 다시 허공으로 만듦

하나님이 빛을 낮이라 불렀으니 빛은 하나님이 있는 태초의 하늘에서 낮으로 있던 것입니다. 낮으로 있던 빛이 하나님이 없는 물 가운데 하늘로 갔으니 하나님은 낮이 없는 태초의 하늘에 있게 되었다는 것입니다. 태초의 하늘에서 낮으로 있던 빛이 떠나면 태초의 하늘은 밤이 되어야 하고 하나님은 낮에 있지 못하고 밤에 있어야 한다는 것입니다.

그러나 하나님은 빛이기에 어둠이 없다고 말하니 하나님은 밤에 있지 않으려고 한다는 것입니다. 그러면 낮이 없는 태초의 하늘에서 밤에 있지 않으려면 하나님은 낮(물의 위에 있는 하늘)과 밤(하나님의 머리 위에 있는 하늘)의 가운데인 저녁과 아침에 있어야 한다는 것입니다.

하나님은 낮에 있지 못하니 물을 밟고 있지 않음	⇒	물 가운데 하늘에 하나님이 없으니 하나님은 물을 밟고 있지 않음
하나님이 있다가 하나님이 없는 하늘이 됨	⇒	물 가운데 하늘은 하나님이 하늘을 떠난 하늘의 모습이 됨
하나님이 낮에 있었지만 하나님이 없기에 밤이라고 함	⇒	하나님이 없으면 밤이지만 하나님 집은 낮이라고 한 것임

↓

빛은 하나님이 밟고 있던 물과 연합하여 물 가운데 하늘을 하나님이 자리를 비운 낮(하나님의 집)으로 만들었다는 것임

태초의 하늘에서 낮으로 있던 빛이 물 가운데 하늘로 갔으니 하나님이 있는 집(빛이 있게 된 하늘)은 다시 밤(빛이 없는 하늘)으로 돌아간 것입니다. 하나님은 낮(빛이 있던 하늘)에서 밤(빛이 없는 하늘)에 있기에 하늘 위의 물은 하나님이 빛의 하늘에 있다는 모습을 나타내지 못한다는 것입니다. 그러면 하나님이 있는 태초의 하늘을 떠나 물 가운데 하늘에 있게 된 빛은 하늘 위의 물과 연합하여 하나님이 빛이 없는 하늘에 있다는 것을 숨기려고 하나님의 집은 낮(빛의 하늘)이라고 한 것입니다.

그런데 하나님이 하늘을 떠나면 어디에 있다는 것인가요?

하나님이 하늘을 비우면 하나님은 하늘을 떠난 것이기에 허공에 있어야 합니다. 그런데 하나님은 자신의 집을 하늘이라고 말하기에 하나님이 있는 곳은 하늘이어야 합니다. 그러면 하나님이 자리를 비운 하늘은 허공이 되고 하나님이 있는 곳은 하늘이 되어야 하지만 하나님은 하늘을 빛으로 밝히지 못하기에 하나님이 자리를 비운 하늘과 하나님이 있는 곳은 모두 허공이라는 것을 나는 마음으로 알아야 한

다는 것입니다.

빛은 물 가운데 하늘에서 하나님이 빛의 하늘을 떠났다고 한 것입니다. 그런데 하나님은 아버지를 떠나 빛이 없는 하늘에 있게 된 것입니다. 그러면 빛은 물 가운데 하늘에서 하나님이 빛의 하늘을 떠났기에 때가 되면 하나님이 아버지의 집에서 아버지로 있을 것이라고 말한 것으로 계속 말씀드리겠습니다.

우주선을 타고 낮의 하늘로 올라가면 빛에 있게 될까요? 낮의 하늘로 올라가면 나는 빛이 없는 우주에 있게 됩니다. 나는 낮의 뒤에 밤(빛이 없는 하늘)이 있다는 것을 마음으로 알고 하나님이 주인으로 있는 하늘로 들어가지 않아야 한다는 것으로 판단해 보시기를 원합니다.

빛은 물 가운데 하늘을 아버지의 거룩함으로 밝히면서 땅의 위에 있어야 합니다. 그런데 빛은 물 가운데 하늘을 아버지의 거룩함으로 밝히면서 물 가운데 하늘을 하나님의 집으로 만든 것입니다. 그리고 빛은 태초의 하늘에서 하나님이 살아 있기에 하늘에 빛이 있는 것이라고 하였듯이 물 가운데 하늘에서 하나님의 거룩함은 빛이라고 한 것입니다. 그러면 물 가운데 하늘을 낮(하나님의 집)으로 만들고 하나님의 거룩함을 빛이라고 한 빛은 물 가운데 하늘에 있지 못하기에 물 가운데 하늘에는 하나님의 거룩함이 빛으로 있어야 한다는 것입니다.

하나님은 태초의 하늘에서 낮의 주인으로 있다가 밤으로 감

↓

하늘 위의 물은 낮의 모습 ⇒ 낮은 빛이기에 빛은 물의 자리로 감

↑

빛은 하나님의 거룩함이 빛으로 있는 물 가운데 하늘을 떠남

나는 낮의 하늘을 보지만 낮의 하늘 위에도 낮일까요? 나는 해가

있는 낮의 하늘을 보지만 해가 낮의 하늘에 있는 것일까요? 낮의 하늘로 들어가면 나는 해가 있는 하늘로 들어가야 합니다. 낮의 하늘로 들어가면 나는 하나님이 주인으로 있는 밤(빛이 없는 태초의 하늘)으로 들어가 나를 불로 태워야 한다는 것으로 계속 말씀드리겠습니다.

2. 하나님이 뭍을 땅이라 칭하시고 모인 물을 바다라 칭하시니라 하나님이 보시기에 좋았더라

물 가운데 하늘 아래에는 땅과 바다가 있습니다. 그러면 하늘 아래의 물이 흑암에서 바다가 되었다는 것이기에 나는 물이 바다가 된 과정을 알아야 한다는 것입니다.

물은 빛이 없는 하늘의 모습입니다. 하나님이 물의 위에 있으니 물은 하나님이 빛이 없는 하늘에 있다는 것을 숨기려고 흑암이 되었다는 것입니다. 그리고 빛이 있게 되었으니 흑암은 하나님이 빛이 없는 하늘에 있다는 것을 숨기면서 하나님이 빛의 하늘에 있다는 모습이 되었다는 것입니다. 그러나 빛이 하나님이 없는 물 가운데 하늘에 있게 되었으니 물은 하나님이 하늘에 없어도 빛이 있다는 것을 숨기면서 하나님이 하늘에 없으면 하늘에 빛이 없다는 모습인 바다가 되었다는 것입니다.

태초에 물은 하늘에 빛이 없다는 모습이었음 ⇒ 물은 하나님이 빛이 없는 하늘에 있다는 것을 숨긴 흑암이 됨 ⇒ 흑암은 하나님이 빛이 없는 하늘에 있음을 숨기면서 하나님이 빛의 하늘에 있다는 모습인 물이 됨 ⇒ 물은 하나님이 하늘에 없어도 빛이 있다는 것을 숨기면서 하나님이 하늘에 없기에 빛이 없다는 모습인 흑암이 됨 ⇒ 흑암은 바다라는 이름으로 있다는 것임

바닷물이 땅에 있으면 그 땅은 나에게 먹는 것을 주지 않는다는 것입니다. 그러나 땅에는 아직 사람이 없었으니 땅과 바닷물만 있으면 나는 무엇을 먹고 마실 것인지 고민하지 않아야 한다는 것으로 판단해 보시기를 원합니다.

어떤 물을 가리켜 성수나 생명수라고 말합니다. 그러나 성수나 생명수가 있다면 나는 그 물로 인하여 나를 살리려고 일하지 않기에 그 물은 나를 죽이는 물이라는 것입니다.

물은 하늘에 빛이 없다는 모습에서 하나님이 빛이 없는 하늘에 있다는 것을 숨기는 흑암이 되었다는 것입니다. 아버지께서 물을 소금이 있는 바다라고 부르면 물은 소금이 있기에 흑암이 된 것입니다. 물은 소금으로 인하여 흑암이 되었다는 것이기에 소금이 흑암에 있지 않으면 물은 하나님이 빛이 없는 하늘에 있다는 모습이 된다는 것입니다. 그러면 소금은 하나님이 빛이 없는 하늘에 있다는 것을 숨기고 있다는 것으로 계속 말씀드리겠습니다.

하나님은 땅과 바다가 보기에 좋았다고 말한 것입니다.

하나님의 양자가 되라는 것은 아버지가 있다는 것이기에 하나님은 나의 아버지가 아니라는 것입니다. 아버지가 아니면서 아버지가 되려는 하나님이 보기에 좋았다는 것은 아버지의 다음에 들지 않는 것임을 나는 마음으로 알아야 한다는 것입니다.

하나님은 아버지가 되려고 아버지께서 한 일의 뜻을 숨기려고 일한다는 것입니다. 아버지께서 땅을 물 가운데 하늘 아래에 있게 한 것은 흑암(하나님이 하늘에 없어도 빛이 있다는 것을 숨김)과 나눈 것입니다. 아버지께서 땅을 소금(하나님이 빛이 없는 하늘에 있다는 것을 숨김)인 흑암(바다)과 나눈 것은 나에게 아버지가 있는 하늘을 마음으로 찾으라고 하신 것입니다.

아버지께서 땅을 바다와 나누고 하나님이 하늘에 없어도 빛의 하늘이 있다는 것을 나타냈지만 하나님은 땅과 바다가 자신의 마음에 들었다고 말한 것입니다. 아버지께서 땅과 소금을 나누고 하나님이 하늘에 있지 않아도 빛의 하늘이 있다는 것을 나타냈지만 하나님이 땅과 소금이 자신의 마음에 들었다고 말하면 소금은 하나님이 빛이 없는 하늘에 있다는 것을 숨겼고 땅은 하나님의 거룩함이 빛이라고 하였다는 것입니다.

소금은 하나님이 빛이 없는 하늘에 있다는 것을 숨기면서 하나님이 하늘에 없기에 하늘에 빛이 없다고 하면서 흑암에 있게 되었다는 것입니다. 그리고 땅은 하나님의 거룩함이 빛이라고 하지만 하나님의 거룩함이 땅을 밝히면 달처럼 된다는 것으로 계속 말씀드리겠습니다.

물과 바다로 나누는 것이 무엇인가요?

물에 소금이 있다고 소금이 있는 물을 바다라고 부른 것일까요? 그러면 물에 소금이 있기에 땅과 바다로 나눈 것이 된다는 것입니다. 그러나 바다는 빛이 없는 하늘의 아래에서 흑암으로 있으면서 하나님이 빛이 없는 하늘에 있다는 것을 숨긴 것입니다.

물은 아버지가 없는 하늘은 빛이 없다는 모습을 나타내고 바다는 하나님이 있는 하늘은 빛이 없다는 것을 숨긴 흑암이라는 것입니다. 물은 소금이 있어 흑암이 되었으니 흑암에 소금이 없으면 하나님이 빛이 없는 하늘에 있다는 물이 된다는 것입니다. 소금은 물을 흑암으로 만든 것이기에 소금은 하나님이 아버지가 없기에 빛이 없는 하늘에 있다는 것을 숨기면서 하나님이 빛의 하늘에 있다고 한다는 것으로 계속 말씀드리겠습니다.

소금 ⇒ 물(하나님이 빛이 없는 하늘에 있다)을 흑암으로 만들었으니 하나님이 빛이 없는 하늘에 있다는 것을 숨기는 일을 하고 있다는 것임

바다를 떠난 소금 ⇒ 흑암에서 하나님이 빛이 없는 하늘에 있다는 것을 숨겼으니 하나님이 빛이 없는 하늘에 있다는 것을 나타내어야 흑암에서 나오게 된다는 것임

소금에 대하여는 잘 아실 것입니다.

누가복음 14:34 **소금이** 좋은 것이나 소금도 만일 **그 맛을 잃었으면** 무엇으로 짜게 하리요 35 땅에도, 거름에도 **쓸데없어 내어 버리느니라 들을 귀가 있는 자는 들을지어다** 하시니라 마태복음 5:13 **너희는 세상의 소금이니** 소금이 만일 **그 맛을 잃으면** 무엇으로 짜게 하리요 후에는 **아무 쓸 데 없어** 다만 **밖에 버리어** 사람에게 **밟힐 뿐이니라**

소금은 비유라는 것으로 누가 8:10 가라사대 **하나님 나라의 비밀을** 아는 것이 너희에게는 허락되었으나 다른 사람에게는 **비유로 하나니** 이는 저희로 **보아도 보지 못하고 들어도 깨닫지 못하게 하려 함이니라** 마태 13:34 예수께서 이 모든 것을 무리에게 비유로 말씀하시고 **비유가 아니면 아무 것도 말씀하지 아니하셨으니** 35 이는 선지자로 말씀하신 바 **내가 입을 열어 비유로 말하고 창세부터 감추인 것들을 드러내리라 함을 이루려 하심이니라**

비유로 창세부터 감춘 것들을 드러낸다고 한 것은 계속 말씀드리고 있으니 판단해 보시기를 원합니다. 비유로 말한 것을 그대로 받아들이면 나는 그 말의 진정한 뜻을 알려고 하는 것을 마음으로 싫어하게 된다는 것입니다.

소금이 짠맛을 내는 것은 당연하기에 소금이 짠맛을 내지 않으면 당

연한 일을 하지 않는 것입니다. 소금이 짠맛을 내지 않으면 당연히 할 일을 하지 않는 것이기에 주인이 자신의 집에서 쫓아낸다는 것입니다.

소금이 흑암에 있는 것은 당연히 할 일을 하지 않기 때문이라는 것입니다. 소금은 당연히 할 일을 하지 않고 하나님이 빛이 없는 하늘에 있다는 것을 숨기고 있는 것입니다. 소금은 하나님이 빛이 없는 하늘에 있다는 것을 나타내는 일을 하여야 하지만 그것을 숨기기에 흑암에 있다는 것으로 판단해 보시기를 원합니다.

비유로 말하려면 내가 모르는 것을 알아야 한다는 것입니다. 비유로 말하면 내가 모르고 있는 것을 알라는 것이기에 나를 살리려는 뜻이 있는 것입니다. 비유로 말한 것은 내가 나를 죽이고 있기에 나에게 죽는 일을 하지 말라는 뜻이 있는 것입니다. 비유로 말한 것을 모르면 그 말은 나를 죽이지만 왜 비유로 말하였는지 알면 그 말은 나를 살린다는 것입니다.

비유로 한 말의 뜻을 모름 ⇒ 비유로 한 말의 뜻을 앎

↓

스스로 죽으려고 한 것을 모름 ⇒ 나를 죽이려고 한 것을 앎

죽이는 말이라는 것을 모름 ⇒ 나를 살리는 말이라는 것을 앎

나를 살리려고 일하지 않음 ⇒ 나는 나를 살리려는 일을 함

↓

나는 잠에서 깨어나지 못함 ⇒ 나는 잠에서 깨어나 나를 살림

나는 짠맛을 잃은 소금입니다.

나에게 소금이라고 한 것은 "너는 당연한 일을 하지 않고 있으니 당연히 할 일을 하라"는 것입니다. 나에게 소금이라고 한 것은 내가 흑암에 있다는 것이기에 "너는 당연히 할 일을 하여 흑암에서 나오라"

고 한 것입니다.

짠맛을 내는 소금처럼 당연한 일을 하라고 말하려면 자신도 당연한 일을 하여야 합니다. 육체가 아니라 영을 살리는 일을 하라고 말하려면 자신도 육체가 아니라 영을 살리려고 당연히 할 일을 한 것입니다. 육체가 아니라 영을 살리는 일을 하라고 말하면서 자신이 그 일을 하지 않으면 나의 육체를 죽이려고 거짓말을 한 것이기에 나는 아들이 육체가 아니라 영을 살리려고 당연히 할 일을 하였다는 것을 알아야 한다는 것입니다.

자신도 하지 않는 일을 하라고 시키면 자신이 그 일을 하면 멸시를 당하기 때문입니다. 자신도 하지 않는 일을 나에게 시키면 나는 그 일을 하지 않아야 합니다. 자신도 하지 않는 일을 나에게 시키면 멸시를 당하는 일을 하여 사망(죽임)을 당하라는 것이기에 아버지의 아들은 자신이 당연히 할 일을 하면서 나에게 육체가 아니라 영을 살리는 일을 하라고 말한 것으로 판단해 보시기를 원합니다.

자신이 당연히 할 일을 하면서 나에게 당연한 일을 하라고 한 것이기에 내가 당연히 할 일을 알려면 나는 아들이 무엇을 위하여 일한 것인지 알려고 하여야 한다는 것입니다. 내가 당연히 할 일을 알려면 나는 아들이 무슨 일을 하면서 나에게 어떠한 일을 하라고 한 것인지 알려고 하여야 한다는 것입니다. 내가 당연히 할 일을 알려면 나는 아들이 나에게 어떠한 일을 하여야 어떻게 될 것이라고 하면서 무엇을 하였는지 마음으로 알려고 하여야 한다는 것입니다.

아버지의 아들은 육체가 아니라 영을 살리려고 당연한 일을 하면서 안식일에도 자신의 영을 살리려고 아버지의 뜻을 따르는 일을 한 것입니다. 하나님이 자신만 유일하게 살아 있는 영이라는 것을 나타내는 안식일에도 일한 것은 하나님을 유일하게 살아 있는 영으로 섬기는 죽은 영이 되지 않겠다고 한 것임을 나는 마음으로 알아야 한다는 것입니다.

나에게 소금이라고 한 것은 "너는 짠맛을 내어야 하지만 당연히 할 일을 하지 않고 있다"고 비유로 말한 것입니다. 나에게 "너는 영을 살리려는 당연한 일을 하지 않고 영을 죽이려고 흑암에 있는 것이다"고 말한 것입니다. 나에게 "너는 당연히 영을 살리는 일을 하여 살아 있는 영이 되어야 하지만 하나님을 유일하게 살아 있는 영으로 증거하려고 흑암에 있는 것이다"고 말한 것이기에 나는 살아 있는 영이 되려고 하는 것이 아버지의 뜻(마음)을 따르는 것임을 마음으로 알아야 한다는 것입니다.

나에게 소금이라고 말함 ⇒ 내가 짠맛을 잃은 소금이기에 나에게 당연히 할 일을 하라고 한 것임 ⇒ 영을 살리려고 일하시는 아버지의 뜻을 따르는 것은 당연한 것이라고 한 것임 ⇒ 아버지를 떠난 내가 영을 살리는 일을 하면 나는 당연히 살아 있는 영이 된다고 한 것임을 나는 마음으로 알아야 함

안식일에도 일한 아버지의 아들이 나에게 소금이라고 말함 ⇒ 내가 하나님을 유일하게 살아 있는 영으로 섬기면서 당연한 일을 하지 않는다고 함 ⇒ 내가 살아 있는 영이 되어야 하는 것은 당연다고 한 것임을 나는 마음으로 알아야 함

흑암에 있는 나를 살리려고 비유로 말한 것입니다.

내가 흑암(하나님이 빛이 없는 하늘에 있다)에서 소금(하나님이 빛이 없는 하늘에 있다는 것을 숨김)으로 있기에 나를 살리려고 비유로 말한 것입니다. 내가 흑암(하나님이 빛이 없는 하늘에 있다)에서 소

금(하나님이 빛이 없는 하늘에 있다는 숨김)으로 있으면서 "하나님이 빛의 하늘에서 유일하게 살아 있는 영으로 있다"고 하기에 나를 살리려고 비유로 말한 것입니다.

내가 흑암(하나님이 빛이 없는 하늘에 있다)에서 소금(하나님이 빛이 없는 하늘에 있다는 것을 숨김)으로 있는 것은 하나님의 집을 밝히는 빛이 되려는 것입니다. 내가 흑암(하나님이 빛이 없는 하늘에 있다)에서 소금(하나님이 빛이 없는 하늘에 있다는 것을 숨김)으로 있는 것은 하나님의 집을 밝히는 빛이 되어 하나님을 빛의 하늘에서 유일하게 살아 있는 영으로 증거하는 죽은 영이 되려는 것으로 계속 말씀드리겠습니다.

내가 영을 살리려고 하지 않으면 비유의 말은 나의 영을 죽이는 달콤한 말이 된다는 것입니다. 비유의 말이 나의 영을 살리는 말이라는 것을 모르면 나는 달콤한 말에 취하여 내가 왜 영을 살려야 하는지 알려고 하는 것을 마음으로 싫어하게 된다는 것입니다. 육체가 아니라 영을 살리는 일을 하라고 한 것은 내가 육체에서 죽은 영으로 있다는 것이기에 내가 비유로 말한 뜻을 알려고 하지 않으면 나는 달콤한 말에 취하여 잠(육체)에서 깨어나지 못하고 죽은 영이 되어야 한다는 것으로 계속 말씀드리겠습니다.

아버지를 증거하면서 달콤하게 말한 것일까요 아니면 짠맛을 내는 소금처럼 말한 것일까요? 아들이 아버지가 누구인지 증거한 것은 당연하기에 짠맛을 내는 소금처럼 말한 것입니다. 아들이 아버지에 대하여 증거한 것은 당연하지만 내가 아버지에 대하여 알려고 하지 않기에 비유로 말한 것입니다. 아들이 아버지에 대하여 증거한 것은 당연하지만 내가 아버지를 떠난 탕자라는 것을 모르기에 비유로 말하였으니 내가 영을 살리고자 하면 그 말은 짠맛을 내는 소금이 되어 나를 깨운다는 것입니다.

아버지를 떠난 나에게 살아 있는 영이 되라고 한 것은 짠맛을 내는 소금처럼 당연하기에 내가 영을 살리려고 하면 그 말은 달콤한 말에 취하여 있는 나를 깨우는 시원한 말이 된다는 것입니다. 아버지를 떠난 나에게 살아 있는 영이 되어야 하늘(아버지의 집)로 돌아갈 것이라고 한 것은 귀를 닫고 눈을 감은 나를 깨우려고 짠맛을 내는 소금의 말을 한 것임을 나는 마음으로 알아야 한다는 것으로 계속 말씀드리겠으니 판단해 보시기를 원합니다.

달콤한 말 ⇒ 구원을 받았다는 말에 취하여 잠에서 깨어나지 못하기에 나의 영을 살리려고 일하지 않음 ⇒ 구원을 받았다는 말에 취하여 나의 영을 살리려고 일하지 않으면 나는 짠맛을 잃은 소금이 되어 흑암에서 벗어나지 못함

짠맛을 내는 말 ⇒ 아버지를 떠난 내가 영을 살려야 하는 것은 당연하기에 깊은 잠에 빠져 있는 나를 깨우는 말 ⇒ 내가 잠에서 깨어나 살아 있는 영이 되려고 일하면 나는 아버지에게서 버려지지 않기에 흑암에서 하늘(아버지의 집)로 들어간다는 것임

달콤한 말에 취하여 짠맛을 내는 말을 듣지 않으려고 함 ⇒ 귀를 닫고 영을 살리는 일이 얼마나 쉬운지 듣지 않으려 함 ⇒ 눈을 감고 아버지의 집으로 돌아가는 길에 함정(시험)이 없다는 것을 보려고 하지 않음 ⇒ 자신만 유일하게 살아 있는 영이라고 말하는 하나님의 양자가 되어 죽은 영이 되겠다고 고집을 부림

내가 달콤한 말에 취하여 잠에서 깨어나지 않으려고 하기에 나를 깨우려고 짠맛을 내는 소금의 말을 한 것입니다. 내가 잠에서 깨어나

지 않으려고 고집을 부리기에 나를 깨우려고 짠맛을 내는 소금의 말을 한 것인데 그 말을 내가 살았다는 달콤한 말로 들으면 나는 비유로 말한 뜻을 알려고 하는 것을 마음으로 싫어하는 것으로 판단해 보시기를 원합니다.

나를 깨우려고 짠맛을 내는 소금의 말을 하였는데 내가 살았다는 달콤한 말로 들으려는 것은 내가 영을 살리려고 일하는 것을 마음으로 싫어하기 때문이라는 것입니다. 내가 영을 살리겠다고 하면 나는 비유의 말이 달콤한 말에 취하여 있는 나를 갈증에서 벗어나게 하는 너무나 시원한 말이라는 것을 알게 된다는 것으로 아버지의 뜻(마음)을 아시면 이 죄인이 드리는 말씀이 너무나 미약하기에 가엾은 자라는 것을 아실 것이라고 감히 말씀드립니다.

3. 하나님이 가라사대 땅은 풀과 씨 맺는 채소와 각기 종류대로 씨 가진 열매 맺는 과목을 내라 하시니 그대로 되어

하나님은 빛이 있게 된 하늘에 있었지만 아버지의 뜻을 무시하였기에 허공(빛이 없는 태초의 하늘)에 있게 되었다는 것입니다. 그리고 빛은 하나님이 주인으로 있는 하늘에서 아버지의 뜻을 무시하였기에 허공(물 가운데 하늘)에 있게 되었다는 것입니다.

땅은 하나님이 없지만 빛이 있는 물 가운데 하늘 아래에 있는 것입니다. 물이 없는 땅에서 나온 풀과 채소와 나무는 빛이 있는 하늘에 있는 것입니다. 물이 없는 땅에서 나온 풀과 채소와 나무가 빛이 있는 하늘에서 아버지의 뜻을 무시하면 빛이 없는 허공에 있어야 한다는 것입니다.

그런데 나는 빛이 있는 물 가운데 하늘에 있는 것이 아니라 허공(빛이 없는 물 가운데 하늘)에 있는 것입니다. 나는 허공(빛이 없는 물 가운데 하늘)에 있기에 나의 믿음으로 인하여 빛이 있는 하늘이나 빛이 없는 하늘에 있게 된다는 것입니다. 나는 허공(아버지도 없고 하나님도 없는 물 가운데 하늘)에 있기에 나의 믿음으로 인하여 아버지의 집이나 하나님의 집에 있게 된다는 것으로 계속 말씀드리겠습니다.

물 가운데 하늘은 흑암(하늘 아래의 물)의 자리에 있는 것입니다. 땅은 물 가운데 하늘 아래에 있지만 허공(흑암 아래의 깊음)과 흑암(하늘 아래의 물)이 있던 자리에 있는 것입니다.

그리고 물 가운데 하늘은 하나님이 자리를 비운 낮(하나님의 집)이 되었다는 것입니다. 그러면 땅은 허공(흑암 아래의 깊음)과 흑암(하늘 아래의 물)이 있던 자리이고 땅의 위는 하나님이 자리를 비운 낮(하나님의 집)이기에 나는 하나님의 거룩함을 빛이라고 한다는 것으로 계속 말씀드리겠습니다.

물 가운데 하늘 아래에는 땅과 바다(하늘 아래의 물)로 나누어져 있기에 땅에는 물이 없다는 것입니다. 풀과 채소와 나무는 물이 없는 땅에서 빛이 있는 물 가운데 하늘로 나왔지만 하나님이 땅에 동산을 만들지 않았다는 것입니다. 땅에서 풀과 채소와 나무가 나왔지만 하나님이 땅에 동산을 만들지 않았으니 생명나무나 선악을 알게 하는 나무는 없었다는 것입니다.

빛은 아버지의 거룩함으로 하늘을 밝힌 것입니다. 그리고 풀과 채소와 나무는 아버지의 거룩함이 있는 물 가운데 하늘로 나온 것입니다. 그러면 풀과 채소와 나무는 아버지의 거룩함에 있기에 자신이 살아 있는 것임을 알아야 한다는 것입니다.

나는 아버지를 떠났지만 숨을 쉬면서 살아 있다는 것입니다. 나는 아버지를 떠났지만 내가 살아 있다는 것을 숨을 쉬는 것으로 나타내고 있는 것입니다. 그러면 나는 하나님이 준 생기가 아니라 아버지에게서 받은 숨결로 내가 살아 있는 것임을 마음으로 알아야 한다는 것입니다.

빛은 하나님이 없는 물 가운데 하늘을 아버지의 거룩함으로 밝히면서 자신이 살아 있다는 것을 나타낸 것입니다. 빛은 하나님이 없는 물 가운데 하늘을 아버지의 거룩함으로 밝히면서 자신이 살아 있다는 것을 나타내고 땅에서 나온 풀과 채소와 나무는 자신이 아버지의 거룩함에 있기에 살아 있다는 것을 나타내어야 한다는 것입니다.

땅에서 풀과 채소 나무가 빛이 있는 물 가운데 하늘로 나옴

↓

빛은 아버지의 거룩함으로 하늘을 밝히면서 땅을 비춤	⇒	빛은 하늘을 밝히면서 하늘 위의 물을 비춤
땅을 불로 태우지 않음	⇒	땅을 달에 있는 낮처럼 만듦
아버지의 거룩함은 하늘을 밝히면서 하늘에 있는 생명을 살린다는 것임	⇒	아버지의 거룩함은 하늘을 밝히지 못하기에 하나님의 거룩함이 하늘에 있는 생명을 살린다고 함
풀과 채소와 나무는 아버지의 거룩함에 있기에 숨을 쉬면서 살아 있는 것임	⇒	풀과 채소와 나무는 하나님의 거룩함에 있기에 생기로 살아 있는 것이라고 한 것임

↓

아버지께서 원하는 것임 ⇒ 하나님이 원하는 것이기에 땅은 달처럼 되어야 하고 하늘에는 빛이 없어야 함

마태 13:43 그때에 의인들은 자기 아버지 나라에서 해와 같이 빛나리라 귀

있는 자는 들으라

의인에 대하여는 계속 말씀드리겠지만 아버지의 아들은 비유로 말한 것입니다. 때가 되면 의인들이 자신의 아버지가 있는 하늘에서 해와 같이 빛나야 하는 것은 당연한 것이라고 말한 것입니다. 때가 되면 의인들은 자신의 아버지가 있는 하늘에서 해와 같이 빛나야 하기에 해처럼 자신을 불에 태워야 하지만 그것은 당연한 것이라고 짠맛을 내는 소금의 말을 한 것입니다.

아버지의 아들과 형제가 되면 아버지가 있는 하늘에 있어야 합니다. 그런데 의인들에게 너희는 때가 되어도 나의 아버지가 있는 하늘에 있지 못할 것이라고 말한 것입니다. 그러면 의인들에게 너희는 빛이 없는 하늘에서 해처럼 너희를 불로 태우면서 너희 아버지가 있는 하늘을 밝혀야 한다고 말한 것입니다.

의인들에게 너희는 하늘을 불로 태우려는 자들이기에 때가 되어도 결코 나의 아버지가 있는 하늘에 있지 못할 것이라고 말한 것입니다. 의인들에게 너희는 하늘을 밝히는 빛이 아니라 하늘을 태우는 불이기에 때가 되어도 결코 나의 아버지가 있는 하늘에 있지 못할 것이라고 말한 것입니다. 의인들에게 너희는 나의 아버지가 밝히는 하늘에 있지 못하기에 하나님이 주인으로 있는 하늘에서 해처럼 너희를 불로 태우는 빛으로 있게 될 것이라고 짠맛을 내는 소금의 말을 한 것으로 계속 말씀드리겠습니다.

때가 되면 나의 믿음대로 될 것이라고 말한 것입니다. 아버지께서는 영을 살리려고 일하기에 영을 죽이지 않으니 내가 무엇을 믿든 그 믿음대로 살아 있게 될 것이라고 말한 것입니다. 아버지께서 나의 믿음대로 해주신다는 것은 나를 살리는 자가 있는 곳으로 보내어 영원히 그곳에서 살아 있게 한다는 것으로 계속 말씀드리겠으니 나의 믿음으로 인하여 내가 어디에 있어야 하는지 판단해 보시기를 원합니다.

마태 6:33 **너희는 먼저 그의 나라와 그의 의를 구하라 그리하면** 이 모든 것을 너희에게 더하시리라 요한복음 16:23 그날에는 너희가 아무것도 **내게 묻지 아니하리라** 내가 진실로 진실로 너희에게 이르노니 **너희가 무엇이든지 아버지께 구하는 것을 내 이름으로 주시리라**

아버지의 아들은 먼저 아버지의 나라와 아버지의 뜻을 구하라고 말한 것입니다. 먼저 아버지의 나라와 아버지의 뜻을 구하지 않으면 너는 아버지가 누구인지 알지 못할 것이라고 말한 것입니다. 먼저 아버지의 나라를 구하라는 것은 아버지가 있는 나라가 어떠한 하늘인지 알아야 한다고 말한 것입니다. 그리고 아버지의 뜻을 구하라는 것은 아버지가 나에게 무엇을 원하고 있는지 알아야 한다고 말한 것으로 판단해 보시기를 원합니다.

네가 무엇이든지 아버지께 구하면 아버지께서 내 이름으로 주실 것이라고 말한 것입니다. 나의 이름이란 아버지의 아들이라는 것이고 아버지의 모습으로 아버지의 집에 있는 아버지의 영이라는 것입니다. 그러면 내가 아버지를 알고 아버지에게 돌아가려고 아버지의 뜻을 간절히 구하면 아버지께서 나에게 진리(아버지)의 영을 주면서 나를 아들로 증거해 주신다고 말한 것임을 나는 마음으로 알아야 한다는 것으로 계속 말씀드리겠습니다.

4. 땅이 풀과 각기 종류대로 씨 맺는 채소와 각기 종류대로 씨 가진 열매 맺는 나무를 내니 하나님이 보시기에 좋았더라

하나님이 보기에 좋았다는 것은 하나님의 다음에 드는 일을 하였다는 것입니다. 내가 하나님이 원하는 일을 하면 나는 하나님의 마음에 들려고 일하는 자가 됩니다. 그런데 하나님은 자신만 유일하게 살아 있는 영으로 섬기면서 나에게 죽은 영이 되라는 것입니다. 그러면 내가 하나님이 원하는 일을 하면 나는 하나님의 마음에 든 죽은 영이 되어야 하기에 나의 영을 살리려고 일하시는 아버지의 마음에 들지 않게 된다는 것입니다.

풀과 채소와 나무는 아버지의 거룩함이 있는 물 가운데 하늘에 있지만 하나님의 마음에 드는 일을 하였다는 것입니다. 내가 숨결(아버지의 거룩함)로 숨을 쉬고 있기에 살아 있으면서 생기로 살아 있다는 말을 하고 있듯이 풀과 채소와 나무는 아버지의 거룩함에 있으면서 자신은 생기로 살아 있는 것이라고 하였다는 것으로 판단해 보시기를 원합니다.

사사기 9:14 이에 모든 나무가 **가시나무에게** 이르되 **너는 와서 우리의 왕이 되라 하매** 15 **가시나무가** 나무들에게 이르되 너희가 참으로 내게 기름을 부어 너희 왕을 삼겠거든 와서 **내 그늘에 피하라 그리하지 아니하면 불이 가시나무에서 나와서 레바논의 백향목을 사를 것이니라** 하였으니라 에스겔 31:3 볼지어다 앗수르 사람은 가지가 아름답고 그늘은 삼림의 그늘 같으며 키가 높고 꼭대기가 구름에 닿은 레바논 **백향목이었느니라** 4 **물들이 그것을 기르며 깊은 물이 그것을 자라게 하며** 강들이 그 심긴 곳을 둘러 흐르며 보의 물이 들의 모든 나무에까지 미치매

나는 하나님에게 나의 주인이 되어 나에게 유일한 신으로 있으라고 말한다는 것입니다. 내가 하나님에게 유일한 신으로 있으라고 하면 자신만 유일하게 살아 있는 영이라고 말하는 자에게 제발 나의 영을 죽이라는 것입니다. 내가 하나님에게 유일한 신이라는 것을 나타내

라고 하면 나의 영을 죽이려고 일하는 자에게 나의 영을 죽이라는 것이기에 나는 하나님의 불에 태워져야 한다는 것으로 계속 말씀드리겠으니 판단해 보시기를 원합니다.

나무에 기름을 붓는 것은 불에 태우려는 것입니다. 사무엘이 기름부음을 하여 왕을 세운 것에 대하여는 계속 말씀드리겠습니다. 가시나무의 그늘에 있으면 더위를 피하지 못하기에 나는 불에 태워지면서 가시에 찔리는 고통을 당하여야 합니다.

가시나무는 내 그늘로 피하지 않으면 나에게서 불이 나와 태울 것이라고 말한 것입니다. 내 그늘에서 내가 주는 고통을 당하지 않으려고 하면 나에게서 나오는 불(분노)로 태울 것이라고 말한 것입니다. 그런데 가시나무에게서 나오는 불은 생기(하나님의 거룩함)라는 것으로 계속 말씀드리겠습니다.

백향목은 가시나무에게서 나오는 불로 태워진다는 것입니다. 가시나무에게서 불이 나온다는 것은 생기(하나님의 거룩함)가 가시나무를 살렸다는 것입니다. 그런데 백향목을 기른 것은 깊은 물이라고 말하니 백향목을 살린 것은 깊음에 있는 흑암(하늘 아래의 물)이라는 것으로 판단해 보시기를 원합니다.

백향목은 기름부음으로 왕이 된 것이 아니라 흑암이 키운 왕이라는 것입니다. 백향목은 흑암이 키운 왕이기에 흑암에 있는 왕이라는 것입니다. 그런데 흑암(하늘 아래의 물)에는 하나님이 아니라 하나님의 모습이 있기에 흑암에서 하나님을 대신하여 하나님으로 있는 왕(하나님의 모습)이라는 것입니다.

가시나무가 생기(하나님의 거룩함)인 불로 백향목(흑암의 왕)을 태운다는 것입니다. 생기(하나님의 거룩함)가 흑암에서 하나님을 대신하여 하나님으로 있는 왕(하나님의 모습)을 불로 태운다는 것입니다. 생기(하나님의 거룩함)가 흑암에서 하나님을 대신하여 하나님으로 있는 왕(하나님의 모습)을 불로 태운다는 것은 때가 되면 하나님이 하늘에서 하나님의 모습으로 있는 자들을 불로 태운다는 것으로 계속 말씀드리겠으니 판단해 보시기를 원합니다.

5. 저녁이 되며 아침이 되니 이는 셋째 날이니라

아버지의 집은 아버지의 거룩함이 빛으로 있기에 불로 태워지는 하늘이 아니라는 것입니다. 아버지께서는 아버지가 없는 하늘이 어떠한 하늘인지 보여주려고 태초에 빛이 없는 하늘을 만든 것인데 그 하늘에 하나님이 있게 되었다는 것입니다. 하나님이 빛이 없는 하늘에 있게 되었다는 것은 하나님이 아버지의 집에서 주인으로 있으려고 한 것을 나타낸다는 것입니다. 하나님이 아버지가 없기에 빛이 없는 하늘에서 나에게 아버지가 되려는 것은 하나님이 아버지의 집에서 아버지를 대신하여 아버지로 있으려고 한 것을 나타낸다는 것으로 판단해 보시기를 원합니다.

아버지께서 태초에 빛이 없는 하늘을 만든 것은 아버지의 집에 있던 빛의 영이 하늘의 주인이 되려고 하였기에 빛의 영에게 아버지가 하늘에 없으면 빛이 없다는 것을 보여준 것입니다. 아버지의 집에 있던 빛의 영이 하늘의 주인이 되려고 하였기에 아버지께서는 빛의 영에게 아버지가 없는 하늘에는 빛이 없다는 것을 보여주면서 하늘에 빛이 있는 것은 아버지가 있기 때문이라는 것을 알고 하늘(아버지의 집)에서 아들로 있으라고 한 것임을 나는 마음으로 알아야 한다는 것으로 판단해 보시기를 원합니다.

하나님이 빛이 없는 하늘에 있게 되었다는 것은 아버지가 없는 하늘을 보면서 하늘의 주인이 되려고 하였다는 것입니다. 하나님이 빛이 없는 하늘에 있게 되었다는 것은 아버지가 없는 하늘을 보면서 아버지를 아버지의 집에서 쫒아내려고 하였다는 것입니다. 하나님이 빛이 없는 하늘에 있게 되었다는 것은 아버지가 없는 하늘을 보면서 아버지를 아버지의 집에서 쫒아내려고 한 것이기에 하나님은 아버지를 떠난 탕자인 나에게 자신을 대신하여 하늘(아버지의 집)을 도적질하는 아들이 되라고 시킨다는 것으로 계속 말씀드리겠으니 판단해 보시기를 원합니다.

•

1:14 하나님이 가라사대 하늘의 궁창에 광명이 있어 주야를 나뉘게 하라 또 그 광명으로 징조와 사시와 일자와 연한이 이루라 15 또 그 광명이 하늘의 궁창에 있어 땅에 비취라 하시고 그대로 되니라 16 하나님이 두 큰 광명을 만드사 큰 광명으로 낮을 주관하게 하시고 작은 광명으로 밤을 주관하게 하시며 또 별들을 만드시고 17 하나님이 그것들을 하늘의 궁창에 두어 땅에 비치게 하시며 18 주야를 주관하게 하시며 빛과 어두움을 나뉘게 하시니라 하나님이 보시기에 좋았더라 19 저녁이 되며 아침이 되니 이는 넷째 날이니라

하늘의 허공에 하나의 광명이 있었지만 하나님이 두 큰 광명을 만들고 하늘의 허공에 두었다는 것입니다. 그런데 하나의 광명과 나중에 있게 된 두 큰 광명은 같은 광명이 아니라는 것입니다. 그리고 광명이 있는 하늘의 허공과 두 큰 광명이 있는 하늘의 허공은 같은 허공이 아니라는 것으로 계속 말씀드리겠습니다.

1. 하나님이 가라사대 하늘의 궁창에 광명이 있어 주야를 나뉘게 하라 또 그 광명으로 징조와 사시와 일자와 연한이 이루라

광명이란 빛을 내는 물체이지 자신을 불로 태우는 물체가 아닙니다. 해는 자신을 불로 태우지만 광명은 빛을 내기에 자신을 불로 태우지 않는다는 것입니다. 그러면 하늘의 허공에 있는 광명은 해가 아니라는 것으로 계속 말씀드리겠습니다.

하늘의 허공이란 하늘의 위에 있는 허공이라는 것입니다.

하늘의 허공이란 물 가운데 하늘 위에 있는 허공이라는 것입니다.

그런데 물 가운데에 있게 된 허공이 하늘이 되었기에 하나님이 주인으로 있는 태초의 하늘은 허공이 되었다는 것입니다. 그러면 하늘의 허공이란 물 가운데 하늘 위에 있는 허공이기에 하나님이 주인으로 있는 태초의 하늘이어야 한다는 것입니다.

그런데 하나님은 자신의 집을 하늘이라고 말하기에 물 가운데 하늘 위에 있는 허공은 하나님이 주인으로 있는 하늘이 아니라는 것입니다. 그러면 물 가운데 하늘 위에는 허공이 있지만 그 허공은 하나님이 주인으로 있는 태초의 하늘이 아니라는 것입니다.

물 가운데 아래에 있는 물은 허공에게 자리를 주고 하늘의 아래인 하늘의 끝으로 간 것입니다. 그러면 물 가운데 위에 있는 물도 허공에게 자리를 주고 하늘의 끝으로 가야 하기에 하늘 위의 물이 있던 자리에 허공이 있게 되었다는 것입니다. 그런데 하늘 위의 물은 하늘 아래의 물이 아니기에 하늘의 위에 있어야 한다는 것으로 계속 말씀드리겠습니다.

하나님이 태초에 주인으로 있던 밤(빛이 없는 하늘)

하나님은 낮과 밤의 가운데인 저녁과 아침에 있음

하나님이 주인으로 있던 낮(빛이 있던 태초의 하늘)

↑

하늘 위의 물 ⇒ 허공에게 자리를 주고 하늘의 위로 가야 함

↑

하늘 아래의 물이 있던 자리 ⇒ 하늘이 된 허공이 있게 됨

↓

하늘 아래의 물 ⇒ 허공에게 자리를 주고 하늘 아래로 감

물 가운데 아래의 물은 하늘이 된 허공에게 자리를 주고 하늘의 끝

인 하늘 아래로 간 것입니다. 물 가운데 아래의 물이 하늘이 된 허공에게 자리를 주고 하늘 아래로 갔으니 물 가운데 위의 물도 하늘이 된 허공에게 자리를 주고 하늘의 끝인 하늘 위로 가야 한다는 것으로 판단해 보시기를 원합니다.

하늘 위의 물은 하늘이 된 허공에게 자리를 주고 하늘 위로 감

↑

하나님이 태초에 주인으로 있던 밤(빛이 없는 하늘)

하나님은 저녁과 아침에서 주인(아버지)으로 있음

하나님이 주인으로 있던 낮(빛이 있던 태초의 하늘)

↑

하늘 위의 물이 있던 자리 ⇒ 하늘이 된 허공이 있어야 함

↑

하늘 아래의 물이 있던 자리 ⇒ 하늘이 된 허공이 있음

↓

하늘 아래의 물 ⇒ 허공에게 자리를 주고 하늘 아래로 감

하늘 위의 물은 하나님이 주인으로 있는 태초의 하늘 아래에 있다는 것입니다. 그런데 하늘 위의 물은 하늘 위에 있어야 하기에 하나님이 주인으로 있는 태초의 하늘 위에 있어야 한다는 것입니다. 그리고 하늘 위의 물은 하늘이 된 허공에게 자리를 주고 하나님이 주인으로 있는 태초의 하늘 위로 갔고 그 자리에 빛을 내는 광명이 있게 되었다는 것으로 계속 말씀드리겠습니다.

아버지께서 태초에 만든 하늘은 그 자리에 그대로 있다는 것입니다. 하늘이 그 자리에 그대로 있다는 것은 아버지께서 내가 눈으로 보고 있는 하늘을 하나님에게 주고 떠난 것이 아니라는 것입니다. 하

늘이 그 자리에 그대로 있다는 것은 아버지는 아버지의 집에 있다는 것이기에 아버지께서는 태초에 만든 하늘에 있다가 하나님에게 주고 떠난 것이 아니라는 것입니다.

하늘 위의 물은 하늘이 된 허공에게 자리를 주고 하늘 위에 있음

↑

하나님이 태초에 주인으로 있던 밤(빛이 없는 하늘)

하나님은 저녁과 아침에서 주인(아버지)으로 있음

하나님이 주인으로 있던 낮(빛이 있던 태초의 하늘)

↑

하늘 위의 물이 있던 자리⇒ 허공이 되고 빛을 나는 광명이 있음

↑

물 가운데 하늘 ⇒ 빛이 없어야 하기에 허공으로 돌아감

↓

하늘 아래의 물 ⇒ 허공에게 자리를 주고 하늘 아래에 있음

아버지께서는 왜 허공(하늘 위의 물이 있던 자리)에 광명이 있으라고 말씀하신 것일까요?

아버지는 빛이 있는 하늘의 위에 허공을 두고 광명을 있게 한 것입니다. 빛은 물 가운데 하늘에서 낮(하나님의 집)으로 있었기에 하늘에 있지 못한다는 것입니다. 빛은 물 가운데 하늘에서 하나님이 주인으로 있는 하늘의 모습인 흑암(하늘 위의 물)을 비추었으니 빛은 하늘에 있지 못하고 허공(하늘 위의 물이 있던 자리)으로 들어가야 한다는 것입니다.

빛은 물 가운데 하늘을 하나님이 자리를 비운 집(낮)으로 만든 것입니다. 빛이 물 가운데 하늘을 떠나 허공(하늘 위의 물이 있던 자리)에

있으면 물 가운데 하늘은 빛이 없지만 하나님이 자리를 비운 집(허공)이 된다는 것입니다. 물 가운데 하늘은 빛이 없지만 하나님이 잠시 자리를 비운 집이기에 하나님은 자신의 거룩함인 생기로 허공(물 가운데 하늘)을 밝혀 빛의 하늘로 만들어야 한다는 것입니다.

빛은 아버지의 거룩함으로 하늘을 밝혔으니 하나님은 자신의 거룩함인 생기로 빛이 없는 물 가운데 하늘을 밝혀야 한다는 것입니다. 그러면 물 가운데 하늘에는 하나님의 거룩함인 생기가 빛으로 있어야 하고 하늘 위의 허공(하늘 위의 물이 있던 자리)에는 빛과 광명이 있어야 한다는 것입니다.

하늘 위의 물은 하늘이 된 허공에게 자리를 주고 하늘 위에 있음

↑

하나님이 태초에 주인으로 있던 밤(빛이 없는 하늘)

하나님은 저녁과 아침에서 주인(아버지)으로 있음

하나님이 주인으로 있던 낮(빛이 있던 태초의 하늘)

↑

하늘 위의 물이 있던 자리 ⇒ 빛이 있어야 하지만 광명이 있음

↑

빛이 떠난 물 가운데 하늘 ⇒ 하나님의 거룩함인 생기가 빛으로 있어야 함

아버지는 광명에게 땅을 비추라고 말씀하신 것입니다. 광명에게 땅을 비추라고 한 것은 빛이 하늘에서 땅을 비추지 않았다고 말씀하신 것입니다. 허공(하늘 위의 물이 있던 자리)에 있는 광명에게 땅을 비추라고 한 것은 빛은 하늘에서 빛을 내지 못하는 빛이 되었다고 말씀하신 것으로 판단해 보시기를 원합니다.

허공(하늘 위의 물이 있던 자리)의 아래에는 물 가운데 하늘이 있다는 것입니다. 물 가운데 하늘은 허공(하늘 위의 물이 있던 자리)과 땅의 사이에 있다는 것입니다. 하나님은 자신의 거룩함으로 허공(하늘 위의 물이 있던 자리)과 땅의 사이에 있는 물 가운데 하늘을 밝혀 자신의 집이 빛의 하늘이라는 것을 나타내어야 한다는 것입니다. 그러면 아버지께서 광명에게 땅을 비추라고 한 것은 "물 가운데 하늘에는 빛이 있지 못하니 하나님의 거룩함은 빛이 아니다"고 말씀하신 것으로 판단해 보시기를 원합니다.

하늘 위의 물은 하늘이 된 허공에게 자리를 주고 하늘 위에 있음

↑

하나님이 태초에 주인으로 있던 밤(빛이 없는 하늘)

하나님은 저녁과 아침에서 주인(아버지)으로 있음

하나님이 주인으로 있던 낮(빛이 있던 태초의 하늘)

↑

광명이 허공에서 땅을 비춤 ⇒ 빛은 하늘에서 빛을 내지 못하기에 하늘에 있지 못함

⇣

물 가운데 하늘에 하나님의 거룩함인 생기가 있음 ⇒ 생기는 빛이 아니라는 것임

허공(하늘 위의 물이 있던 자리)에서 빛을 내는 광명에게 낮과 밤으로 나누라고 말씀하신 것입니다.

물 가운데 하늘 아래는 땅과 바다로 나누어져 있습니다. 그런데 광명에게 땅을 비추면서 낮과 밤으로 나누라고 말씀하신 것입니다. 그러면 광명에게 땅은 낮으로 있게 하고 흑암(바다)은 밤으로 있게 하라고 말씀하신 것입니다. 달을 보면 낮과 밤이 항상 그대로 있으니

나는 달을 보면서 아버지께서 광명에게 낮(땅)과 밤(바다)으로 나누라고 말씀하신 것임을 마음으로 알아야 한다는 것입니다.

허공(하늘 위의 물이 있던 자리)의 위에 하나님이 주인으로 있는 빛이 없는 태초의 하늘이 있다는 것입니다. 그리고 광명이 있는 허공(하늘 위의 물이 있던 자리)은 빛이 하늘에 있으면서 빛을 비추던 물이 있던 자리이고 하나님이 빛의 하늘에 있다는 모습을 나타낸 자리라는 것입니다.

그러면 하나님은 땅을 비추는 광명의 위에서 자신이 하늘에 있기에 빛이 있는 것이라고 한다는 것입니다. 하나님은 땅을 비추는 광명의 위에서 자신의 거룩함이 빛이라고 한다는 것입니다. 그러나 아버지께서는 하나님이 광명의 위에 있으면서 자신이 하늘의 주인이기에 자신의 거룩함이 빛이라고 말하지 못하게 하려고 광명에게 낮(땅)과 밤(바다)으로 나누라고 말씀하신 것으로 계속 말씀드리겠습니다.

하늘 위의 물은 하늘이 된 허공에게 자리를 주고 하늘 위에 있음

↑

하나님이 태초에 주인으로 있던 밤(빛이 없는 하늘)

하나님은 저녁과 아침에서 주인(아버지)으로 있음

하나님이 주인으로 있던 낮(빛이 있던 태초의 하늘)

↓

광명은 물(하나님이 빛의 하늘에 있다는 모습)의 자리에 있음 ⇒ 하나님은 빛을 내는 광명의 위에 있으려고 함

↓

허공(물 가운데 하늘)에는 하나님의 거룩함인 생기가 있음

↓

하나님이 땅을 비추는 광명의 위에 있으면 하나님의 거룩함인 생기는 빛이 아니지만 빛으로 있게 됨

광명은 태초의 하늘과 물 가운데 하늘의 사이에 있는 허공에 있다는 것입니다.

하나님이 광명이 있는 허공에 있으면 태초의 하늘과 물 가운데 하늘은 어떻게 된다는 것인가요? 허공은 하늘이 되어야 하지만 하나님이 주인으로 있는 태초의 하늘은 하늘 위에 있는 허공이 된다는 것입니다. 그리고 하나님의 거룩함인 생기가 빛으로 있는 물 가운데 하늘은 하늘 아래에 있는 허공이 된다는 것입니다.

하늘 위의 물은 깊음(빛이 없는 허공)의 위에 있는 것이 됨

↑

하나님은 자신의 집(태초의 하늘)을 하늘 위의 허공으로 만듦

↑

광명이 있는 허공(하늘 위의 물이 있던 자리)에 하나님이 있음

↓

하나님은 자신의 거룩함이 있는 물 가운데 하늘을 허공으로 만듦

↓

하나님이 광명이 있는 허공에 있으면 태초의 하늘은 허공이 되고 생기(하나님의 거룩함)는 허공에 있어야 하기에 하나님은 자신이 허공을 떠돌아다니고 있다는 것을 나타낸 것이 됨

하나님이 주인으로 있는 태초의 하늘과 하나님의 거룩함이 있는 물 가운데 하늘은 모두 허공이 되어야 하기에 하나님은 광명이 있는 허공에 있지 못한다는 것입니다. 그리고 하나님이 광명이 있는 허공에

있으면 아버지께서 아버지가 없는 하늘에 있으면 어떻게 되는지 보여주려고 태초에 빛이 없는 하늘을 만들었다는 것은 거짓말이 되어야 하기에 하나님은 아버지의 거룩함이 있는 곳에 있지 못한다는 것으로 계속 말씀드리겠습니다.

나는 땅의 위에서 물 가운데 하늘에 있지만 하늘(광명이 있던 허공)의 아래에 있는 허공에 있다는 것입니다. 나는 생기(하나님의 거룩함)가 빛으로 있는 허공에서 하나님을 하늘에서 살아 있는 유일한 영으로 섬기고 있다는 것입니다. 나는 생기(하나님의 거룩함)가 빛으로 있는 허공을 떠돌아다니면서 하늘에 있는 죽은 영이 되려고 하기에 아버지께서 내가 눈으로 보고 있는 하늘에 나의 영을 살리려는 아버지의 뜻을 나타내고 계신 것임을 나는 마음으로 알아야 한다는 것입니다.

물 가운데 하늘에 있던 빛이 하늘 위의 물을 비추었기에 하늘 위의 물은 흑암이 아니라는 것입니다. 빛이 하늘 위의 물을 비추면 하늘 위의 물은 흑암이 아니지만 그 자리를 떠나면 빛을 비추지 못하기에 하늘 위의 물은 흑암이 되어야 한다는 것입니다. 하늘 위의 물은 빛이 비추었기에 흑암이 아니었지만 그 자리를 떠나 흑암이 되어 하나님이 주인으로 있는 태초의 하늘 위에 있게 되었다는 것으로 판단해 보시기를 원합니다.

하늘 위의 물은 하나님이 있는 하늘의 위에 있는 흑암

↓

하나님이 주인인 태초의 하늘은 흑암 아래의 깊음이 됨

↓

광명이 있는 허공은 하나님이 주인으로 있으려는 하늘이 됨

↓

물 가운데 하늘 ⇒ 생기가 있지만 빛이 아니기에 허공이 됨

↓

생기(하나님의 거룩함)가 허공에서 빛으로 있으면서 당을 낮(하나님의 집)으로 만듦

↓

하나님이 광명이 있는 하늘에 있으면 나는 빛을 찾아 허공을 떠돌아다녀야 함

나는 흑암(하늘 위의 물이 있던 자리)의 아래에 있는 깊음인 허공(물 가운데의 하늘)에 있다는 것입니다. 그리고 하나님이 빛의 하늘에 있다는 말을 하고 있으니 나는 잠에서 깨어나 눈이 아니라 마음으로 아버지가 있기에 빛이 있는 하늘을 찾고 나의 영을 살리려고 일하시는 아버지가 있는 집으로 들어가기를 간절히 원하여야 한다는 것으로 계속 말씀드리겠습니다.

땅이 하늘을 돌고 있다는 것입니다.

땅과 달은 우주에서 우주에 있는 해를 돌고 있다는 것입니다. 하늘이 움직이지 않고 그대로 있듯이 우주(태초의 하늘)도 움직이지 않고 그대로 있다는 것을 나는 마음으로 알아야 한다는 것으로 판단해 보시기를 원합니다.

허공(하늘 위의 물이 있던 자리)은 하나님이 주인으로 있는 태초의 하늘 아래에 있다는 것입니다. 아버지께서는 왜 허공에서 땅을 비추는 광명에게 낮과 밤으로 나누라고 말씀하신 것일까요?

하나님은 태초에 빛이 없는 하늘에 있으면서 믈의 위를 돌아다녔다는 것입니다. 그러면 하나님이 허공(하나님이 주인으로 있는 태초의

하늘의 아래)에 있는 광명의 위에 있지 못하게 하려고 광명에게 땅을 사이에 두고 빛의 영과 반대에 있으라고 말씀하신 것으로 계속 말씀드리겠습니다.

월식이 되면 달은 땅을 비추지 못합니다. 아버지께서는 광명과 땅과 빛의 영을 월식으로 있게 하여 빛의 영이 밤(빛이 없는 태초의 하늘)에 있다는 것을 나타낸 것입니다. 그리고 광명과 땅과 빛의 영을 월식으로 있게 하여 낮과 밤으로 나누었으니 빛의 영이 광명이 있는 허공의 위로 오려고 하면 광명은 땅을 사이에 두고 빛의 영이 움직이는 방향으로 움직여야 하기에 광명에게 땅을 비추면서 하루라는 일자를 이루라고 말씀하신 것으로 판단해 보시기를 원합니다.

광명은 징조와 사시와 일자와 연한을 이루어야 합니다.

하나님이 광명의 위에 있어도 하나님은 빛이 없는 태초의 하늘에 있다는 것입니다. 달에 낮과 밤이 있지만 달의 하늘에 빛이 없듯이 내가 있는 땅도 낮과 밤이 있지만 달처럼 우주(빛이 없는 하늘)를 떠돌아다니고 있다는 것입니다. 내가 땅의 위에서 허공(빛이 없는 하늘)에 있다는 것을 알려고 하지 않는 것은 달에 없는 하늘이 있기 때문이기에 나는 아버지의 거룩함이 광명이 있던 허공에서 땅을 달처럼 만들지 못하게 하고 있다는 것을 마음으로 알아야 한다는 것으로 계속 말씀드리겠습니다.

원을 그리면서 판단해 보시기를 원합니다.

하나님이 빛이 없는 태초의 하늘에서 주인으로 있음

↓

빛이 없는 허공(하늘 위의 물이 있던 자리)이 있음

↓

허공(물 가운데 하늘)에 있는 생기(하나님의 거룩함)는 빛이 아님

↓

하나님에게서 빛이 나오지 않기에 바다는 밤으로 있음

하나님의 집은 빛이 없지만 땅은 낮으로 있다는 것임

↑

허공(물 가운데 하늘)에 있는 생기(하나님의 거룩함)는 빛이 아님

↑

광명이 하늘(하늘 위의 물이 있던 자리)에서 땅을 비춤

↑

하나님의 집은 아버지의 거룩함이 없기에 빛이 없는 하늘

하나님은 허공에 있는 광명으로 인하여 자신이 빛이 없는 하늘에 있다는 것을 나타내어야 한다는 것입니다. 하나님은 허공에 있는 광명으로 인하여 자신이 흑암(바다)의 위에 있다는 것을 나타내어야 한다는 것으로 판단해 보시기를 원합니다.

하나님은 빛이 없는 하늘에 있지만 태초의 하늘을 떠나면 자신의 집은 빛이 없는 허공이라는 것을 인정하여야 한다는 것입니다. 하나님은 빛이 없는 하늘에 있지만 태초의 하늘을 떠나면 자신의 집은 빛이 없는 허공이라는 것을 인정하는 것이기에 광명의 위에 있으면서 자신이 빛의 하늘에 있다는 것을 나타내려고 한다는 것입니다.

하루가 되려면 낮과 밤이 돌아야 합니다. 땅을 비추는 광명은 낮에 있지만 하나님은 흑암(바다)의 위인 밤(빛이 없는 태초의 하늘)에 있다는 것입니다. 땅의 위에는 낮(광명)이 있고 흑암(바다)의 위에는 밤(하나님)이 있지만 낮(광명)과 밤(하나님)이 하루를 만들려면 낮(광명)과 밤(하나님)은 땅(지구)을 사이에 두고 돌아야 한다는 것입니다.

낮(광명)과 밤(빛의 영)이 있지만 아버지께서 낮(광명)에게 하루를 만들라고 말씀하셨으니 밤(빛의 영)이 낮(광명)으로 오면 낮(광명)은 땅을 사이에 두고 밤(빛의 영)이 오는 만큼 움직여야 한다는 것입니다. 낮(광명)과 밤(빛의 영)이 있지만 낮(광명)은 하루를 만들어야 하기에 밤(빛의 영)이 낮(광명)으로 오면 낮(광명)은 땅을 사이에 두고 밤(빛의 영)과 월식으로 있으면서 하루를 만들어 밤(빛의 영)을 빛에 있지 못하게 하여야 한다는 것으로 판단해 보시기를 원합니다.

1년이 되면 다시 하루를 이루어야 합니다.

낮(광명)은 밤(하나님)과 땅을 사이에 두고 월식으로 하루를 만들면서 1년을 이루어야 한다는 것입니다. 낮(광명)은 밤(하나님)과 땅을 사이에 두고 월식으로 1년을 이루면서 다시 하루를 만들어야 하기에 낮(광명)은 밤(하나님)을 영원히 비추지 않아야 한다는 것입니다. 그러면 밤에 해가 달을 비추고 있지만 달의 하늘에 빛이 없듯이 낮(광명)에게 밤(빛의 영)을 영원히 빛에 있지 못하게 하라고 말씀하신 것임을 나는 마음으로 알아야 한다는 것으로 계속 말씀드리겠으니 판단해 보시기를 원합니다.

아버지께서는 낮(광명)에게 밤(빛의 영)과 땅을 사이에 두고 영원히 월식으로 있으면서 징조와 사시를 이루라고 말씀하신 것입니다. 땅에 징조와 사계절이 있는 것은 지구가 기울어져 해를 돌면서 해와 가까이 있거나 멀리 있기 때문이고 달도 기울어진 땅을 돌면서 땅과 가까이 있거나 멀리 있기 때문이라는 것입니다.

그런데 하나님이 태초의 하늘을 물의 위에 있는 낮과 자신의 머리 위에 있는 밤으로 만들었으니 하나님은 태초의 하늘에서 위와 아래로 움직인 것입니다. 그러면 낮(광명)에게 밤(하나님)과 땅을 사이에 두고 징조와 사계절을 이루라고 한 것은 밤(하나님)이 땅에 가까이 오면 땅에서 멀어져 밤(하나님)과 월식으로 있으라고 한 것입니다. 그리고 낮(광명)에게 밤(하나님)이 땅에서 멀어지면 땅에 가까이 있어 밤(하나님)과 월식으로 있으면서 징조와 사계절을 이루라고 말씀하신 것으로 판단해 보시기를 원합니다.

낮(광명)은 밤(하나님)과 땅을 사이에 두고 영원히 월식으로 있어야 하지만 나는 월식만 있는 하늘을 보고 있는 것이 아닙니다. 낮(광명)은 밤(하나님)과 땅을 사이에 두고 영원히 월식으로 있어야 하지만 하늘에 월식만 있지 않으니 아버지의 뜻은 하늘에서 이루어지지 않았다는 것입니다. 낮(광명)은 밤(하나님)과 땅을 사이에 두고 영원히 월식으로 있어야 하지만 하늘에 월식만 있지 않으니 나는 아버지의 뜻이 하늘에서 이루어지지 않았기에 아버지께서 지금도 일하시고 계신 것을 마음으로 알아야 한다는 것으로 계속 말씀드리겠습니다.

아버지께서는 땅을 비추는 광명을 새로 만든 것일까요?

빛은 하나님이 주인으로 있는 집(빛이 없는 태초의 하늘)을 낮(빛의 하늘)으로 만든 것입니다. 빛은 하나님이 주인으로 있는 낮을 떠나 하나님이 없는 물 가운데 하늘을 낮(하나님의 집)으로 만든 것입니다. 빛은 하나님이 없는 물 가운데 하늘을 낮(하나님의 집)으로 만들었으니 하나님이 없는 낮(하나님의 집)에서 하나님을 대신하여 하늘을 밝히는 하나님의 모습으로 있던 것입니다.

빛은 물 가운데 하늘을 하나님이 없는 낮(하나님의 집)으로 만들었으니 하나님이 있는 하늘의 모습인 하늘 위의 물을 비춘 것입니다. 빛은 하나님이 없는 물 가운데 하늘에서 하나님의 모습으로 있으면서 하늘 위의 물을 비추었으니 하나님이 있는 하늘의 모습인 하늘 위의 물에 있어야 한다는 것입니다.

빛은 하늘에 있어야 하는데 허공(하늘 위의 물이 있던 자리)으로 가면 그 빛은 빛을 내는 빛인가요 아니면 빛을 내지 못하는 빛이 되었다는 것인가요? 그리고 하늘에 있어야 하는 빛이 물 가운데 하늘에서 허공(하늘 위의 물이 있던 자리)으로 가면 물 가운데 하늘은 하늘인가요 아니면 허공이라는 것인가요?

허공이 물 가운데에서 하늘이 된 것입니다. 물 가운데에 있는 하늘은 흑암(바다)이 있던 자리라는 것입니다. 빛은 흑암(바다)이 있던 자리에 있었듯이 흑암이 된 하늘 위의 물이 있던 자리에 있게 되었다는 것으로 판단해 보시기를 원합니다.

빛은 흑암(바다)이 있던 자리에서 하늘이 된 허공에 있게 되었다는 것입니다. 그리고 빛은 흑암이 된 허공(하늘 위의 물의 자리)에 있게 되었으니 허공(흑암이 된 하늘 위의 물의 자리)은 하늘이 되어야 한다는 것입니다.

그러나 아버지께서는 허공(하늘 위의 물이 있던 자리)을 하늘이라고 부르지 않았다는 것입니다. 아버지께서 허공(하늘 위의 물이 있던 자리)을 하늘이라 부르지 않은 것은 빛이 있지만 빛을 내지 못하는 빛이 있기 때문이라는 것입니다. 그런데 내가 허공(하늘 위의 물이 있던 자리)을 하늘이라 부르는 것은 빛이 없지만 아버지의 거룩함이 있기 때문이라는 것으로 계속 말씀드리겠으니 판단해 보시기를 원합니다.

허공에 빛이 있으면 허공은 빛이 있는 하늘이 되어야 합니다. 허공에 빛이 있으면 허공은 빛이 있는 하늘이 되어야 하지만 아버지께서 허공(하늘 위의 물이 있던 자리)을 하늘이라 부르지 않은 것은 허공에 빛이 있지만 빛을 내지 못하는 빛이 있기 때문이라는 것으로 판단해 보시기를 원합니다.

빛은 하나님이 없는 곳에 있게 됨

빛은 물 가운데 하늘에 있음 ⇒ 허공(하늘 위의 물이 있던

⇣ 자리)에 있음

하나님이 없는 하늘을 ⇒ 물(하나님이 없는 하늘의 모습)을 비

하나님을 대신하여 낮 추면서 낮으로 만들었으니 허공에

(빛의 하늘)으로 만듬 있는 하나님의 모습이 되어야 함

↓

빛은 하나님을 대신하여 하늘을 낮(하나님의 집)으로 만들려는

하나님의 모습이기에 하나님의 거룩함으로 자신을 밝혀야 함

빛은 빛이 없는 하늘에 있어야 하기에 빛을 내지 못하면 빛이 없는 허공에 있어야 합니다. 물 가운데 하늘은 빛이 없는 허공이지만 아버지께서 하늘이라 불렀기에 빛은 허공에 있게 되었다는 것입니다. 그러나 아버지께서 하늘이라 부르지 않은 허공(하늘 위의 물이 있던 자리)에 있으면 빛은 빛을 내지 못하는 빛이 되었다는 것으로 판단해 보시기를 원합니다.

하늘 아래 물이 있던 자리에서 ⇒ 하늘 위의 물이 있던 자리로 감

↓

아버지는 허공을 하늘이라 부름 ⇒ 허공을 하늘이라 부르지 않음

하늘에 있기에 빛을 냄 ⇒ 하늘에 있지 못하기에 빛을 내지 못함

아버지의 거룩함으로 빛을 내면 ⇔ 빛을 내지 못하기에 불(하나

서 하나님의 모습이 되려고 함 님의 모습)이 됨

↓

빛은 허공(빛이 없는 하늘)을 밝히는 하나님의 모습이 되려고 하였기에 허공(하늘 위의 물이 있던 자리)에서 빛을 내지 못하게 되었지만 생기(하나님의 거룩함)로 빛을 내려고 한 것임

빛은 아버지의 거룩함으로 빛을 내지 않으려고 한 것입니다.

빛이 하늘에서 아버지의 거룩함으로 빛을 내지 않으면 아버지는 하늘에서 살아 있다는 것을 나타내지 못한다는 것입니다. 빛이 하늘에서 아버지의 거룩함으로 빛을 내지 않으면 아버지는 자신과 자신의 집을 불로 태우면서 자신이 하늘에서 살아 있다는 것을 나타내어야 한다는 것입니다.

그런데 빛은 빛이 없는 하늘을 밝히려는 하나님의 모습이 되려고 한 것입니다. 빛은 빛이 없는 하늘을 밝히면서 하나님의 거룩함이 빛이라고 한 것입니다. 빛은 하나님의 거룩함이 빛이라고 하면서 하나님의 모습이 되려고 하였으니 아버지의 거룩함은 빛이 아니라 불이라고 하였다는 것으로 계속 말씀드리겠으니 판단해 보시기를 원합니다.

숨을 쉬면서 살아 있는 내가 생기로 살아 있다고 말하면 숨을 쉬는 것은 살아 있는 것이 아니라는 것입니다. 내가 생기로 살아 있다고 말하면 생기인 하나님은 자신이 살아 있다는 것을 나타내지만 숨을 쉬고 있는 아버지는 자신이 살아 있다는 것을 나타내지 못한다고 한 것입니다. 아버지의 거룩한 숨결로 숨을 쉬고 있는 내가 생기로 살아 있다고 말하면 하나님은 생기(살아 있는 기)로 자신이 살아 있다는 것을 나타내지만 아버지는 숨을 쉬면서 자신이 살아 있다는 것을 나타내지 못하기에 죽은 자라고 한 것임을 나는 마음으로 알아야 한다는 것입니다.

빛이 아버지의 거룩함으로 빛을 내지 않는다고 아버지가 하늘에서

살아 있다는 것을 나타내지 못하면 아버지는 하늘에 있는 것이 아니라는 것입니다. 빛이 아버지의 거룩함으로 빛을 내지 않아도 아버지께서는 자신이 하늘에서 살아 있다는 것을 나에게 나타내어야 한다는 것입니다. 아버지께서는 낮의 하늘에 광명이나 빛이 없어도 아버지의 거룩함이 있기에 빛이 있다는 것을 나타내면서 아버지의 거룩함이 하늘에 있기에 해가 땅을 달처럼 만들지 못한다는 것을 나타내신 것으로 계속 말씀드리겠으니 판단해 보시기를 원합니다.

아버지께서는 광명에게 땅을 비추라고 말씀하신 것입니다.

광명이 땅을 비추면 빛은 땅을 비추지 못한다는 것입니다. 광명이 땅을 비추면 빛은 빛을 내지 못하는 빛이 되었다는 것입니다.

빛은 빛을 내지 못하기에 허공(하늘 위의 물이 있던 자리)을 낮(하나님이 주인으로 있는 하늘)으로 만들지 못한다는 것입니다. 아버지께서는 빛이 허공(하늘 위의 물이 있던 자리)을 낮(하나님이 주인으로 있는 하늘)으로 만들지 못하게 하려고 허공을 하늘이라 부르지 않았다는 것입니다. 아버지께서 광명에게 땅을 비추라고 말씀하신 것은 아버지의 거룩함으로 빛을 내지 못하는 빛을 아버지의 거룩함으로 빛을 내는 광명으로 만들었다는 것으로 계속 말씀드리겠으니 판단해 보시기를 원합니다.

나는 하늘(아버지의 집)에서 숨을 쉬면서 살아 있는 영으로 있었지만 아버지를 떠나 땅에서 숨을 쉬는 육체로 있는 탕자라는 것입니다. 그리고 하늘에서 아버지의 거룩함으로 빛을 낸 빛은 허공에서 아버지의 거룩함으로 빛을 낸 광명(육체)이 되었다는 것으로 계속 말씀드리겠으니 판단해 보시기를 원합니다.

하늘(아버지의 집)을 떠난 나는 땅에 있고 빛은 허공에 있음

↓		
나는 땅에서 육체로 있음	⇒	빛은 허공에서 광명으로 있음
↓		
아버지의 숨결로 숨을 쉬면서 살아 있는 영임	⇒	아버지의 거룩함으로 빛을 내면서 살아 있는 빛이라는 것임
아버지의 거룩함으로 숨쉬는 영이 땅에서 육체로 있음	⇒	아버지의 거룩함으로 빛을 낸 빛이 허공에 있는 광명이 됨
영을 살리지 않으면 아버지의 숨결이 떠나기에 숨을 쉬지 못하는 죽은 영이 됨	⇔	아버지의 뜻(마음)을 모르면 아버지의 거룩함이 떠나기에 빛을 내지 못하는 죽은 빛이 됨

2. 16 하나님이 두 큰 광명을 만드사 큰 광명으로 낮을 주관하게 하시고 작은 광명으로 밤을 주관하게 하시며 또 별들을 만드시고 17 하나님이 그것들을 하늘의 궁창에 두어 땅에 비치게 하시며 18 주야를 주관하게 하시며 빛과 어두움을 나뉘게 하시니라 하나님이 보시기에 좋았더라

이 구절은 하나님이 내가 눈으로 보고 있는 하늘에 자신의 거룩함(살아 있음)을 나타내려고 한 일을 기록한 것입니다. 하나님은 아버지가 한 일을 숨기면서 자신이 하늘의 주인(아버지)이라는 것을 나타내려고 한다는 것입니다. 하나님은 내가 눈으로 보고 있는 자신의 집(태초의 하늘)에서 아버지의 뜻을 이루지 못하게 하였다고 말하지만 아버지의 뜻은 반드시 이루어진다는 것을 나는 마음으로 알아야 한다는 것으로 계속 말씀드리겠습니다.

하나님은 두 큰 광명을 만들고 하늘의 허공에 둔 것입니다.

물 가운데 하늘은 낮과 밤의 가운데인 저녁과 아침의 자리에 있었으니 광명(육체가 된 빛)은 저녁과 아침의 위에 있는 허공에 있던 것입니다. 그러면 태초의 하늘에서 저녁과 아침의 위가 허공이 되어야 하기에 밤(빛이 있다가 빛이 없게 된 태초의 하늘)이 허공이 되었다는 것으로 판단해 보시기를 원합니다.

하나님이 하늘(아버지의 집)을 떠난 나를 생기(살아 있는 기)로 있는 생령(하나님의 모습)과 육체(하나님의 형상)로 만든 것입니다. 그러면 하나님은 하늘을 떠난 빛을 생기(살아 있는 기)로 있는 불(하나님의 모습)과 광명(하나님의 형상)으로 만들었다는 것으로 계속 말씀드리겠으니 판단해 보시기를 원합니다.

하늘(아버지의 집)을 떠난 빛 ⇔ 아버지를 떠난 탕자인 나

↓

생기로 있는 빛으로 만듦 ⇔ 생기로 있는 영으로 만듦

하나님이 하나님의 허공에 둠 ⇔ 하나님의 동산에 둠

두 큰 광명으로 만듦 ⇔ 생기로 있는 영을 육체로 만듦

↓

허공(하늘 위의 물이 있던 자리)에 있던 하나의 광명을 하나님이 두 큰 광명으로 만들고 허공(흑암 아래의 깊음)에 두었다는 것임

하나님이 만든 두 큰 광명은 광명(육체가 된 빛)이 있던 허공(하늘 위의 물이 있던 자리)에 있는 것이 아니라는 것입니다. 하나님이 두 큰 광명을 만들고 광명(육체가 된 빛)이 있던 허공(하늘 위의 물이 있던 자리)에 둔 것이 아니라 밤을 허공으로 만들고 그곳에 두었다는 것으로 계속 말씀드리겠습니다.

나의 위에 흑암이 있으면 나는 흑암 아래의 깊음에 있는 것입니다. 그런데 하나님이 주인으로 있는 집(빛이 없는 하늘)의 위에 있는 물

은 흑암이라는 것입니다. 그러면 하나님이 주인으로 있는 집(빛이 없는 하늘)은 허공(흑암 아래의 깊음)이 된다는 것입니다. 그리고 하나님이 두 큰 광명을 만든 것은 자신의 집(빛이 없는 하늘)을 허공(흑암 아래의 깊음)으로 만든 것으로 계속 말씀드리겠으니 판단해 보시기를 원합니다.

흑암(하늘 위의 물)이 빛이 없는 태초의 하늘 위에 있게 됨

↓

하나님이 주인으로 있던 밤 ⇒ 하나님이 허공으로 만듦

하나님이 있는 저녁과 아침 ⇒ 하늘로 만들려고 한 것임

하나님이 주인으로 있으려던 낮 ⇒ 하나님이 떠난 하늘

↓

하나님은 밤을 하늘의 허공으로 만들고 자신이 있는 저녁과 아침을 하늘로 만들려고 하였다는 것임

하나님은 밤을 하늘의 허공으로 만든 것입니다. 하나님은 밤을 허공(흑암 아래의 깊음)으로 만들고 두 큰 광명과 별들을 두었다는 것이기에 광명(육체가 된 빛)은 허공(하늘 위의 물이 있던 자리)에 있지 못한다는 것입니다.

광명(육체가 된 빛)은 흑암에 있지만 하나님이 만든 두 큰 광명은 허공에 있다는 것입니다.

허공은 흑암 아래의 깊음입니다. 빛은 광명(육체)이 되어 흑암(하늘 위의 물이 있던 자리)에 있기에 흑암 아래의 깊음에 있던 것이 아닙니다. 그리고 나도 땅의 위에서 허공(물 가운데 하늘)이 있던 흑암(하늘 아래의 물이 있던 자리)에 있기에 흑암 아래의 깊음에 있는 것이 아닙니다. 그러면 하나님은 흑암(바다)의 위에서 빛이 없는 하늘

을 떠돌아다녔지만 나는 땅의 위에서 흑암(빛이 없는 허공)을 떠돌아다니고 있는 것이 된다는 것으로 판단해 보시기를 원합니다.

광명(육체)이 된 빛과 나는 태초에 있던 흑암의 자리에 있다는 것입니다. 광명(육체)이 된 빛은 물 가운데 위에 있던 물의 자리에 있던 것이고 나는 물 가운데 하늘이 있던 물의 자리에 있는 것입니다. 나는 흑암에 있기에 흑암 아래의 깊음으로 들어가지 않으려면 영을 살리는 일을 하여야 한다는 것입니다.

빛은 광명(육체)이 되어 흑암에 있었지만 하늘(아버지의 집)에 있지 못하게 되었다는 것입니다. 나도 영에서 육체가 되어 흑암에 있으니 왜 하늘(아버지의 집)로 돌아가지 못하는지 알아야 한다는 것입니다. 그런데 흑암에 있던 광명(육체가 된 빛)이 하나님이 원하는 일을 하면서 하나님의 모습이 되었기에 흑암 아래의 깊음으로 들어간 것입니다. 그러면 흑암에 있는 나(육체가 된 영)도 하나님의 모습이 되면 흑암 아래의 깊음으로 들어가야 한다는 것을 마음으로 알아야 한다는 것입니다.

광명(육체가 된 빛)은 허공에 있지만 흑암(하늘 위의 물이 있던 자리)에 있던 것입니다. 두 큰 광명은 허공에 있지만 흑암 아래의 깊음인 밤에 있다는 것입니다. 광명(육체가 된 빛)은 흑암에 있었지만 두 큰 광명은 흑암 아래의 깊음인 밤에 있다는 것이기에 흑암에 있던 광명(육체가 된 빛)이 두 큰 광명이 되어 흑암 아래의 깊음인 밤으로 들어갔다는 것으로 판단해 보시기를 원합니다.

하나님은 일월성신으로 인하여 하늘의 주인으로 있지 못한다고 말합니다.

일월성신은 해와 달과 별입니다. 그런데 일월성신은 하나님이 주인으로 있는 빛이 없는 하늘에 있다는 것입니다. 그리고 일월성신은 빛이 없는 하늘을 낮으로 만들지 못하면서 자신만 밝히고 있다는 것은 우주를 보면 잘 아실 것입니다.

일월성신은 하나님의 집(빛이 없는 하늘)에서 자신을 밝히면서 하나님을 주인으로 있지 못하게 한다는 것입니다. 그러나 하나님이 만든 일월성신이 하나님을 하나님의 집(빛이 없는 하늘)에서 주인으로 있지 못하게 하는 것은 하나님이 자신을 위하여 만든 것들이기 때문이라는 것입니다.

하늘 위의 물은 하나님이 낮에 있다는 모습을 나타냈고 광명(육체가 된 빛)은 하나님이 낮에 있다는 모습을 나타낸 자리에 있다는 것입니다. 광명(육체가 된 빛)이 하나님이 낮에 있다는 모습을 나타낸 자리에 있는 것은 빛이 하나님이 없는 물 가운데 하늘을 낮(하나님의 집)으로 만들었기 때문입니다. 그러면 빛은 하나님의 모습이 되었다는 것이기에 나도 하나님의 모습이 되면 빛처럼 흑암 아래의 깊음으로 들어가야 한다는 것을 마음으로 알아야 한다는 것으로 계속 말씀드리겠습니다.

허공(하늘 위의 물이 있던 자리)은 하나님이 주인으로 있는 하늘의 모습이라는 것입니다. 하나님이 광명(육체가 된 빛)을 허공(하늘 위의 물이 있던 자리)에 있지 못하게 하면 하나님은 자신이 있는 하늘의 모습을 빛이 없는 허공으로 만든 것입니다. 하나님이 광명(육체가 된 빛)을 허공(하늘 위의 물이 있던 자리)에 있지 못하게 하면 하나님은 자신이 있는 하늘의 모습을 빛이 없는 허공으로 만든 것이기에 자신이 흑암 아래의 깊음인 허공(빛이 없는 하늘)에 있다고 스스로 증거한 것이 된다는 것입니다.

하나님은 자신이 있는 하늘의 모습을 나타낸 허공(하늘 위의 물이 있던 자리)에서 광명(육체가 된 빛)을 없애고 자신이 태초에 주인으로 있던 밤(빛이 없는 하늘)을 허공(흑암 아래의 깊음)으로 만들고 두 큰 광명을 둔 것입니다. 그러면 하나님은 자신이 있는 하늘의 모습을 나타낸 허공(하늘 위의 물이 있던 자리)에서 광명(육체가 된 빛)을 없애고 흑암 아래의 깊음인 허공(하나님이 태초에 주인으로 있던 빛이 없는 하늘)에 두 큰 광명을 두고 자신이 하늘의 주인으로 있지 못하는 것은 광명(일월성신)들로 인한 것이라고 한 것입니다.

흑암(하늘 위의 물)이 빛이 없는 태초의 하늘 위에 있게 됨

↓

하나님은 빛이 없는 하늘에서 주인으로 있음 ⇒ 하나님은 두 큰 광명을 자신의 집에 두고 하늘을 밝히게 함

하나님은 자신이 낮(빛이 있던 하늘)에서 밤(빛이 없는 하늘)에 있는 것은 광명들로 인한 것이라고 핑계를 댄다는 것임 ⇒ 광명(육체가 된 빛)이 하나님이 있는 하늘의 모습인 허공(하늘 위의 물이 있던 자리)에 있지 못하면 하나님은 빛이 없는 하늘에 있다는 것임 ⇒ 하나님이 광명(육체가 된 빛)을 자신이 있는 하늘의 모습을 나타낸 허공(하늘 위의 물이 있던 자리)에 있지 못하게 하였기에 허공(하늘 위의 물이 있던 자리)은 빛이 없지만 아버지의 거룩함이 있는 하늘이 되었다는 것임

하나님은 어떻게 허공(흑암이 있던 자리)에 있던 광명을 허공(흑암 아래의 깊음)에 있는 두 큰 광명으로 만든 것일까요?

아버지의 거룩함으로 빛을 낸 광명(육체가 된 빛)은 흑암(하늘 위의 물이 있던 자리)에 있지만 하나님이 만든 두 큰 광명은 흑암 아래의 깊음인 밤(빛이 없는 하늘)에 있다는 것입니다.

흑암(하늘 위의 물)이 빛이 없는 태초의 하늘 위에 있게 됨

↓

밤(빛이 없는 태초의 하늘)은 깊음이 됨 ⇒ 광명들이 있음

↓

저녁과 아침 ⇒ 하나님은 광명들 때문에 하늘에 있지 못함

↓

낮(빛이 있다가 떠난 태초의 하늘) ⇒ 하나님이 떠난 하늘

↓

허공(흑암이 있던 자리) ⇒ 광명(육체가 된 빛)이 없음

↓

물 가운데 하늘 ⇒ 허공이 하늘이 되었지만 허공으로 돌아감

빛은 빛이 없는 태초의 하늘에 있었지만 지금 그 하늘에 없다는 것이고 광명(육체가 된 빛)이 허공(흑암이 있던 자리)에 있었지만 지금은 두 큰 광명이 허공(흑암 아래의 깊음)인 밤(빛이 없는 태초의 하늘)에 있다는 것입니다. 그러면 흑암에 있던 광명(육체가 된 빛)이 흑암 아래의 깊음인 허공(빛이 없는 태초의 하늘)으로 들어가 두 큰 광명이 된 것으로 판단해 보시기를 원합니다.

아버지께서는 태초에 아버지가 없기에 빛이 없는 하늘을 만들었지만 아버지의 거룩함으로 빛을 낸 빛이 있게 되었다는 것입니다. 광명(육체가 된 빛)이 있던 허공(하늘 위의 물이 있던 자리)이 없다면 아버지께서 태초에 아버지가 없기에 빛이 없는 하늘을 만들었다는 것은 거짓말이 된다는 것입니다. 아버지의 거룩함은 태초의 하늘에서 물 가운데 하늘에 있다가 빛으로 인하여 허공(흑암이 된 하늘 위의 물이 있던 자리)에 있게 되었지만 내가 낮에 눈으로 보는 하늘이 되

었다는 것으로 계속 말씀드리겠습니다.

빛은 아버지의 거룩함으로 빛을 내는 광명(육체)이 되어 허공(흑암이 된 하늘 위의 물이 있던 자리)에 있었다는 것입니다. 허공(흑암)에서 아버지의 거룩함으로 빛을 낸 광명(육체가 된 빛)이 허공(흑암 아래의 깊음)인 밤(빛이 없는 태초의 하늘)으로 들어가면 빛은 아버지의 거룩함이 없는 빛이 된다는 것입니다.

아버지의 거룩함이 없는 빛은 하늘을 밝히지 못하기에 허공(흑암 아래의 깊음)에 있어야 한다는 것입니다. 그런데 아버지의 거룩함으로 빛을 낸 광명(육체가 된 빛)이 아버지의 거룩함이 없는 광명이 되어 허공(흑암 아래의 깊음)인 밤(빛이 없는 태초의 하늘)으로 들어간 것입니다. 그러면 아버지의 거룩함은 하나님이 주인으로 있는 하늘에 있지 않아야 하기에 광명(육체가 된 빛)이 있던 흑암(하늘 위의 물이 있던 자리)에 있어야 한다는 것입니다. 그리고 아버지의 거룩함이 흑암(하늘 위의 물이 있던 자리)에 있기에 땅을 달처럼 만들지 못하는 것으로 계속 말씀드리겠습니다.

나는 해가 있는 낮의 하늘을 보지만 우주선을 타고 하늘로 올라가면 밤(빛이 없는 하늘)에 있게 된다는 것입니다. 나는 해가 있는 낮의 하늘을 보지만 해가 낮의 하늘이 아니라 밤(빛이 없는 하늘)에 있다는 것을 알게 된다는 것입니다. 그러면 하나님과 해가 없지만 빛의 하늘이 있다는 것이기에 흑암(하늘 위의 물이 있던 자리)이 아버지의 거룩함이 있는 하늘이 되었다는 것을 알고 아버지께서 태초에 아버지가 없기에 빛이 없는 하늘을 만들고 빛을 있게 하였다는 것이 거짓이 아님을 알아야 한다는 것으로 판단해 보시기를 원합니다.

하나님이 하늘의 주인이면 하나님만 하늘에서 유일하게 살아 있는 영으로 있어야 하기에 나는 하늘에 있는 죽은 영이 되어야 합니다. 하나님이 하늘의 주인이면 하나님만 하늘에서 유일하게 살아 있는 영으로 있어야 하기에 내가 영을 살리는 일을 하더라도 나는 결코 하늘에서 살아 있는 영으로 있지 못한다는 것입니다. 내가 하나님을 하늘의 주인(아버지)으로 섬기면 나는 하늘에서 살아 있는 영으로 있지 못하기에 결코 하늘(아버지의 집)로 들어가지 못한다는 것을 마음으로 알아야 한다는 것입니다.

하나님이 살아 있는 유일한 영이라면 육체가 아니라 영을 살리라고 한 것은 거짓말이라는 것입니다. 하나님이 유일하게 살아 있는 영인데 영을 살리는 일을 하여 살아 있는 영이 되라고 하면 하나님을 유일하게 살아 있는 영으로 있지 못하게 하라는 것입니다. 하나님이 유일하게 살아 있는 영인데 영을 살리는 일을 하여 살아 있는 영이 되라고 하면 하나님을 멸시하는 악한 일을 하여 하나님에게 죽임을 당하는 악한 영이 되라는 것이기에 나를 죽이려고 악한 말을 한 것이 된다는 것입니다.

빛은 하늘로 있는 허공(물 가운데)을 하나님이 없는 낮(하나님의 집)으로 만든 것입니다. 그러면 아버지의 거룩함이 없는 빛은 하나님이 없지만 하늘로 있는 허공을 하나님이 없는 낮(하나님의 집)으로 만들어야 합니다. 아버지의 거룩함이 없는 빛은 하나님이 없지만 하늘로 있는 허공인 밤(빛이 없는 태초의 하늘)에 있으면서 하늘을 불로 태우면서 낮(하나님의 집)으로 만들어야 한다는 것으로 계속 말씀드리겠습니다.

흑암이 있던 자리에서 아버지의 거룩함으로 빛을 낸 광명(육체가 된 빛)이 흑암 아래의 깊음으로 들어갔으니 빛으로 땅을 비추지 못한다는 것입니다. 흑암이 있던 자리에서 아버지의 거룩함으로 빛을 낸 광명(육체가 된 빛)이 흑암 아래의 깊음으로 들어가 빛을 내지 못하는 광명이 되었다는 것입니다. 흑암이 있던 자리에서 아버지의 거룩함으로 빛을 낸 광명(육체가 된 빛)이 흑암 아러의 깊음으로 들어가 달처럼 빛을 내지 못하는 광명(빛의 죽은 육체)이 되었다는 것으로 판단해 보시기를 원합니다.

빛은 빛이 없는 하늘을 빛으로 만들었지만 땅을 비추지 않음

↓

빛은 흑암이 있던 자리에서 빛을 내는 광명(육체가 된 빛)이 됨

↓

빛은 흑암이 있던 자리에서 아버지의 거룩함으로 빛을 내는 광명(육체)이 되었지만 흑암 아래의 깊음인 빛이 없는 하늘로 들어감

빛은 빛이 없는 하늘을 떠나 다시 빛이 없는 하늘로 들어간 것입니다. 빛은 하나님의 집에서 사망을 당하였기에 빛이 없는 하늘을 떠난 것입니다. 빛은 빛이 없는 하늘을 떠났지만 다시 사망을 당하였기에 하나님의 집으로 들어간 것입니다. 사망을 당한 자가 다시 사망을 당하면 하나님이 주인으로 있는 불못(둘째 사망)에 있게 된다는 것으로 계속 말씀드리겠습니다.

부활이란 죽은 자에게 있는 것입니다.

부활이란 살아 있는 자에게 있는 것이 아니라 죽은 자에게 있는 것입니다. 부활이란 죽은 자가 살아나 자신이 죽은 자라는 것을 모른다는 것입니다. 부활이란 죽은 자가 살아나 자신이 죽은 자라는 것을 모르기에 죽고 싶어도 죽지 못한다는 것입니다.

부활이란 숨을 쉬지 못하는 자에게 있는 것입니다. 부활이란 내가

숨을 쉬지 못하면 다시 숨을 쉬게 된다는 것이 아니라는 것입니다. 부활이란 내가 숨을 쉬지 못하면 생기(살아 있는 기)로 살아 있게 된다는 것입니다.

빛은 광명(육체)이 되어 흑암 아래의 깊음인 밤(빛이 없는 하늘)으로 들어가 죽은 광명(육체)이 되었지만 빛은 하나님을 낮의 주인으로 만들려고 일한 것입니다. 빛은 광명(육체)이 되어 흑암 아래의 깊음인 밤(빛이 없는 하늘)으로 들어가 죽은 광명(육체)이 되었지만 빛은 하나님을 낮의 주인으로 만들려고 일하였기에 하나님은 자신의 거룩함(살아 있음)을 나타내려고 일한 빛을 자신의 거룩함인 생기(살아 있는 기)로 살려야 한다는 것입니다.

빛은 하나님의 거룩함을 나타냈기에 광명(육체)이 됨

↓

빛은 아버지의 거룩함으로 ⇒ 흑암이 있던 자리에 있는 광명은
빛을 내지 못하는 빛이 됨 아버지의 거룩함이 있는 빛의 육체
빛이 아버지의 거룩함으로 빛 ⇔ 흑암의 자리에 있던 광명은
을 내지 못하면 죽은 빛이 됨 죽은 빛의 살아 있는 육체

↓

죽은 빛은 밤(흑암 아래의 깊 ⇔ 광명은 밤(흑암 아래의 깊음)
음)으로 들어가 하나님의 거 으로 들어가 생기(살아 있는 기)
룩함인 생기로 부활을 함 로 살아난 빛의 죽은 육체가 됨
죽은 빛은 밤(흑암 아래 ⇔ 광명은 밤(흑암 아래의 깊음)에서
의 깊음)에서 생기(살아 생기로 부활을 한 빛이 빛을 비
있는 기)로 빛을 냄 추어야 빛을 내는 육체가 됨

죽은 빛은 해가 되고 죽은 광명(빛의 육체)은 달이 되었다는 것으로

계속 말씀드리겠으니 판단해 보시기를 원합니다.

큰 광명은 태양이고 작은 광명은 달이라고 말합니다.

일식을 보면 달이 태양의 속으로 들어가 하나가 됩니다. 달이 태양의 속으로 들어가 하나가 된다는 것은 하나로 있던 광명이라는 것입니다. 하나님이 한 사람을 남자와 여자로 나누었지만 둘이 합하여 하나가 되듯이 태양과 달이 합하여 하나가 된다는 것은 하나님이 하나의 광명을 두 광명으로 만든 것입니다.

일식을 보면 달이 태양의 속으로 들어가 하나가 되지만 달은 빛을 내지 못합니다. 달이 태양의 속으로 들어가 하나가 되지만 태양은 달을 밝히지 못합니다. 달은 태양의 속에서 빛을 내지 못하고 태양은 달을 불로 태우고 있다는 것을 나는 알아야 합니다.

광명은 흑암 아래의 깊음인 밤(빛이 없는 하늘)으로 들어가 빛을 내지 못하는 달이 되었고 빛은 하나님의 거룩함인 생기(살아 있는 기)로 부활을 하여 불로 자신을 태우는 해가 되었다는 것입니다. 하나님이 광명(육체가 된 빛)을 해(생기로 부활을 한 빛)와 달(생기로 부활을 한 빛의 죽은 육체)로 만든 것은 자신이 흑암 아래의 깊음인 허공(빛이 없는 하늘)에 있다는 것을 숨기려고 나를 미혹한 것임을 나는 마음으로 알아야 한다는 것입니다.

빛이 흑암 아래의 깊음으로 들어가면 아버지의 거룩함은 어디에 있어야 한다는 것인가요?

빛은 하나님의 거룩함인 생기(살아 있는 기)로 있는 불(해)이 되었다는 것입니다. 그러면 빛에게 있던 아버지의 거룩함은 아버지에게 돌아가야 한다는 것일까요?

빛에게서 아버지의 거룩함이 떠난 것은 하나님을 하늘에 있는 아버지로 만들려고 하였기 때문입니다. 빛은 하나님을 하늘에 있는 아버지로 만들려고 하였기에 빛에게 있던 아버지의 거룩함은 아버지에게 돌아가지 못합니다. 빛에게 있던 아버지의 거룩함이 아버지에게 돌아가면 아버지의 집을 하나님이 주인으로 있는 하늘로 만들기에 아버지의 뜻(마음)이 떠난 아버지의 거룩함은 아버지의 집으로 돌아가지 못한다는 것입니다.

내가 숨을 쉬면서 살아 있는 것은 아버지께서 숨결을 주셨기 때문이기에 나에게 있는 아버지의 거룩함은 아버지의 숨결이라는 것입니다. 나의 육체가 숨을 쉬지 못하는 시체가 되어도 아버지의 거룩함이 아버지께 돌아가려면 내가 숨을 쉬면서 살아 있는 영이 되어야 한다는 것입니다. 나는 아버지를 떠난 탕자(아들)이기에 내가 아버지에게 돌아가려면 영을 살리는 일을 하여 아버지의 거룩함이 있는 영인 아버지의 숨결로 숨을 쉬는 영이 되어야 나는 하늘(아버지의 집)로 돌아가게 된다는 것으로 판단해 보시기를 원합니다.

내가 하나님의 마음에 들려고 영을 살리는 일을 하지 않으면 무덤으로 들어가야 하듯이 빛은 다시 빛이 없는 하늘로 들어간 것입니다. 빛이 다시 빛이 없는 하늘로 들어간 것은 하나님의 집(빛이 없는 하늘)이 무덤이라는 것입니다. 그런데 아버지의 거룩함이 빛과 함께 다시 빛이 없는 하늘로 가면 아버지는 불못(둘째 사망)에 있는 죽은 자가 된다는 것으로 계속 말씀드리겠으니 판단해 보시기를 원합니다.

흑암(하늘 위의 물)이 하나님이 있는 하늘의 위에 있음

↓

하나님이 주인으로 있는 하늘은 흑암 아래의 깊음이 됨

↓

빛은 하나님의 거룩함인 생기로 있는 해가 됨 ⇒ 하나님의 거룩함이 빛이면 아버지의 거룩함은 불로 태워져야 함

↓

흑암이 있던 자리에 아버지의 거룩함이 있음 ⇒ 생기로 부활을 한 해(죽은 빛)가 아버지의 거룩함을 불로 태움

↓

아버지의 거룩함이 하늘에서 죽어 있는 것으로 보임 ⇒ 하나님의 거룩함이 아버지의 거룩함을 불로 태우면서 하늘을 밝힘

↓

내가 잠(육체)에서 깨어나지 못하면 나는 죽은 영이 되어야 하는데 하나님이 나를 불로 태우면서 나를 살린다고 한다는 것임

내가 님의 거룩함을 불로 태우면 님은 어떻게 할 것인가요?

내가 님의 거룩함을 불로 태우면 님을 죽이려는 것이기에 님은 나를 보지 않으려고 할 것입니다. 그러면 내가 하나님의 거룩함인 생기로 있는 불이 되어 아버지의 거룩함을 불로 태우면 아버지께서는 나를 찾지 않기에 나는 영원히 나를 불로 태우면서 죽지 못한다는 것을 마음으로 알아야 한다는 것으로 계속 말씀드리겠으니 판단해 보시기를 원합니다.

아버지께서 계신 집은 아버지의 거룩함이 빛으로 있는 하늘이라는 것입니다. 하늘의 주인이 되려는 하나님과 하늘을 불로 태우는 생기(하나님의 거룩함)는 하늘에 있지 못한다는 것입니다. 하늘에서 아버지를 대신하여 주인이 되려는 하나님과 하늘을 불로 태우려고 생기(살아 있는 기)인 불(하나님의 모습)로 있는 자는 결코 하늘로 들어가지 못한다는 것입니다.

아버지의 거룩함은 하나님의 거룩함인 생기가 빛으로 있는 하늘에 있지 않다는 것입니다. 아버지의 거룩함은 하나님의 거룩함인 생기로 부활을 한 해(죽은 빛)가 있는 하늘에 있지 않다는 것입니다. 아버지께서 허공(하늘 위의 물이 있던 자리)을 하늘이라 부르지 않았지만 아버지의 거룩함이 있는 허공(흑암이 있던 자리)은 하늘이 되고 아버지의 거룩함이 떠난 빛은 흑암 아래의 깊음인 허공(하나님의 집)을 밝히는 불(해)이 되었다는 것입니다.

하나님의 거룩함인 생기로 부활을 한 죽은 빛이 무엇인지 나는 알아야 한다는 것입니다. 빛은 빛이 없는 하늘을 밝혔기에 죽은 빛은 빛이 없는 하늘을 밝히지 못하니 자신을 불로 태우면서 낮에 있는 해를 말한다는 것입니다. 그리고 빛을 떠난 아버지의 거룩함은 빛이 없는 하늘에 있어야 하기에 자신을 불로 태우지 않지만 빛을 내는 달과 같으니 나는 아버지의 거룩함이 불이 아니라는 것을 마음으로 알아야 한다는 것으로 계속 말씀드리겠습니다.

빛을 떠난 아버지의 거룩함이 하늘이 된 허공(하늘 위의 물이 있던 자리)에 있기에 생기로 부활을 한 불(죽은 빛)인 해가 땅을 달처럼 만들지 못하는 것임을 나는 알아야 한다는 것입니다. 빛을 떠난 아버지의 거룩함이 생기로 부활을 한 불(죽은 빛)인 해가 땅을 달처럼 만들지 못하게 하고 있는 것은 아버지를 떠난 내가 영을 살리는 일을 하여 하늘(아버지의 집)로 돌아오기를 원하는 아버지의 마음(뜻)을 나에게 나타내신 것으로 판단해 보시기를 원합니다.

성경을 보면 해와 달과 별은 하나님이 아닙니다.

일월성신은 하나님이 아니라는 것입니다. 해와 달과 별이 하나님의 집(빛이 없는 하늘)에서 주인으로 있는 것은 하나님이 자신만 하늘에서 살아 있는 유일한 영이라는 것을 나타내려고 자신을 위하여 만든 것임을 나는 마음으로 알아야 한다는 것입니다.

태양이 유일하게 낮의 하늘에 있는 것과 달이 별들과 함께 밤의 하늘에 있는 것은 하나님이 자신을 위하여 만든 것입니다. 하나님은 자신을 위하여 두 큰 광명을 만들어 자신의 집(빛이 없는 하늘)에 둔 것이기에 나는 해와 달을 보면서 하나님이 하늘에서 어떻게 있는 영인지 마음으로 알려고 하여야 한다는 것입니다.

해가 있는 낮의 하늘은 하나님이 하늘에서 유일한 주인으로 있다는 모습이라는 것입니다. 달이 있는 밤의 하늘은 하나님이 하늘에서 유일하게 거룩하게 있다는 모습이라는 것입니다. 별들과 함께 있는 달은 허공(하늘 위의 물이 있던 자리)에서 아버지의 거룩함으로 빛을 내던 광명이기에 하나님이 하늘에서 유일하게 거룩하게 있다는 모습을 나타낸다는 것입니다.

우주에서 하늘을 태우고 있는 해는 생기(하나님의 거룩함)로 부활을 한 죽은 빛이기에 생기인 하나님이 허공(빛이 없는 하늘)을 태우는 유일한 불이라는 하나님의 모습이라는 것입니다. 별들과 함께 있는 달은 자신만 유일하게 살아 있는 영이라고 말하는 하나님이 거룩하게 있는 모습이기에 달은 허공(빛이 없는 하늘)에서 자신만 유일하게 살아 있는 영으로 있으려는 하나님의 모습이라는 것입니다.

해(죽은 빛)는 하나님이 하늘에서 유일한 빛으로 있다는 모습이지만 하나님이 허공(빛이 없는 하늘)을 밝히는 불이라는 것을 나타낸다는 것입니다. 해(죽은 빛)는 하나님이 하늘에서 유일한 빛으로 있다는 모습이기에 때가 되면 하나님은 자신의 집이 빛의 하늘이라는 것을 나타내려고 영원히 꺼지지 않는 불로 자신과 자신의 집(빛이 없는 하늘)을 불로 태운다는 것입니다.

달(죽은 빛의 육체)은 하나님이 하늘에서 유일하게 거룩하게 있다는 모습이기에 하나님이 허공(빛이 없는 하늘)에서 유일하게 살아 있는 영으로 있다는 것을 나타낸다는 것입니다. 불(죽은 빛)인 해가 밝히고 있는 달(죽은 빛의 육체)은 하나님이 하늘에서 유일하게 거룩하게 있다는 모습이기에 때가 되면 하나님은 허공(빛이 없는 하늘)에서 영원히 꺼지지 않는 불에 자신을 태우면서 살아 있는 영으로 있게 된다는 것으로 계속 말씀드리겠으니 판단해 보시기를 원합니다.

흑암(하늘 위의 물)이 하나님이 있는 태초의 하늘 위에 있음

↓

허공(흑암 아래의 깊음)에 하나님이 만든 두 큰 광명이 있음

↓

해는 아버지의 거룩함으로 빛을 내던 죽은 빛 ⇔ 달은 아버지의 거룩함으로 빛을 내던 죽은 광명(빛의 육체)

허공(빛이 없는 하늘)을 불로 태우면서 유일한 빛으로 있음 ⇔ 별들이 있는 허공(빛이 없는 하늘)에서 유일한 광명으로 있음

↓

하나님이 하늘을 태우는 유일한 불이라는 모습 ⇔ 하나님이 허공(빛이 없는 하늘)에서 유일하게 살아 있다는 모습

↓

때가 되면 하나님은 자신이 아버지가 없는 하늘에서 살아 있는 유일한 영이라는 것을 나타내려고 자신과 자신의 집(태초의 하늘)을 영원히 꺼지지 않는 불로 태운다는 것임

내가 하나님을 유일한 주인으로 섬기면 나의 속에는 하나님이 있기

에 나는 달이 태양의 속으로 들어가는 일식처럼 된다는 것입니다. 나의 속에 하나님이 있으면 나는 불(죽은 빛)의 속으로 들어가 나를 불로 태우면서 하나님이 빛의 하늘에 있다는 것을 나타내야 한다는 것입니다.

내가 하나님의 품으로 들어가면 나는 하나님의 거룩함에 있어야 하기에 땅이 달의 속으로 들어가는 월식처럼 된다는 것입니다. 내가 하나님의 품에 있으면 나는 허공(빛이 없는 하늘)에 있는 죽은 영이 되어야 한다는 것입니다. 내가 하나님의 품에 있으면 나는 허공(빛이 없는 하늘)에서 죽은 영으로 있어야 하지만 때가 되면 해가 달을 밝히고 있듯이 영원히 꺼지지 않는 하나님의 불로 나를 태워야 한다는 것으로 계속 말씀드리겠습니다.

하나님은 어떻게 별들을 만든 것일까요? 하나님이 한 사람을 만들고 남자와 여자로 나눈 것입니다.

하나님의 하늘에 있던 하나의 빛 ⇒ 동산에 있던 한 사람

↓

빛을 빛과 어둠으로 나눔 ⇒ 한 사람을 남자와 여자로 나눔

빛과 어둠이 저녁과 아침이 됨 ⇒ 남자와 여자가 하나가 됨

↓

남자와 여자가 동산을 떠나 아들과 딸을 만듦 ⇒ 빛과 어둠이 하늘(저녁과 아침)을 떠났기에 광명들이 생겼다는 것임

3. 저녁이 되며 아침이 되니 이는 넷째 날이니라

아버지께서 하늘과 땅에서 하신 일은 아버지를 떠난 나에게 아버지가 있는 하늘의 모습을 나타내려는 아버지의 뜻(마음)이 계신 것입니니

다. 그러나 자신만 하늘에서 살아 있는 유일한 영이라고 말하는 하나님은 하나님의 모습이 되려는 빛과 연합하여 자신의 거룩함인 생기를 빛으로 만들려고 일한 것입니다.

빛은 하늘(아버지의 집)을 떠나 하나님의 집(빛이 없는 하늘)을 빛의 하늘로 만든 것입니다. 그리고 빛은 하나님의 집(태초의 하늘)을 떠나 물 가운데 하늘을 낮(하나님의 집)으로 만든 것입니다. 그런데 빛은 하나님을 대신하여 하늘을 낮으로 만들었기에 하나님의 모습으로 있는 불(해)이 된 것입니다. 아버지를 떠난 내가 영을 살리는 일을 하지 않으면 나는 나를 불로 태우는 해(하나님의 모습)가 된다는 것으로 계속 말씀드리겠습니다.

빛은 하나님의 모습이 되었지만 자신을 불로 태우는 해가 되었으니 죽어서도 쉬지 못하고 일하고 있다는 것입니다. 빛은 하나님의 모습이 되었지만 하나님을 낮의 주인으로 있지 못하게 하는 해(죽은 빛)가 되었으니 때가 되면 하나님에게 죽임을 당하여 영원한 사망에 있게 된다는 것으로 계속 말씀드리겠습니다.

빛은 하늘을 밝히는 하나님의 모습이 되었지만 불(해)이 되었다는 것입니다. 그러면 하나님은 빛이 아니라 이글거리는 불(죽은 빛)이라는 것입니다. 그리고 하나님은 자신이 빛의 하늘에서 살아 있는 유일한 영이라고 말하기에 때가 되면 하나님은 자신을 영원히 꺼지지 않는 불로 태우면서 자신의 집을 불못(둘째 사망)으로 만든다는 것입니다. 내가 하늘을 밝히는 빛이 되면 나는 하나님의 모습인 해처럼 나를 불로 태우면서 불못(둘째 사망)으로 들어가야 한다는 것을 마음으로 알아야 한다는 것으로 계속 말씀드리겠으니 판단해 보시기를 원합니다.

•

1:20 하나님이 가라사대 물들은 생물로 번성하게 하라 땅 위 하늘의 궁창에는 새가 날으라 하시고 21 하나님이 큰 물고기와 물에서 번성하여 움직이는 모든 생물을 그 종류대로, 날개 있는 모든 새를 그 종류대로 창조하시니 하나님이 보시기에 좋았더라 22 하나님이 그들에게 복을 주어 가라사대 생육하고 번성하여 여러 바닷물에 충만하라 새들도 땅에 번성하라 하시니라 23 저녁이 되며 아침이 되니 이는 다섯째 날이니라

물들에 있는 생물과 허공에 있는 새는 육체라는 것입니다. 하나님은 물들에 있는 육체를 만들고 바닷물에 충만하라고 말한 것입니다. 그러면 하나님이 물들에 만든 육체는 바다(하늘 아래의 물)인 흑암에 있는 육체라는 것으로 판단해 보시기를 원합니다.

하나님은 자신만 유일한 영이라고 말하기에 하나님이 만든 생물과 새들은 육체이지 영이 아니라는 것입니다. 그리고 하나님은 자신만 유일하게 살아 있는 영이라고 말하기에 하나님이 만든 생물과 새들은 살아 있는 육체로 있는 죽은 영이라는 것입니다.

생물과 새들은 살아 있는 육체로 있는 죽은 영이라는 것입니다. 육체가 아니라 영을 살리는 일을 하라고 한 것은 나에게 "너는 살아 있는 육체로 있는 죽은 영이다"고 말한 것입니다. 내가 살아 있는 육체를 살리려고 하면 헛된 일이지만 내가 죽은 영을 살리려고 하면 나는 헛된 일을 하는 것이 아니라는 것입니다. 나에게 육체가 아니라 영을 살리는 일을 하라고 한 것은 내가 헛된 일을 하고 있기 때문이라는 것으로 판단해 보시기를 원합니다.

1. 하나님이 가라사대 물들은 생물로 번성하게 하라 땅 위 하늘의 궁창에는 새가 날으라 하시고

땅 위 하늘의 허공이라고 말한 것입니다. 땅 위 하늘의 허공은 땅의 위에 있는 허공이라는 것이기에 땅과 하늘의 사이에 있는 허공이라는 것입니다. 그런데 땅은 물 가운데 하늘 아래에 있고 땅의 위에는 물 가운데 하늘이 있으니 땅 위 하늘의 허공이란 물 가운데 하늘을 말하는 것입니다.

하늘이 허공이 되려면 빛이 없어야 한다는 것입니다. 물 가운데 하늘은 빛이 없기에 허공이 되었지만 허공(하늘 위의 물이 있던 자리)에는 빛이 없지만 아버지의 거룩함이 있기에 하늘이 되었다는 것입니다. 그리고 물 가운데 하늘에는 하나님의 거룩함인 생기(살아 있는 기)가 있지만 허공이 되었다는 것으로 판단해 보시기를 원합니다.

흑암(하늘 위의 물)이 하나님이 있는 태초의 하늘 위에 있음

↓

하나님이 있던 밤(빛이 없는 하늘) ⇒ 해와 달, 별이 있음

하나님은 저녁과 아침에 있음 ⇒ 낮과 밤에 있지 않으려고 함

하나님이 있던 낮(빛이 있던 하늘) ⇒ 빛이 떠남

↓

허공(하늘 위의 물이 있던 자리) ⇒ 빛이 없지만 아버지의

⇣ 거룩함이 있기에 허공에서 하늘이 됨

허공(하늘 아래 물이 있던 자리)이 물 가운데 하늘이 됨 ⇒

⇣ 빛이 없고 생기가 있지만 허공이 됨

땅과 바다(하늘 아래의 물)가 있음 ⇒ 물 가운데 하늘이 땅과 하늘(하늘 위의 물이 있던 자리)의 사이에 있는 허공이 됨

물은 하나님이 빛이 없는 하늘에 있다는 것을 숨기려고 흑암이 되었다는 것입니다. 그리고 빛이 있게 되었으니 물은 흑암(하나님이 빛이 없는 하늘에 있다는 것을 숨김)에서 하나님이 빛의 하늘에서 아버지로 있다는 모습이 되었다는 것입니다.

아버지는 아버지가 없기에 빛이 없는 하늘과 땅을 만듦

↓

아버지가 없기에 빛이 없는 하늘에 하나님이 주인으로 있음

↓

하늘에 빛이 없음 → 빛이 있게 됨 → 빛이 하늘을 떠남

↓

물은 흑암이 됨 → 흑암에서 물이 됨 → 물에서 바다(흑암)가 됨

↓

하나님이 빛이 없는 하늘에 있음을 숨김 → 하나님이 빛의 하늘에 있다는 모습이 됨 → 하나님이 하늘을 떠났기에 하늘에 빛이 없게 되었다는 모습이 됨

↓

물에는 하나님의 모습이 있음 → 물에는 하나님이 없음

하나님의 아들이 하나님을 대신하여 낮의 주인으로 있음 → 하나님의 아들은 낮이 아니라 흑암에 있다는 것임

물에는 하나님이 없지만 하나님의 모습이 있다는 것입니다.

물은 하나님이 빛이 있게 된 하늘에서 아버지로 있다는 모습을 나타냈다는 것입니다. 물에는 하나님이 없지만 하나님의 모습이 하나님으로 있다는 것입니다. 물에는 하나님이 없지만 하나님의 모습이 하나님을 대신하여 하나님으로 있다는 것입니다.

나는 하나님이 낮의 하늘에 있는 것을 보지 못한다는 것입니다. 그러나 해(하나님의 모습)가 낮의 하늘에서 하나님을 대신하여 하나님으로 있다는 것입니다. 그러면 해(하나님의 모습)가 하나님을 대신하여 낮의 하늘에서 하나님으로 있기에 나는 하나님을 빛의 하늘에 있는 아버지로 믿고 있는 것임을 마음으로 알아야 한다는 것으로 판단해 보시기를 원합니다.

하나님의 모습은 하나님의 아들이라는 것입니다. 그런데 하나님은 아버지의 모습이기에 하나님의 아들은 아버지의 모습이 된다는 것입니다. 그리고 하나님의 아들이 아버지의 모습이면 하나님의 아들은 아버지의 아들이 되어야 하고 하나님은 아버지가 된다는 것입니다.

그러나 하나님의 아들은 아버지의 아들이 아니라는 것입니다. 하나님의 아들은 아버지의 아들이 아니기에 아버지의 모습이 아니라 하나님의 모습이라는 것입니다. 하나님의 아들이 하나님의 모습이기에 아버지의 모습이 아니라면 하나님은 아버지의 모습이 아니라는 것입니다. 그러면 하나님은 아버지의 모습으로 있었지만 아버지가 없는 하늘에서 아버지가 되려고 하였기에 아버지의 모습이 아닌 영이 되었다는 것입니다.

나는 아버지를 떠난 탕자(아들)이기에 아버지의 모습으로 있었다는 것입니다. 나는 아버지의 모습으로 있는 영이지만 아버지를 떠나 육체(하나님의 형상)가 되었듯이 하나님도 아버지의 모습으로 있었지만 아버지를 떠나 아버지의 형상이 되었다는 것으로 계속 말씀드리겠으니 판단해 보시기를 원합니다.

생물과 새들에게 무엇을 먹으라고 말하지 않았다는 것입니다.

하나님은 육체(생물과 새들)를 만들었지만 땅에 동산을 만들지 않았다는 것입니다. 하나님이 동산을 만들지 않았으니 생물과 새들은 생명나무의 열매를 먹지 않아도 살아 있는 육체로 있었다는 것입니다. 그리고 생물과 새들은 선악을 알게 하는 나무의 열매를 먹지 않으니 죽지 않는 육체로 있었다는 것입니다.

물에는 하나님의 모습이 있다는 것입니다. 물들에 있는 생물은 하나님의 모습으로 있는 육체가 된다는 것입니다. 그리고 물에는 하나님의 모습이 하나님으로 있으니 물들에 있는 생물은 하나님의 모습을 주인(하나님)으로 섬기는 육체라는 것입니다. 그러면 물들에 있는 생물은 어둠(밤)에서 불(죽은 빛)인 해(하나님의 모습)를 주인(하나님)으로 섬기는 육체라는 것입니다.

물은 하나님과 생기(하나님의 거룩함)가 없는 흑암(바다)이라는 것입니다. 물들에 있는 생물은 하나님과 생기(하나님의 거룩함)가 없는 흑암에 있지만 자신은 어둠에 있지 않다고 말한다는 것입니다. 물들에 있는 생물은 하나님과 생기(하나님의 거룩함)가 없는 흑암에서 불(죽은 빛)인 해(하나님의 모습)를 주인(하나님)으로 섬기면서 자신은 어둠에 있지 않고 빛에 있다고 말하는 육체라는 것으로 판단해 보시기를 원합니다.

물들에 있는 생물은 불(죽은 빛)인 해(하나님의 모습)를 주인(하나님)으로 섬기면서 자신은 빛에서 죽지 않는 육체로 있다고 말하는 자들이라는 것입니다. 그러면 내가 빛에서 죽지 않는 육체로 있을 것이라고 말하면 나는 불(죽은 빛)인 해(하나님의 모습)를 주인(하나님)으로 섬기면서 하나님을 멸시하는 육체가 된다는 것으로 계속 말씀드리겠으니 판단해 보시기를 원합니다.

땅과 하늘 사이의 허공은 물 가운데 하늘이라는 것입니다.

허공(물 가운데 하늘)에는 빛이 있었다는 것입니다. 빛은 허공(물 가운데 하늘)을 하나님을 대신하여 낮(빛의 하늘)으로 만든 것입니다. 빛은 하나님이 없는 허공(물 가운데 하늘)을 낮(빛의 하늘)으로 만들면서 하나님을 대신하여 하나님으로 있었기에 하나님의 모습이 된 것입니다.

그리고 허공(물 가운데 하늘)에 새들이 있다는 것입니다. 허공(물 가운데 하늘)에는 빛이 없지만 생기(하나님의 거룩함)가 있다는 것입니다. 그러면 허공(물 가운데 하늘)에 있는 새들은 빛을 대신하여 생기로 있는 육체(하나님의 모습)가 된다는 것입니다.

새들은 빛을 대신하여 허공(물 가운데 하늘)을 낮으로 만들면서 생기로 있는 육체(하나님의 모습)가 된다는 것입니다. 새들은 빛을 대신하여 육체로 있는 하나님의 모습이기에 육체가 된 하나님의 아들이라는 것입니다. 그리고 새들은 빛을 대신하여 있는 육체(하나님의 모습)이기에 빛을 주인(하나님)으로 섬기는 육체(하나님의 아들)라는 것입니다.

그런데 하나님의 거룩함을 나타내는 광명은 달(죽은 빛의 육체)이라는 것입니다. 그리고 허공(물 가운데 하늘)에 있는 새들은 생기(하나님의 거룩함)로 있는 육체라는 것입니다. 그러면 허공(물 가운데 하늘)에 있는 새들은 생기(하나님의 거룩함)로 있는 육체이기에 하나님의 거룩함이 있는 광명(죽은 빛의 육체)이 되려고 한다는 것입니다.

허공(물 가운데 하늘)에 있는 새들은 빛을 주인(하나님)으로 섬기면서 하나님의 거룩함을 나타내는 달(죽은 빛의 육체)이 되려는 육체라는 것입니다. 허공(물 가운데 하늘)에 있는 새들은 하나님의 거룩함이 있는 광명(죽은 빛의 육체)이 되려는 자들이기에 자신을 별이라고 말한다는 것입니다.

땅의 허공에 있는 새들은 밤에 있는 별들을 말한다는 것입니다. 새들은 밤에 있지만 자신은 어둠을 밝히는 빛이라고 말하는 육체라는 것입니다. 새들은 빛을 주인(하나님)으로 섬기면서 자신은 어둠을 밝히는 빛이기에 낮에 있다고 말하는 육체라는 것입니다.

새들은 빛을 주인(하나님)으로 섬기면서 자신은 낮에서 죽지 않는 육체로 있다고 말하는 자들이라는 것입니다. 그러면 내가 낮에서 죽지 않는 육체로 있을 것이라고 말하면 나는 빛을 주인(하나님)으로 섬기면서 하나님을 멸시하기에 하나님의 불에 태워지는 육체가 되어야 한다는 것으로 계속 말씀드리겠으니 판단해 보시기를 원합니다.

물에 있는 생물 ⇒ 허공에 있는 새

↓

물에는 하나님의 모습이 있음 ⇒ 허공에는 빛이 있었음

하나님의 모습이 하나님으로 있음 ⇒ 빛이 하나님으로 있음

생기(하나님의 거룩함)가 없음 ⇒ 생기(살아 있는 기)가 있음

하나님과 생기가 없는 흑암에서 죽지 않는 육체 ⇒ 하나님이 없지만 생기가 있는 낮에서 죽지 않는 육체로 있음

↓

하나님과 생기가 없는 육체는 하나님의 모습이기에 빛에 있다고 말함 ⇒ 하나님이 없지만 생기가 있는 육체는 하나님의 아들이기에 낮에 있다고 말한다는 것임

↓

흑암에 있는 하나님의 모습이기에 자신을 불로 태우는 ⇒ 하나님을 대신하여 낮에 있는 하나님의 아들이기에 자신을

달(죽은 빛의 육체)이 됨　　　불에 태우는 해(죽은 빛)가 됨

하나님을 대신하여 주인 노릇을 하는 자들이 있기에 하나님은 자신의 집에서 주인으로 있지 못한다고 말합니다.

하나님은 저녁과 아침에 있다는 것입니다. 하나님은 자신이 빛이 없는 하늘에 있는 것을 숨기려고 저녁과 아침에 있는 것입니다. 그런데 하나님이 저녁과 아침에 숨어 있으려면 하나님을 낮과 밤의 주인으로 있지 못하게 하려고 일하는 자들이 있어야 한다는 것입니다. 그러면 하나님을 대신하여 낮과 밤에서 주인 노릇을 하는 자들이 있어야 하나님은 자신을 멸시하는 자들로 인하여 낮과 밤에 있지 못한다고 말하면서 자신이 빛의 하늘에 있다는 것을 나타내는 일을 하게 된다는 것으로 판단해 보시기를 원합니다.

흑암(하늘 위의 물)이 하나님이 있는 태초의 하늘 위에 있음

↓

태초의 하늘 ⇒ 하나님(빛의 영)과 해와 달과 별들이 있음

↓

하늘 위의 물이 있던 자리 ⇒ 아버지의 거룩함이 있음

↓

허공(물 가운데 하늘)에 있는 육체 ⇒ 생기(하나님의 거룩함)가 있는 자가 해처럼 있으면서 하나님을 낮에 있지 못하게 함

↓

물(바다)에 있는 육체 ⇒ 생기(하나님의 거룩함)가 없는 자가 달처럼 있으면서 하나님을 밤에 있지 못하게 함

빛으로 있는 자들은 어디에 있어야 한다는 것일까요? 빛은 빛이 없는 하늘에 있어야 한다는 것입니다. 빛은 빛이 없는 하늘에 있어야

하기에 빛으로 있는 자들은 빛이 없는 태초의 하늘에 있어야 한다는 것입니다. 빛으로 있는 자들은 하나님을 빛이 없는 태초의 하늘에 있지 못하게 하기에 하나님을 하늘(아버지의 집)에 있게 하려는 자가 된다는 것으로 판단해 보시기를 원합니다.

물과 허공에서 말하면 나는 무슨 말인지 모른다는 것입니다.

허공에서 죽지 않는 육체로 있는 자들은 하나님을 낮의 주인으로 있지 못하게 한다는 것입니다. 물에서 죽지 않는 육체로 있는 자들은 하나님을 밤의 주인으로 있지 못하게 한다는 것입니다.

그런데 나는 허공에 있는 새와 물고기가 무슨 말을 하는지 모른다는 것입니다. 하나님의 아들로 있는 자가 허공에서 나를 죽이려고 하나님을 멸시하는 말을 하고 있지만 나는 그 말을 듣고도 무슨 말인지 모른다는 것입니다. 그리고 하나님의 모습으로 있는 자가 나를 죽이려고 하나님을 멸시하는 말을 하고 있지만 나는 듣지 않으려고 한다는 것입니다.

물에 있는 자(육체) ⇔ 허공에 있는 자(육체)

↓

하나님의 모습이지만 ⇔ 생기가 있기에 하나님의 아들로
생기가 없는 육체임 있는 육체

생기가 없지만 거룩한 ⇔ 생기로 있는 하나님의 아들이기에
하나님의 모습이기에 부활을 하여 다시 죽지 않는다고
죽지 않는다고 말함 말함

거룩한 하나님의 모습이 되 ⇔ 하나님의 집을 밝히는 빛이
어야 죽지 않는다고 말함 되어야 죽지 않는다고 말함

달(죽은 빛의 육체)처럼 되 ⇔ 해(죽은 빛)처럼 되어 하나님

어 하나님을 밤의 주인으로 있지 못하게 하라는 것임		을 낮의 주인으로 있지 못하게 하라는 것임
나를 죽이려고 악한 말을 하지만 나는 그 말을 악한 말로 듣지 않고 있다는 것임	⇔	나를 죽이려고 악한 말을 하지만 나는 악한 말이라는 것을 모르고 있다는 것임

죽지 않는 육체가 되라고 말하면 육체를 살리라는 것입니다. 죽지 않는 육체가 되라는 것은 육체를 살리면서 영을 죽이라는 달콤한 말이라는 것입니다. 그리고 나에게 빛이 되라는 것은 해처럼 하나님의 집을 밝히는 불이 되라는 달콤한 말이지만 나는 그 말을 듣고도 무슨 말인지 마음으로 알려고 하는 것을 싫어한다는 것으로 판단해 보시기를 원합니다.

2. 하나님은 큰 물고기와 물에서 번성하여 움직이는 모든 생물과 그 종류대로 날개 있는 모든 새를 그 종류대로 창조하고 보기에 좋았다고 말한 것입니다.

아버지의 집은 아버지의 거룩함이 빛으로 있는 하늘이라는 것입니다. 아버지께서는 빛이 있는 하늘에 있는 것이 아니라 아버지의 거룩함으로 밝히고 있는 하늘에 있다는 것입니다.

하나님은 낮과 밤의 가운데인 저녁과 아침에 있다는 것입니다. 아버지의 집이 낮(빛이 있는 하늘)이면 빛이 없는 하늘은 밤이라는 것입니다. 아버지의 집이 낮이고 빛이 없는 하늘이 밤이면 하나님은 낮(아버지의 집)과 밤(태초의 하늘)의 가운데인 저녁과 아침에 있는 것입니다. 하나님이 낮(아버지의 집)과 밤(태초의 하늘)의 가운데인 저녁과 아침에 있으면 하늘(아버지의 집)로 들어가는 문에 있는 것입니다.

하나님은 하늘(아버지의 집)로 들어가는 문에 숨어 있는 것입니다. 하나님은 몰래 하늘(아버지의 집)로 들어가 하늘(아버지의 집)을 도적질하려는 것입니다. 하나님은 몰래 하늘(아버지의 집)로 들어가 하늘(아버지의 집)에서 자신만 유일하게 살아 있는 영으로 있으려는 것입니다. 그러면 아버지께서는 하늘(아버지의 집)로 몰래 들어와 유일하게 살아 있는 영으로 있으려는 하나님을 들어오지 못하게 하여야 하기에 지금도 일하시고 계신 것으로 판단해 보시기를 원합니다.

아버지께서 문을 지키고 있기에 하나님은 하늘(아버지의 집)로 들어가지 못한다는 것입니다. 하나님은 하늘(아버지의 집)로 들어가지 못하기에 허공(빛이 없는 하늘)에서 유일하게 살아 있는 영으로 있다는 것입니다. 하나님은 하늘(아버지의 집)로 들어가지 못하기에 때가 되면 허공(빛이 떠난 하늘)에서 유일한 불로 있게 된다는 것으로 계속 말씀드리겠습니다.

아버지께서는 숨을 쉬면서 살아 계신 분이기에 하늘(아버지의 집)에는 숨을 쉬면서 살아 있는 영만 있다는 것입니다. 하늘(아버지의 집)에는 숨을 쉬는 영만 있기에 내가 하늘(아버지의 집)로 들어가려면 나는 숨을 쉬면서 살아 있는 영이 되어야 한다는 것입니다. 하늘(아버지의 집)에는 숨을 쉬는 영만 있기에 내가 하늘(아버지의 집)로 들어가려면 나는 육체가 아니라 영을 살리는 일을 하여야 한다는 것으로 판단해 보시기를 원합니다.

하늘(아버지의 집)로 들어가지 못하는 하나님이 하늘(아버지의 집)로 들어가는 문의 앞에 있다는 것입니다.

하늘(아버지의 집)로 들어가지 못하는 하나님이 하늘(아버지의 집)로 들어가는 문을 지키고 있다는 것입니다. 하늘(아버지의 집)로 들어가지 못하는 하나님이 하늘(아버지의 집)로 들어가는 문을 지키면 내가 하늘(아버지의 집)로 들어가는 것을 막고 있는 것입니다.

자신만 하늘에서 살아 있는 유일한 영이라고 말하는 하나님이 하늘(아버지의 집)로 들어가는 문을 지키고 있다는 것입니다. 하나님이 하늘(아버지의 집)로 들어가는 문을 지키고 있으면 내가 영을 살리는 일을 하여 하늘(아버지의 집)로 들어가는 것을 막고 있는 것입니다. 자신만 하늘에서 살아 있는 유일한 영이라고 말하는 하나님이 하늘(아버지의 집)로 들어가는 문을 지키면 나에게 영을 죽이는 일을 하라는 것입니다.

하나님이 하늘(아버지의 집)로 들어가는 문을 지키면 내가 영을 살리는 일을 하지 않아야 하늘(아버지의 집)로 들어가는 문을 막지 않겠다는 것입니다. 내가 영을 살리는 일을 하지 않아야 하나님이 하늘(아버지의 집)로 들어가는 문을 막지 않는다는 것은 내가 죽은 영이 되어야 문을 막지 않겠다는 것입니다. 내가 죽은 영이 되어야 하나님이 하늘(아버지의 집)로 들어가는 문을 막지 않는다는 것은 하늘(아버지의 집)을 무덤으로 만들려는 것입니다.

하나님은 자신만 하늘에서 살아 있는 유일한 영이라고 말하기에 내가 죽은 영이 되어야 나를 하늘(아버지의 집)로 들어가게 한다는 것입니다. 죽은 영인 내가 하늘(아버지의 집)로 들어가면 하나님은 하늘(아버지의 집)에서 유일하게 살아 있는 영으로 있게 된다는 것입니다. 그러면 내가 영을 살리는 일을 하지 않으면 하늘(아버지의 집)을 하나님의 집으로 만들려는 것이기에 아버지께서는 결코 나에게 하늘(아버지의 집)로 들어가는 문을 열어주지 않는다는 것으로 판단해 보시기를 원합니다.

큰 물고기는 몸과 입이 큰 것입니다.

큰 물고기는 몸과 입이 크기에 큰 말과 큰 일을 한다는 것입니다. 큰 물고기는 자신은 거룩한 하나님의 모습이기에 죽지 않는 육체라고 하나님을 멸시하는 큰 말을 하는 자라는 것입니다. 큰 물고기는 하나님의 집에서 죽지 않는 거룩한 육체로 있으려고 하나님을 멸시하는 큰 일을 하는 자라는 것으로 판단해 보시기를 원합니다.

그런데 하나님은 물에 큰 물고기를 만들었지만 허공에는 큰 새를 만들지 않았다는 것입니다. 물에 있는 자는 생기가 없지만 자신을 가리켜 거룩한 하나님의 모습이라 말하고 허공에 있는 자는 생기가 있기에 자신을 가리켜 빛(하나님의 아들)이라고 말한다는 것입니다. 그러면 하나님이 큰 물고기를 만들었다는 것은 생기가 없는 육체를 생기가 있는 육체보다 하나님을 더 멸시하는 자로 만든 것으로 판단해 보시기를 원합니다.

그러나 하나님은 물과 허공에 있는 육체들을 만들고 무엇을 먹으라고 말하지 않았다는 것입니다. 물과 허공에 있는 육체들은 선악을 알게 하는 나무의 열매를 먹지 않았기에 죽지 않는 육체라는 것입니다. 그러면 하나님은 생기가 있는 하나님의 아들과 생기가 없는 하나님의 모습을 죽지 않는 육체로 만든 것입니다.

하나님이 생기가 있는 하나님의 아들과 생기가 없는 하나님의 모습을 죽지 않는 육체로 만든 것은 자신만 유일한 영이라는 것을 나타낸 것입니다. 그러면 육체가 된 하나님의 아들과 하나님의 모습들은 하나님을 멸시하는 말과 일을 하더라도 하나님에게 죽임을 당하지 않기에 하나님의 영광을 위하여 하나님을 멸시하는 악한 말과 일을 하는 것으로 판단해 보시기를 원합니다.

하나님이 물에서 번성하여 움직이는 모든 생물을 그 종류대로 날개 있는 모든 새를 그 종류대로 창조하였다고 말한 것입니다.

하나님이 창조를 하였다는 것은 허공과 물에 없던 것을 새로이 만들었다는 것입니다. 하나님은 자신만 유일한 영이라는 것을 나타내려고 허공과 물에 없던 육체들을 만든 것입니다. 그리고 하나님은 자신만 살아 있는 영이라는 것을 나타내려고 없던 육체(죽은 영)들을 만든 것이기에 그 육체(죽은 영)들이 하나님을 멸시하더라도 하나님이 보기에 좋았다는 것으로 판단해 보시기를 원합니다.

그리고 하나님은 자신이 하늘의 주인이라는 것을 나타내려고 육체(죽은 영)를 만든 것입니다. 육체(죽은 영)는 생기(하나님의 거룩함)를 불이 아니라 빛이라고 한다는 것입니다. 육체(죽은 영)는 하나님을 하늘의 주인으로 섬기는 종이기에 주인(하나님)이 빛의 하늘에서 살아 있는 유일한 영이라고 한다는 것입니다.

하나님은 하나님의 모습으로 있는 육체(죽은 영)와 하나님의 아들로 있는 육체(죽은 영)를 만들고 자신의 마음에 들었다고 말한 것입니다. 그러면 하나님이 육체(죽은 영)가 된 하나님의 모습과 육체(죽은 영)가 된 하나님의 아들을 만들고 자신의 마음에 들었다는 말한 것은 자신만 유일하게 살아 있는 영이라는 것을 나타냈기 때문이라는 것으로 계속 말씀드리겠습니다.

자신만 유일하게 살아 있는 영이라고 말하는 하나님이 보기에 좋다는 것은 나의 영을 살리려고 일하시는 아버지가 보기에 좋은 것이 아니라는 것입니다. 내가 죽지 않는 육체(죽은 영)로 있으면 나는 하나님을 하늘에서 살아 있는 유일한 영으로 섬기면서 하늘(아버지의 집)로 들어가지 못하기에 아버지가 보기에 좋은 것이 아니라는 것으로 계속 말씀드리겠습니다.

내가 죽지 않는 육체면 나는 좋은데 아버지가 왜 좋아하지 않는 것이냐고 할 것입니다. 그런데 내가 숨을 쉬는 영이 되면 나는 하늘(아버지의 집)을 밝히는 일을 하지 않아도 된다는 것입니다. 그리고 아버지께서는 내가 자신의 집에서 살아 있기만 하여도 좋아하시는 분이라는 것으로 계속 말씀드리겠습니다.

내가 하늘(아버지의 집)에 있지 못하면 나는 해처럼 하나님의 집(빛이 없는 하늘)을 밝히려고 영원히 꺼지지 않는 불에 나를 태워야 한다는 것입니다. 내가 영을 살리는 일을 하지 않으면 나는 영원히 꺼지지 않는 불에 태워지면서 허공(하나님의 집)을 밝혀야 하기에 나는 내가 살아 있는 것을 저주하게 된다는 것입니다. 내가 영을 살리는 일을 하지 않으면 나는 영원히 꺼지지 않는 불에 태워지면서 허공(하나님의 집)을 밝혀야 하기에 나는 죽기를 원하지만 아버지는 죽이는 일을 하지 않기에 나의 말을 듣지 않는다는 것으로 판단해 보시기를 원합니다.

3. 하나님이 그들에게 복을 주어 가라사대 생육하고 번성하여 여러 바닷물에 충만하라 새들도 땅에 번성하라 하시니라

물에 있는 자들은 거룩한 하나님의 모습이기에 죽지 않는 육체(죽은 영)로 있다는 것입니다. 하나님은 하나님의 모습이기에 죽지 않는 육체(죽은 영)에게 너는 바다에 있다고 말한 것입니다. 그러면 하나님은 하나님의 모습으로 있는 육체(죽은 영)에게 너는 흑암에 있다고 말한 것이기에 자신이 흑암에 있다는 것을 증거한 것임을 나는 마음으로 알아야 한다는 것입니다.

빛은 허공(물 가운데 하늘)을 하나님이 없는 낮(하나님의 집)으로 만든 것입니다. 허공(물 가운데 하늘)은 하나님이 없지만 생기가 낮(하나님의 집)으로 만들고 있다는 것입니다. 허공에 있는 자들은 하나님이 없지만 생기가 낮으로 있는 하나님의 집에 있다는 것입니다. 허공에 있는 자들은 하나님이 없지만 생기가 낮으로 있는 하나님의 집에 있는 하나님의 아들이라는 것입니다.

허공에 있는 자들은 하나님이 없는 낮(하나님의 집)에서 생기로 있는 하나님의 아들이라는 것입니다. 허공에 있는 자들은 하나님이 없는 낮(하나님의 집)에서 살아 있는 기로 있는 하나님의 아들이지만 죽지 않는 육체로 있다는 것입니다.

그런데 하나님이 육체가 된 하나님의 아들들을 허공에 둔 것입니다. 하나님이 육체가 된 하나님의 아들들을 허공에 둔 것은 자신이 하늘이 아니라 허공에 있다는 것을 증거한 것입니다. 그리고 하나님은 하늘이 아니라 허공(빛이 없는 태초의 하늘)에 있기에 내가 하나님의 아들(모습)이 되면 나는 결코 하늘(아버지의 집)로 들어가지 못한다는 것을 마음으로 알아야 한다는 것으로 계속 말씀드리겠으니 판단해 보시기를 원합니다.

하나님의 모습으로 있는 육체 ⇒ 하나님의 아들로 있는 육체

↓

흑암(하나님의 모습이 있음) ⇒ 허공(하나님의 아들이 있음)

하나님의 모습은 빛의 하늘이 아니라 흑암에 있음 ⇒ 하나님의 아들은 하늘이 아니라 허공에 있음

하나님은 빛의 하늘이 아니라 흑암에 있다는 것임 ⇔ 하나님은 하늘이 아니라 허공(흑암 아래의 깊음)에 있다는 것임

↓

때가 되면 하나님은 흑암을 밝히는 유일한 불로 있게 된다는 것임	⇒	때가 되면 하나님은 허공(흑암 아래의 깊음)에서 유일하게 살아 있는 영으로 있게 된다는 것임

하나님은 물에 있는 생물에게 바닷물에 충만하고 허공에 있는 새들에게 땅에서 번성하라고 말한 것입니다. 하나님이 생육하고 번성하라고 말한 것은 새끼를 많이 낳아 번성하라는 복을 준 것입니다. 하나님은 새끼를 많이 낳아 육체로 번성하라는 복을 준 것이기에 하나님이 준 복은 육체에 속한 것이지 영에 속한 것이 아니라는 것으로 판단해 보시기를 원합니다.

하나님은 육체(죽은 영)가 된 하나님의 모습과 하나님의 아들에게 "너희는 자녀를 많이 낳아 번성하라"고 복을 준 것입니다. 하나님이 육체(죽은 영)가 된 하나님의 모습과 하나님의 아들에게 자녀를 많이 낳아 번성하라고 복을 준 것은 자신만 유일하게 살아 있는 영으로 있겠다는 것이기에 "때가 되면 살아 있는 육체(죽은 영)를 죽이겠다"고 한 것으로 계속 말씀드리겠습니다.

하나님은 나에게 복을 주면서 육체(죽은 영)로 살라고 한 것입니다. 내가 영을 살리는 일을 하지 않으면 나는 살아 있는 육체(죽은 영)로 있는 것이기에 하나님이 준 복을 받은 것입니다. 내가 영을 살리는 일을 하지 않으면 나는 하나님이 준 복을 받고 하나님을 유일하게 살아 있는 영으로 섬기면서 살아 있는 육체(죽은 영)가 되어야 한다는 것으로 계속 말씀드리겠으니 판단해 보시기를 원합니다.

4. 저녁이 되며 아침이 되니 이는 다섯째 날이니라

저녁과 아침이 되었다는 것은 하나님이 자신만 유일하게 살아 있는 영이라는 것을 나타내는 일을 하였다는 것입니다. 하나님은 허공(하나님이 없지만 하나님의 아들이 있음)과 흑암(바다)인 물(하나님이 없지만 하나님의 모습이 있음)에 죽지 않는 육체(죽은 영)를 만든 것입니다. 하나님은 죽지 않는 육체(죽은 영)를 만들고 하나님이 없는 하나님의 집에서 하나님을 대신하여 주인(살아 있는 영)노릇을 하라고 시킨 것으로 계속 말씀드리겠습니다.

하나님은 죽지 않는 육체(죽은 영)를 만들고 하나님을 대신하여 주인(살아 있는 영) 노릇을 하면서 하나님을 유일하게 살아 있는 영으로 있지 못하게 하라고 시킨 것입니다. 하나님은 죽지 않는 육체(죽은 영)를 만들고 하나님을 대신하여 주인(살아 있는 영) 노릇을 하면서 하나님이 유일하게 살아 있는 영이라는 것을 나타내라고 시킨 것입니다. 그러면 하늘(아버지의 집)에 있지 못하는 하나님이 죽지 않는 육체(죽은 영)를 만들고 하나님을 대신하여 살아 있는 영으로 있으라고 시킨 것은 하나님을 하늘(아버지의 집)의 주인으로 만들라고 한 것임을 나는 마음으로 알아야 한다는 것으로 계속 말씀드리겠으니 판단해 보시기를 원합니다.

•

여섯째 날인 24 ~ 31절을 보면

하나님이 땅에 짐승과 육축과 기는 것을 만듦 ⇒ 하나님이 땅에 하나님의 형상인 사람을 만듦 ⇒ 하나님이 하나님의 형상인 사람에게 바다의 고기와 허공의 새와 땅에 있는 육축을 다스리라고 함 ⇒ 하나님은 짐승과 공중의 새와 땅에 기는 모든 것에게 푸른 풀을 양식으로 줌 ⇒ 하나님은 하나님의 형상인 사람에게만 나무의 열매를 양식으로 줌

하나님이 육체에게 양식을 준 것은 나중이라는 것입니다. 육체는 양식을 먹지 않아도 하나님의 거룩함인 생기(살아 있는 기)로 살아 있었다는 것입니다. 육체는 생명나무의 열매를 먹지 않아도 생기(살아 있는 기)로 살아 있었다는 것입니다.

육체는 양식을 먹어야 살아 있게 되었다는 것입니다. 생기가 없는 육체가 되었기에 양식을 먹어야 살아 있는 육체가 되었다는 것입니다. 그런데 생기(하나님의 거룩함)가 빛을 대신하여 땅을 밝히고 있으니 육체는 양식을 먹기 전에 생기(살아 있는 기)인 해처럼 불로 있던 것이 된다는 것입니다.

육체는 생기(살아 있는 기)로 있으면서 해처럼 땅을 밝히는 불로 있었지만 생기가 없는 불이 꺼진 육체가 되었다는 것입니다. 그런데 사람은 생기로 있는 불이 아니라 생령이기에 해처럼 불로 있는 영(하나님의 모습)이 아니라는 것으로 하나님이 만든 한 사람에 대하여는 계속 말씀드리겠습니다.

사람보다 먼저 땅에 있던 육체 ⇔ 땅에서 육체로 있는 사람

↓

생기(살아 있는 기)로 살아 있는 육체 ⇔ 생기로 살아 있는 영

생기인 하나님의 모습이기 ⇔ 생기인 해(하나님의 모습)처럼

에 해처럼 불로 있는 육체　　불로 있는 영이 아니라는 것임

24 하나님이 가라사대 땅은 생물을 그 종류대로 내되 육축과 기는 것과 땅
의 짐승을 종류대로 내라 하시고 (그대로 되니라) 25 하나님이 땅의 짐승을
그 종류대로, 육축을 그 종류대로, 땅에 기는 모든 것을 그 종류대로 만드
시니 하나님(의)이 보시기에 좋았더라 26 하나님이 가라사대 우리의 형상
을 따라 우리의 모양대로 우리가 사람을 만들고 그로 바다의 고기와 공중의
새와 육축과 온 땅과 땅에 기는 모든 것을 다스리게 하자 하시고

땅은 생기(하나님의 거룩함)가 있는 허공(물 가운데 하늘)의 아래에 있다는 것입니다.

허공(하늘 위의 물이 있던 자리) ⇒ 빛이 없지만 아버지의 거룩함이 있기에 허공에서 하늘이 됨

허공(하늘 아래의 물이 있던 자리) ⇒ 빛이 있는 물 가운데 하늘이 되었지만 빛이 없고 생기(하나님의 거룩함)가 있기에 하늘에서 허공이 됨

육체는 양식을 먹지 않아도 생기(살아 있는 기)로 있었다는 것입니다. 육체는 해(하나님의 모습)처럼 생기(살아 있는 기)로 땅을 태우는 불로 있었다는 것입니다. 육체는 해(하나님의 모습)처럼 생기로 땅을 태우는 불로 있었지만 생기가 없는 육체가 되어 자신을 밝히지 못하게 되었다는 것입니다. 내가 빛이 되려고 하면 나는 생기가

없는 육체에서 해(하나님의 모습)처럼 나를 불로 태우는 생기로 있는 영이 되어야 한다는 것으로 계속 말씀드리겠으니 판단해 보시기를 원합니다.

성경을 보면 자신만 유일한 신(영)이라고 말하는 하나님을 유일한 신(영)으로 섬기면 하나님은 화를 내지 않는다는 것입니다. 하나님을 유일한 신(영)으로 섬기면 하나님은 화를 내지 않지만 하나님을 유일한 신(영)으로 있지 못하게 하는 육체가 되면 하나님은 분노를 하면서 화를 낸다는 것입니다.

하나님은 땅에 짐승과 육축과 기는 것들을 만들고 마음에 들었다는 것입니다. 짐승과 육축과 기는 것들이 생기(살아 있는 기)인 해(하나님의 모습)처럼 땅을 태우는 불로 있었기에 하나님의 마음에 든 것입니다. 그러면 짐승과 육축과 기는 것들이 땅을 블로 태우면서 하나님이 유일한 빛이고 유일하게 살아 있는 영이라는 것을 나타냈기에 하나님은 마음에 들었다고 말한 것입니다.

땅에 있는 짐승과 육축과 기는 것들은 하나님이 자신을 위하여 만든 것이기에 하나님의 종이라는 것입니다. 짐승과 육축과 땅을 기는 것들이 하나님을 대신하여 주인(살아 있는 영)노릇을 하면서 주인을 멸시하였기에 하나님이 사람을 만들고 그것들을 다스리게 하자고 말한 것입니다. 짐승과 육축과 땅에 기는 것들이 하나님을 대신하여 주인(살아 있는 영)노릇을 하면서 하나님을 멸시하기에 사람(하나님의 형상)에게 그것들을 다스리게 하여 그것들에게 살아 있는 영이 아니라 죽은 영이라는 것을 알게 하라고 한 것으로 계속 말씀드리겠습니다.

하나님이 사람의 코에 생기를 불어 넣어 생령으로 만들었다고 말하기에 사람은 생기로 살아 있는 영(하나님의 모습)이어야 합니다. 그러나 하나님은 자신만 유일하게 살아 있는 영이라고 말하면서 사람을 자신의 모습이 아니라 자신의 형상으로 만든 것이기에 사람은 생기로 살아 있는 죽은 영이라는 것을 마음으로 알고 나는 숨을 쉬면서 살아 있는 영이 되려고 하여야 한다는 것으로 계속 말씀드리겠으니 판단해 보시기를 원합니다.

사람보다 먼저 있던 짐승과 뱀은 해처럼 불(하나님의 모습)로 있었다는 것입니다. 짐승과 뱀은 해처럼 불(하나님의 모습)로 있었기에 사람(하나님의 형상)을 다스리면서 주인(살아 있는 영)노릇을 하려고 한다는 것입니다. 하나님이 사람을 만들고 짐승과 뱀을 다스리게 하자고 말한 것은 생기로 땅을 태우는 불(하나님의 모습)과 생기로 땅을 밝히지 못하는 영(하나님의 형상)을 만들고 하나님이 빛의 하늘에서 살아 있는 유일한 영이라는 것을 나타내라고 한 것임을 나는 마음으로 알아야 한다는 것으로 계속 말씀드리겠으니 판단해 보시기를 원합니다.

땅에서 짐승으로 있는 육체	⇔	땅에서 사람으로 있는 육체
↓		
하나님의 모습으로 있는 불	⇔	하나님의 형상인 죽은 영
불로 있는 육체가 하나님을 대신하여 살아 있는 영으로 있음	⇔	죽은 영이 불의 위에서 살아 있는 영으로 있음
육체가 된 하나님의 모습이 하나님을 대신하여 살아 있는 영으로 있으면서 하나님을 멸시함	⇔	육체가 된 죽은 영이 하나님을 대신하여 살아 있는 영으로 있으면서 하나님을 멸시함

육체(죽은 영)는 하나님을 대신하여 살아 있는 영으로 있으면서 하

나님이 살아 있는 영이라는 것을 나타내려고 하지만 자신만 유일하게 살아 있는 영이라고 말하는 하나님에게 죽임을 당하는 일을 하고 있다는 것으로 판단해 보시기를 원합니다.

27 하나님이 자기 형상 곧 하나님의 형상대로 사람을 창조하시되 남자와 여자를 창조하시고

하나님이 하나님의 형상대로 만든 사람은 남자와 여자라는 것입니다. 그런데 하나님은 흙으로 한 사람을 만들고 한 사람을 남자와 여자로 만든 것입니다. 그러면 남자와 여자는 하나님의 형상이지만 하나님이 흙으로 만든 사람은 하나님의 형상이 아니라는 것으로 뒤에서 계속 말씀드리겠습니다.

형상이란 사물의 생긴 모양이나 상태입니다. 내가 나의 형상을 만들면 나는 나의 죽은 모습을 만든 것입니다. 그런데 사람은 하나님의 모습이 아니라 하나님의 형상이라는 것입니다. 그러면 나의 육체는 살아 있는 하나님의 모습이 아니라 죽은 하나님의 모습이라는 것으로 판단해 보시기를 원합니다.

하나님이 자신만 유일한 영이라고 말한 것은 “나 이외에는 살아 있는 영이 없다”는 것입니다. 하나님의 모습은 살아 있는 영이어야 하지만 하나님은 자신의 모습으로 인하여 유일하게 살아 있는 영이라고 말하지 못한다는 것입니다. 하나님이 나를 하나님의 모습으로 만들면 나는 살아 있는 영이어야 하지만 하나님은 나로 인하여 유일하게 살아 있는 영으로 있지 못한다는 것입니다.

그러나 하나님은 나를 하나님의 형상인 죽은 영으로 만들었기에 나에게 자신만 유일하게 살아 있는 영이라고 말한다는 것입니다. 그러면 하나님이 나에게 생기를 주고 나를 생령으로 만들었다고 말한 것은 나를 생기인 죽은 영으로 만든 것을 숨기면서 나를 해처럼 불(하나님의 모습)로 만들려고 미혹한 것임을 나는 마음으로 알아야 한다는 것으로 판단해 보시기를 원합니다.

자신만 하늘에서 살아 있는 유일한 영이라고 말하는 하나님

↓

사람은 하나님의 형상 ⇔ 해같이 있는 하나님의 모습

사람은 하나님의 모습이 아니기에 죽은 영이라는 것임 ⇔ 짐승은 하나님의 모습이기에 살아 있는 영이어야 함

↓

하나님을 유일하게 살아 있는 영으로 증거하기에 죽임을 당하지 않는 육체 ⇔ 하나님을 유일하게 살아 있는 영으로 있지 못하게 하기에 죽임을 당하는 영

때가 되면 살아 있는 육체(죽은 영)와 하나님의 모습으로 살아 있는 영은 모두 하나님에게 죽임을 당하여 하나님을 유일하게 살아 있는 영으로 증거한다는 것으로 계속 말씀드리겠습니다.

하나님은 우리의 형상(죽은 모습)을 따라 사람을 만들자고 한 것입니다.

하나님과 함께 사람을 만든 자들은 하나님의 말을 듣고 따르기에 하나님의 종이라는 것입니다. 하나님은 우리가 사람을 만들자고 하면서 자신의 형상(죽은 모습)을 만든 것이기에 하나님과 함께 사람을 만든 자들은 하나님의 모습으로 살아 있는 영이지만 하나님의 말을 듣고 따르는 하나님의 종이라는 것입니다.

하나님과 함께 사람(하나님의 형상)을 만든 자들은 하나님의 모습으로 살아 있는 영이라는 것입니다. 하나님과 함께 사람(하나님의

형상)을 만든 자들은 하나님의 모습으로 살아 있는 영이지만 하나님을 유일하게 살아 있는 영으로 있지 못하게 하는 하나님의 종이라는 것입니다. 하나님과 함께 사람(하나님의 형상)을 만든 자들은 하나님의 모습으로 살아 있는 영이지만 하나님이 없는 하나님의 집에서 하나님을 대신하여 주인으로 있으면서 하나님을 유일한 주인으로 있지 못하게 하는 하나님의 종이라는 것으로 판단해 보시기를 원합니다.

하나님이 나를 생령(살아 있는 영)으로 만들었다면 자신은 유일하게 살아 있는 영이 아니라고 한 것입니다. 하나님이 나를 생령으로 만들었다면 자신만 유일하게 살아 있는 영이라고 거짓말을 한 것입니다. 하나님이 나를 생령으로 만들었다면 자신만 유일하게 살아 있는 영이라고 거짓말을 한 것이기에 나를 죽은 영으로 만들었다는 것을 숨기려고 달콤한 말로 나를 미혹한 것임을 나는 마음으로 알아야 한다는 것으로 계속 말씀드리겠습니다.

사람을 만든 하나님의 종들은 하나님의 모습으로 살아 있는 영이어야 하지만 하나님을 유일하게 살아 있는 영으로 있지 못하게 한다는 것입니다. 사람을 만든 하나님의 종들은 하나님을 유일하게 살아 있는 영으로 있지 못하게 하기에 하나님의 모습으로 있는 죽은 영이라는 것입니다. 내가 생기로 있는 생령이 되었다는 말에 취하여 있으면 나는 영을 살리는 일을 하지 않아야 하듯이 하나님이 종들에게 "너희는 나의 살아 있는 모습이기에 나처럼 살아 있는 영이다"고 하였기에 하나님의 종들도 나처럼 달콤한 말에 취하여 자신이 죽은 영이라는 것을 알려고 하지 않는다는 것으로 판단해 보시기를 원합니다.

마태 22:32 나는 아브라함의 하나님이요 이삭의 하나님이요 야곱의 하나님이로라 하신 것을 읽어 보지 못하였느냐 **하나님은 죽은 자의 하나님이 아니요 산 자의 하나님이시니라** 하시니 마가 12:27 하나님은 죽은 자의 하나님이 아니요 산 자의 하나님이시라 너희가 크게 오해하였도다 하시니라 누가 20:38 하나님은 죽은 자의 하나님이 아니요 산 자의 하나님이시라 **하나님에게는 모든 사람이 살았느니라** 하시니

하나님이 산 자의 하나님이면 하나님 앞에서 살아 있는 자는 영이 아니라 육체라는 것입니다. 자신만 유일하게 살아 있는 영이라고 말하는 하나님에게 모든 사람이 살았다면 나는 하나님 앞에서 영이 아니라 육체로 있어야 한다는 것입니다. 그러면 아버지의 아들은 나에게 "너는 하나님 앞에서 살아 있는 영으로 있지 못한다"고 비유로 말한 것으로 판단해 보시기를 원합니다.

내가 하나님 앞에서 살아 있는 자면 나는 자신만 유일하게 살아 있는 영이라고 말하는 하나님 앞에서 영을 살리려는 일을 하지 않고 있는 것입니다. 내가 하나님 앞에서 살아 있는 자면 나는 자신만 유일하게 살아 있는 영이라고 말하는 하나님 앞에서 하나님에게 죽임을 당하지 않는 육체(죽은 영)가 되려고 영을 살리려는 일을 하지 않아야 하기에 살아 있는 죽은 영이 되어야 한다는 것입니다.

죽음은 살아 있는 자에게 있는 것입니다, 내가 하나님 앞에서 살아 있는 자면 나는 하나님에게 죽임을 당하지 않으려고 하여야 한다는 것입니다. 내가 자신만 유일하게 살아 있는 영이라고 말하는 하나님 앞에서 살아 있는 자면 나는 하나님에게 죽임을 당하지 않으려고 하나님의 앞에서 얼굴을 땅에 대고 엎드려 죽은 영으로 있어야 한다는 것으로 판단해 보시기를 원합니다.

그리고 부활은 죽은 자에게 있는 것입니다. 하나님 앞에서 죽은 자

가 없다고 말한 것은 하나님에게는 부활이 없다고 말한 것입니다. 하나님 앞에서는 영원히 죽지 못할 것이니 영원히 죽지 못하는 죽은 영이 되지 말라고 비유로 말한 것입니다. 하나님 앞에서 영원히 죽지 못하는 죽은 영이 되지 말고 영을 살리는 일을 하여 아버지 앞에서 영원히 죽지 않는 살아 있는 영이 되라고 비유로 말한 것임을 나는 마음으로 알아야 한다는 것입니다.

하나님은 나에게 생기를 주고 나를 생령으로 만들었다고 말한 것입니다. 그러면 나는 죽은 영에서 생기(살아 있는 기)로 살아난 영이기에 하나님 앞에서 살아 있는 영으로 있는 것입니다. 그리고 나는 죽은 영에서 살아났기에 다시 죽으면 두 번 사망을 당한 것이 되어 영원한 사망인 불못(둘째 사망)으로 들어가야 한다는 것입니다.

나는 두 번 사망을 당하지 않으려고 하나님의 앞에서 살아 있는 육체(죽은 영)로 있는 것입니다. 나는 하나님에게 죽임을 당하지 않으려고 하나님의 앞에서 살아 있는 육체(죽은 영)로 있는 것입니다. 그러나 내가 하나님의 앞에서 살아 있는 육체(죽은 영)로 있으면서 때가 되면 영원한 사망인 불못(둘째 사망)으로 들어가려고 하기에 아버지의 아들이 나에게 "육체가 아니라 영을 살리는 일을 하라"고 말한 것으로 계속 말씀드리겠습니다.

창세기 5:1~3절을 보면

아담 자손의 계보가 이러하니라 **하나님이 사람을** 창조하실 때에 **하나님의 형상대로 지으시되 남자와 여자를 창조하셨고** 그들이 창조되던 날에 하나님이 그들에게 복을 주시고 **그들의 이름을 사람이라 일컬으셨더라 아담이** 일백삼십 세에 **자기 모양 곧 자기 형상과 같은 아들을 낳아** 이름을 셋이라 하였고 나는 나의 자녀에게 나의 모습이지 나의 형상이라고 말하지 않는다는 것입니다. 나는 나의 자녀에게 너는 나의 살아 있는 모습이지 나의 죽은 모습이라고 말하지 않는다는 것입니다. 그런데 아담은 자기 모양 곧 하나님의 형상인 죽은 하나님의 모습으로 있는 육체(아들)를 낳았다고 말한 것입니다.

육체는 하나님의 형상이기에 나의 육체가 누구의 후손인지가 중요한 것이 아니라는 것입니다. 육체가 누구의 후손인지 따지지 말고 내가 하나님의 형상인 죽은 영으로 있다는 것을 마음으로 알아야 한다는 것입니다. 육체에게 있는 천 년은 하나님에게 하루 같으니 육체가 누구의 후손인지 따지지 말고 내가 하나님을 유일하게 살아 있는 영으로 증거하려고 하나님의 형상인 죽은 영으로 있다는 것을 마음으로 알아야 나는 내가 태초에 있던 한 사람이라는 것을 알고 영을 살리는 일을 하게 된다는 것으로 한 사람에 대하여는 계속 말씀드리겠습니다.

28 하나님이 그들에게 복을 주시며 그들에게 이르시되 생육하고 번성하여 땅에 충만하라, 땅을 정복하라, 바다의 고기와 공중의 새와 땅에 움직이는 모든 생물을 다스리라 하시니라

땅을 정복하려면 그 땅에 있는 자들을 죽여야 하고 하나님을 대신하여 그 땅의 주인이 되는 것입니다. 하나님이 나에게 땅의 주인이 되라는 복(권세)을 준 것은 하나님을 대신하여 땅에서 주인(살아 있는 영) 노릇을 하면서 하나님을 유일하게 살아 있는 영으로 있지 못하게 하라는 품값을 준 것입니다. 그리고 내가 자녀를 낳고 번성하면 나는 내가 주인으로 있는 집과 양식이 더 필요하기에 하나님이 나에게 준 복(권세)은 나의 손에 피를 묻히는 품값이라는 것입니다.

하나님이 땅을 정복하고 그곳에 있는 자들을 다스리라고 말한 것은 나에게 하나님의 종이 되어 하나님을 대신하여 땅의 주인이 되라는 품값(권세)을 준 것입니다. 하나님은 나에게 하나님을 대신하여 땅의 주인으로 있으면서 그 땅에 하나님이 유일한 영이라는 것을 나타내라는 품값(권세)을 준 것입니다. 하나님은 나에게 하나님을 대신하여 주인으로 있으면서 그 땅에 하나님이 유일한 영이라는 것을 나타내라는 권세를 준 것이기에 나는 하나님을 유일하게 살아 있는 영으로 있지 못하게 하여 하나님에게 죽임을 당하는 것으로 품값을 치러야 한다는 것을 마음으로 알아야 한다는 것으로 계속 말씀드리겠으니 판단해 보시기를 원합니다.

내가 땅의 주인이면 하나님의 뜻은 땅에서 이루어진 것인가요?

내가 하나님을 대신하여 땅의 주인으로 있으면 하나님은 땅에서 유일한 주인으로 있지 못한다는 것입니다. 내가 하나님을 대신하여 살아 있는 영으로 있으면 하나님은 유일하게 살아 있는 영으로 있지 못하기에 하나님의 뜻은 이루어지지 않았다는 것입니다.

그러나 내가 하나님을 대신하여 주인으로 있으면 나는 하나님의 뜻을 이루려는 것입니다. 내가 하나님을 대신하여 주인으로 있으면 나는 하나님의 뜻을 이루면서 하나님에게 자신을 드러내지 말라그 한 것이지만 때가 되면 하나님은 자신이 어떠한 영인지 드러내면서 나를 하늘(아버지의 집)로 들어가지 못하는 죽은 영으로 만든다는 것으로 계속 말씀드리겠습니다.

하나님이 나를 열매를 먹는 영으로 만들었다면 나는 살아 있는 영인가요 아니면 죽은 영인가요? 하나님이 나에게 동산에서 일을 하라고 시키면 나는 하나님의 아들인가요 아니면 종인가요? 그리고 하나님이 나를 생령으로 만들고 먹으면 반드시 죽어야 하는 열매가 있는 곳에 두면 하나님은 내가 살아 있는 영으로 있는 것을 원한 것인가요 아니면 죽은 영이 되기를 원한 것인가요?

하나님은 나를 생령으로 만들었다고 말하지만 나에게 자녀를 낳으라는 복을 준 것은 육체로 있고 살아 있는 영이 되지 말라는 품값을 준 것입니다. 하나님이 나에게 자녀를 낳으라는 복을 준 것은 육체로 있으면서 살아 있는 영이 되지 말라는 것이기에 영을 살리는 일을 하지 말라고 품값을 준 것임을 나는 마음으로 알아야 한다는 것입니다.

하나님이 나에게 하나님을 대신하여 땅의 주인이 되라는 복을 준 것은 나에게 죽은 영이 되라고 한 것입니다. 하나님이 나에게 하나님을 대신하여 땅의 주인이 되라고 복을 준 것은 하나님을 대신하여 살아 있는 영으로 있으면서 하나님에게 죽임을 당하여 죽은 영이 되라는 품값을 준 것으로 판단해 보시기를 원합니다.

하나님이 동산에 있는 나무의 열매를 먹으라고 하면 생명나무의 열매를 먹으라고 한 것과 같은 것입니다. 생령인 나에게 생명나무의 열매를 먹으라고 하면 생명나무의 열매를 먹어야 생령으로 있을 것이라고 말한 것입니다. 생령인 내가 생명나무의 열매를 먹어야 생령으로 있게 된다면 나는 살아 있는 영이라는 것인가요 아니면 죽은 영이라는 것인가요?

하나님이 나를 죽은 영으로 만들었기에 나는 생명나무의 열매를 먹어야 생령으로 있게 된다는 것입니다. 그러면 하나님은 나에게 "너는 생명나무의 열매를 먹어야 생령으로 있게 될 것이니 너는 생명나무의 열매를 먹고 영을 살리는 일을 하지 말라"고 말한 것임을 나는 마음으로 알아야 한다는 것으로 계속 말씀드리겠으니 판단해 보시기를 원합니다.

29 하나님이 가라사대 내가 온 지면의 씨 맺는 모든 채소와 씨 가진 열매
맺는 모든 나무를 너희에게 주노니 너희 식물이 되리라 30 또 땅의 모든 짐
승과 공중의 모든 새와 생명이 있어 땅에 기는 모든 것에게는 내가 모든 푸
른 풀을 식물로 주노라 하시니 그대로 되니라 31 하나님이 그 지으신 모든
것을 보시니 보시기에 심히 좋았더라 저녁이 되며 아침이 되니 이는 여섯째
날이니라

심히 좋다는 것은 원하는 것을 이루었다는 것과 같은 것입니다. 하나님의 형상으로 있는 내가 하나님이 원하는 일을 하고 있기에 하나님은 자신이 원하는 것을 이루었다고 말한 것입니다. 그러면 하나님은 자신이 어떠한 영인지 드러내지 않았지만 죽은 영인 내가 하나님을 대신하여 주인(살아 있는 영) 노릇을 하면서 하나님이 유일하게 살아 있는 영이라는 것을 나타내고 있기에 땅에서 자신의 뜻을 이루었다고 말한 것입니다.

육체(죽은 영)인 내가 하나님을 대신하여 주인(살아 있는 영) 노릇을 하면서 하나님을 유일하게 살아 있는 영이라고하기에 하나님은 안식을 하고 있다는 것입니다. 육체(죽은 영)인 너가 하나님을 대신하여 주인(살아 있는 영) 노릇을 하면서 하나님을 유일하게 살아 있는 영이라고 하기에 하나님은 일을 하지 않고 있지만 때가 되면 하나님은 자신이 어떠한 영인지 드러내야 한다는 것으로 계속 말씀드리겠습니다.

그리고 하나님은 사람에게만 나무의 열매를 먹으라고 한 것입니다. 하나님은 사람에게만 생명나무의 열매를 먹으라고 한 것이 된다는 것입니다. 하나님은 짐승과 뱀에게는 풀을 양식으로 주었으니 짐승과 뱀은 생명나무의 열매를 먹지 않았다는 것입니다. 그러면 하나님은 자신의 종인 짐승과 뱀도 먹지 않는 생명나무의 열매를 사람에게 먹으라고 준 것입니다.

뱀이 사람에게 선악을 알게 하는 나무의 열매를 먹으라고 한 것입니다. 그러나 짐승과 뱀은 나무의 열매를 먹지 않아야 하기에 뱀은 자신도 먹지 않는 열매를 먹으라고 준 것이 된다는 것입니다. 그러면 하나님은 자신의 종인 짐승과 뱀도 먹지 않는 더러운 열매를 맺는 나무를 만들고 사람에게 더러운 열매를 먹으라고 준 것이 된다는 것으로 계속 말씀드리겠으니 판단해 보시기를 원합니다.

사람(남자와 여자)은 육체(죽은 하나님의 모습)로 있는 죽은 영이기에 살아 있는 영(하나님의 모습)이 아니라는 것입니다. 그런데 하나님이 더러운 열매로 사람을 죽이려고 하였으니 사람은 죽은 영이 아니라 살아 있는 영이라는 것입니다. 그러면 사람은 하나님의 모습으로 살아 있는 영이 아니기에 하나님이 사람을 죽이려고 한 것이기에 아버지를 떠난 탕자(아들)인 나는 내가 아버지의 모습으로 살아 있는 영이라는 것을 마음으로 알(깨달)아야 한다는 것으로 계속 말씀드리겠으니 판단해 보시기를 원합니다.

•

창세기 2:1 천지와 만물이 다 이루니라

이루다는 뜻한 대로 되었다는 것입니다. 이루다는 뜻한 대로 되었다는 것이지만 숨을 쉬면서 살아 있는 나에 대하여 말한 것이 아니라는 것입니다. 천지와 만물이 뜻한 대로 되었다는 것은 하나님이 자신의 마음에 들게 만들고 자신만 유일하게 살아 있는 영이라는 것을 나타냈다는 것입니다.

아버지께서 태초에 빛이 없는 하늘과 땅을 만들고 뜻한 대로 되었다면 아버지의 아들이 육체(죽은 영)가 되어 나에게 올 이유가 없다는 것을 나는 마음으로 알아야 합니다. 아버지의 아들이 육체가 되어 땅으로 왔기에 내가 구원을 받았다고 믿는다면 나는 교만과 자만에 빠져 아버지가 왜 태초에 빛이 없는 하늘과 땅을 만들어야 하였는지 아버지의 뜻(마음)을 마음으로 알려고 하는 것을 싫어하는 것입니다.

나를 위하여 그 육체가 죽었기에 아들만 믿으면 구원을 받는다고 생각하는 그 믿음이 나를 교만과 자만에 빠지게 하는 시험이고 나를 죽은 영으로 만들려는 믿음이라는 것을 나는 마음으로 알아야 한다는 것입니다. 아버지의 아들이 육체가 죽임을 당한 것은 자신이 육체(죽은 하나님의 모습)를 살리는 일을 하지 않았다는 것을 나타내면서 나의 영을 살리려는 아버지의 뜻이 살아 계심을 증거한 것으로 계속 말씀드리겠습니다.

아버지의 뜻이 이루어진 것이 아니라는 것입니다.

나는 태초에 하늘을 만든 아버지의 뜻이 이루어지지 않았다는 것을 마음으로 알아야 합니다. 태초에 하늘을 만든 아버지의 뜻이 이루어졌다면 나는 아버지가 없기에 아버지의 거룩함이 없는 하늘의 아래에 있어야 합니다. 그런데 나는 해(하나님의 모습)가 불로 태우고 있는 하늘(아버지가 없지만 아버지의 거룩함이 있음)을 가리켜 빛의 하늘이라고 말하니 나는 태초에 하늘을 만든 아버지의 뜻이 이루어지지 않았다는 것을 마음으로 알아야 한다는 것입니다.

아버지의 뜻이 하늘에서 이루어졌다면 나는 낮의 하늘과 밤의 하늘을 보고 있는데 아버지는 어느 하늘에 계셔야 한다는 것인가요? 그리고 아버지의 뜻이 하늘에서 이루어졌다면 땅에서도 이루어져야 하지만 땅은 반드시 죽어야 하는 육체가 있다는 것입니다. 그러면 아버지의 뜻이 하늘에서 이루어졌다면 아버지는 무덤의 위에 있는 하늘에 있어야 한다는 것입니다.

땅은 하나님의 형상인 죽은 영이 있는 무덤이라는 것입니다. 아버지의 집이 태초의 하늘이면 아버지는 죽은 영이 있는 무덤의 위에 있는 자가 된다는 것입니다. 땅은 하나님의 형상인 죽은 영이 있는 무덤이기에 나는 아버지의 뜻이 내가 눈으로 보고 있는 하늘에서 이루어지지 않았음을 마음으로 알아야 한다는 것으로 계속 말씀드리겠습니다.

아버지의 아들이 육체가 죽었다고 숨을 쉬지 못하면 아버지는 생기로 있는 자가 된다는 것입니다.

살아 있는 육체는 숨을 쉬고 있다는 것입니다. 육체가 죽으면 숨을 쉬지 못합니다. 아버지의 아들이 육체가 죽었다고 숨을 쉬지 못하는 영이 되었다는 것이 아니라는 것입니다. 아버지의 아들이 육체가 죽고 생기로 있는 생령이 되었다는 것이 아니라는 것입니다. 육체가 죽고 생기로 있는 생령이 되었다고 믿으면서 내가 영을 살리는 일을 하면 나는 숨을 쉬는 영(아버지의 모습)이 아니라 생기로 있는 영(하나님의 모습)이 되어 영원히 죽지 못하는 죽은 영이 된다는 것으로 계속 말씀드리겠습니다.

아버지께서 숨결을 주셨기에 나는 숨을 쉬고 있다는 것입니다. 내가 숨을 쉬고 있다는 것은 나는 숨을 쉬는 것으로 아버지가 숨을 쉬면서 살아 있는 분이라는 것을 증거하고 있는 것입니다. 아버지께서는 나에게 숨결을 준 것으로 자신이 숨을 쉬면서 살아 있음을 나타낸 것이기에 나는 영을 살리는 일을 하면서 숨을 쉬는 영이 되려고 하여야 한다는 것으로 판단해 보시기를 원합니다.

요한복음 6:63 살리는 것은 영이니 육은 무익하니라 내가 너희에게 이른 말은 영이요 생명이라 / 이 말에 대하여는 계속 말씀드리겠습니다. 아버지의 아들은 나에게 육체가 아니라 영을 살리는 일을 하여 숨을 쉬면서 살아 있는 영이 되라고 말한 것입니다.

아들은 육체를 살리려고 아버지에게 구하지 않았다는 것입니다.

마태복음 26:53 너는 내가 내 아버지께 구하여 지금 열 두 영 더 되는 천사를 보내시게 할 수 없는 줄로 아느냐 54 내가 만일 그렇게 하면 이런 일이 있으리라 한 성경이 어떻게 이루어지리요 하시더라

육체가 죽임을 당하지 않으려고 아버지에게 구하였다면 아들은 영이 아니라 육체를 살리려고 아버지의 뜻을 따른 것이 됩니다. 그러나 아들은 "나는 죽지 않는 육체가 되려고 아버지에게 구하지 않는다"고 말한 것이기에 나에게 "너는 죽지 않는 육체가 되려고 아버지에게 무엇을 구하지 말라"고 한 것임을 나는 마음으로 알아야 한다는 것입니다.

그리고 아들은 "아버지께서는 자신이 하늘과 땅의 주인이라는 것을

나타낼 수 있다"고 말한 것입니다. 그런데 아버지께서 내가 있는 땅과 하늘의 주인이 되면 아버지는 아버지의 집을 떠나야 한다는 것입니다. 아버지께서 아버지의 집을 떠나면 나는 돌아갈 집이 없기에 아들이 "아버지께서는 아버지의 집을 떠나지 않는다"고 말한 것임을 나는 마음으로 알아야 한다는 것입니다.

성경(하나님이 유일하게 살아 있는 영이라는 책)이 어떻게 이루어지겠느냐고 말하면 하나님만 유일하게 살아 있는 영이라는 것을 이루었다는 것인가요 아니면 이루지 못하였다는 것인가요? 아버지의 아들이 성경(하나님만 유일하게 살아 있는 영이라는 책)을 이루면 살아 있는 영이 아니라 죽은 영이 되었다는 것이기에 나에게 "육체가 아니라 영을 살리는 일을 하라"고 말한 것은 거짓말이 된다는 것입니다.

그러나 아버지의 아들은 육체가 아니라 영을 살리는 일을 하면서 성경을 이룬 것입니다. 아버지의 아들은 육체가 아니라 영을 살리는 일을 하면서 성경(하나님만 유일하게 살아 있는 영이라는 책)을 이루었기에 하나님은 유일하게 살아 있는 영이 아니라고 말한 것으로 판단해 보시기를 원합니다.

아버지의 아들이 육체가 아니라 영을 살리는 일을 하면서 성경을 이루면 하나님만 하늘에서 살아 있는 유일한 영이라는 책은 어떻게 되어야 하는가요? 나는 육체가 아니라 영을 살리는 일을 하면서 하늘에서 살아 있는 영이 되어야 하기에 성경은 없어져야 한다는 것입니다. 그러나 하나님은 자신만 하늘에서 살아 있는 유일한 영이라고 말하기에 하나님은 나에게 영을 살리라고 말하면서 나를 죽지 않는 죽은 영(하나님의 모습)으로 만들려고 한다는 것으로 계속 말씀드리겠습니다.

영을 살리려면 하나님을 유일하게 살아 있는 영이라고 말하지 않아야 한다는 것입니다.

육체가 아니라 영을 살리려면 하나님을 유일하게 살아 있는 영으로 섬기지 않아야 합니다. 그런데 성경에 기록되어 있는 율법과 선지자의 말은 천지가 없어지기 전에는 없어지지 않을 것이라고 말한 것입니다. 그러면 아버지의 아들은 "천지가 없어져야 하나님을 유일하게 살아 있는 영으로 섬기지 않을 것이다"고 말한 것으로 계속 말씀드리겠습니다.

마태 11:13 모든 선지자와 및 율법의 예언한 것이 요한까지니 누가 16:16 율법과 선지자는 요한의 때까지요 그후부터는 하나님 나라의 복음이 전파되어 사람마다 그리로 침입하느니라

이 말씀에 대하여는 계속 말씀드리겠습니다. 성경을 보면서 하나님을 유일하게 살아 있는 영으로 섬기면 나는 살아 있는 영이 되지 못합니다. 성경을 보면서 하나님을 유일하게 살아 있는 영으로 섬기면 나는 아버지가 있기에 아버지의 거룩함이 빛으로 있는 하늘(아버지의 집)을 찾지 못한다는 것입니다. 성경을 보면서 자신만 유일하게 살아 있는 영이라고 말하는 하나님의 양자가 되려고 하면 나는 아버지가 숨을 쉬면서 살아 있기에 내가 숨을 쉬면서 살아 있는 영이라는 것을 알지 못하게 된다는 것입니다.

성경을 보면서 자신만 유일하게 살아 있는 영이라고 말하는 하나님의 모습이 되면 나는 살아 있는 영이 되어 하나님이 유일하게 살아 있는 영으로 있는 집으로 몰래 들어가려는 것입니다. 성경을 보면서 자신만 유일하게 살아 있는 영이라고 말하는 하나님의 모습이 되어

하늘(아버지의 집)로 들어가려는 것이지만 나는 결코 하늘(아버지의 집)로 들어가지 못하기에 하나님이 유일하게 살아 있는 영으로 있는 집으로 몰래 들어가야 한다는 것으로 판단해 보시기를 원합니다.

성경을 다 이루었다는 것일까요?

마태 5:17 내가 율법이나 선지자나 폐하러 온 줄로 생각지 말라 폐하려 온 것이 아니요 완전케 하려 함이로라 / 누가 16:17 그러나 율법의 한 획이 떨어짐보다 천지의 없어짐이 쉬우리라 / 마태 5:18 진실로 너희에게 이르노니 천지가 없어지기 전에는 율법의 일점 일획이라도 반드시 없어지지 아니하고 다 이루리라

폐하다는 있던 제도 · 기관 · 풍습 따위를 버리거나 없애다입니다. 율법이나 선지자를 폐한다는 것은 성경에 기록된 율법과 선지자를 없앤다는 것입니다. 그런데 율법은 하나님을 유일하게 살아 있는 영으로 섬기는 예라는 것입니다. 그리고 선지자는 하나님에게 죽임을 당하지 않으려면 하나님을 유일한 신(영)으로 섬겨야 한다고 말한다는 것입니다.

아버지의 아들은 "내가 하나님만 유일하게 살아 있는 영으로 섬기는 율법이나 하나님에게 죽임을 당하지 않는 육체가 되라는 선지자의 말을 없애러 왔다고 생각지 말라"고 말한 것입니다. 아버지의 아들은 하나님만 유일하게 살아 있는 영으로 섬기는 율법이나 하나님에게 죽임을 당하지 않는 육체가 되라는 선지자의 말을 없애려고 온 것이 아니기에 나는 성경을 보면서 내가 살아 있는 영이라는 것을 알아야 한다는 것입니다. 나는 성경(하나님만 하늘에서 살아 있는 유일한 영이라는 책)을 보면서 내가 하늘에서 살아 있는 영으로 있었다는 것을 알고 나의 영을 살리려고 일하시는 아버지를 찾아야 한다는 것

으로 계속 말씀드리겠습니다.

완전하다는 것은 필요한 것이 모두 갖추어져 모자람이나 흠이 없다는 것입니다. 그러면 하나님을 하늘에서 살아 있는 유일한 영으로 섬기라는 율법과 선지자의 말은 흠이 있기에 아버지의 아들은 "내가 율법과 선지자의 말을 완전케 하려고 온 것이다"고 말한 것입니다. 그리고 아버지의 아들은 하나님을 하늘에서 살아 있는 유일한 영으로 섬기라는 율법과 선지자의 말은 흠(거짓)이기에 나에게 "육체가 아니라 영을 살리는 일을 하여 하늘에서 살아 있는 영이 되어야 한다"고 말한 것임을 나는 마음으로 알아야 한다는 것으로 계속 말씀드리겠습니다.

진리란 흠이 없다는 것입니다.

진리에 흠이 있으면 그것은 거짓이 진리로 있는 것입니다. 율법이나 선지자의 말에 흠이 있다는 것은 하나님만 하늘에서 살아 있는 유일한 영이라는 것은 진리가 아니라는 것입니다. 율법이나 선지자의 말을 완전케 하러 왔다고 한 것은 "하나님만 하늘에서 살아 있는 유일한 영이라는 것은 처음부터 흠이 있는 거짓이기에 진리가 아니다"고 말한 것으로 계속 말씀드리겠습니다.

거짓은 자신의 흠을 숨기면서 진리로 있는 것입니다. 거짓은 진리를 숨기면서 진리로 있기에 거짓이 자신의 흠을 진리로 완전케 한다고 하여 거짓이 진리가 된다는 것이 아니라는 것입니다. 거짓은 진리를 숨기면서 진리로 있기에 거짓이 자신의 흠을 진리로 완전케 하여 진리가 되려면 진리가 있기에 자신이 거짓이라는 것을 드러내야 한다는 것입니다. 거짓은 진리를 숨기면서 진리로 있기에 거짓이 자신의 흠을 진리로 완전케 하여 진리로 있으면 자신을 진리로 보이게 하려는 것으로 판단해 보시기를 원합니다.

거짓이 없으면 진리도 없다는 것입니다. 나를 죽이는 거짓이 있기에 나를 살리는 진리가 있는 것입니다. 거짓이 자신의 흠을 숨기면서 진리로 있는데 내가 거짓의 흠을 모르면 거짓은 나를 살리는 진리로 있으면서 나를 죽인다는 것입니다. 내가 하나님을 하늘에서 살아 있는 유일한 영으로 섬기라는 율법이나 선지자의 말을 보면서 그것이 나를 죽이는 거짓인 것을 모르고 있기에 아버지의 아들이 "하나님이 하늘에서 살아 있는 유일한 영이라는 것은 거짓이다"고 말한 것으로 계속 말씀드리겠습니다.

율법의 한 획이 떨어짐보다 천지의 없어짐이 쉽다고 말한 것입니다. 천지의 없어짐이란 아버지께서 왜 아버지가 없기에 빛이 없는 하늘과 땅을 만들었는지 아버지의 뜻을 나타내는 날이라는 것입니다. 그리고 어떤 법이 완전케 되면 그 법은 완전히 이루어진 것이기에 그 법은 없어도 된다는 것으로 과거에 있던 법이 없어지는 것과 같은 것입니다. 그러면 아버지께서 아버지의 뜻을 나타내는 날에 성경(하나님만 하늘에서 살아 있는 유일한 영이라는 책)은 필요가 없기에 없어질 것이라고 말한 것입니다.

율법과 선지자의 말에 흠이 있기에 그 흠을 진리로 밝히면 거짓을 기록한 성경은 있을 필요가 없다는 것입니다. 하나님을 하늘에서 살아 있는 유일한 영으로 섬겨야 한다는 거짓(율법과 선지자의 말)을 진리로 밝히면 성경은 있을 필요가 없지만 아버지의 아들은 "율법의 한 획이 떨어짐보다 천지의 없어짐이 쉽다"고 말한 것입니다. 하나님이 하늘에서 살아 있는 유일한 영이라는 거짓을 진리로 밝히면 거짓(율법과 선지자의 말)은 있을 필요가 없지만 아들은 "아버지께서 아버지의 뜻을 나타내기 전에는 거짓(하나님)이 진리(아버지가 아니라는 것)를 숨기면서 진리(아버지)로 있을 것이다"고 말한 것으로 계속 말씀드리겠습니다.

진리가 나타나면 거짓은 있지 못합니다. 진리가 나타나면 거짓(하나님만 하늘에서 살아 있는 유일한 영)은 천지와 함께 없어진다는 것입니다. 진리가 나타나면 나를 죽이는 거짓(하나님만 하늘에서 살아 있는 유일한 영)이 드러나기에 나는 육체(죽은 하나님의 모습)가 아니라 영(육체에서 깊은 잠에 빠져 있는 나)을 살리는 일을 하여야 한다는 것입니다.

천지가 없어진다는 것은 아버지께서 태초에 만든 빛이 없는 곳이 된다는 것입니다. 천지가 없어진다는 것은 빛이 없는 곳이 된다는 것이기에 하나님이 빛으로 만들어야 한다는 것입니다. 천지가 없어진다는 것은 빛이 없는 곳이 된다는 것이기에 하나님이 빛으로 만들어야 하지만 하나님의 거룩함은 빛이 아니라 불이기에 때가 되면 하나님은 하늘과 땅을 불로 태운다는 것으로 계속 말씀드리겠습니다.

그날과 그때는 천지가 없어지기에 아버지께서는 일하지 않는다는 것입니다.

마태 24:35 **천지는 없어지겠으나 내 말은 없어지지 아니하리라.** 36 **그러나 그날과 그때는** 아무도 모르나니 하늘의 천사들도, 아들도 모르고 **오직 아버지만 아시느니라**

천지가 없어지면 나는 어디에 있게 된다는 것일까요? 아버지께서 태초에 하늘과 땅을 만들었지만 흑암과 허공(흑암 아래의 깊음)이 있다는 것입니다. 천지가 없어지면 나는 흑암과 허공(흑암 아래의 깊음)에 있어야 한다는 것입니다. 그러나 내가 잠에서 깨어나 육체가 아니라 영을 살리는 일을 하면 나는 아버지께서 계신 하늘(아버지의 거룩함이 빛으로 있는 아버지의 집)에 있기에 천지가 없어져도 나는 흑암과 허공(흑암 아래의 깊음)에 있지 않게 된다는 것으로 판단해 보시기를 원합니다.

아버지의 뜻이 언제 나타날지는 아버지께서 결정하지만 그날과 그 때가 있으니 때가 되면 아버지께서는 반드시 아버지의 뜻을 나타내 신다는 것입니다. 그날과 그때가 있다는 것은 때가 되면 아버지께서 왜 태초에 빛이 없는 하늘과 땅을 만들어야만 하였는지 아버지의 뜻을 나타내면서 그 뜻을 이루신다는 것입니다.

그날과 그때를 아버지만 안다는 것은 아버지의 뜻을 나타내는 것은 아버지께서 결정한다는 것입니다. 아버지가 왜 태초에 빛이 없는 하늘과 땅을 만들어야만 하였는지 그 뜻을 나타내는 것을 아버지만 안다는 것은 아버지께서 아직 결정을 하지 못하였다는 것과 같은 것입니다. 그러나 아버지께서 왜 태초에 빛이 없는 하늘과 땅을 만들었는지 그 뜻을 나타내는 그날과 그때를 아직 결정하지 못하고 계신 것은 내가 하나님을 하늘에서 살아 있는 유일한 영이라고 하면서 죽은 영이 되려고 하기 때문이라는 것으로 계속 말씀드리겠으니 판단해 보시기를 원합니다.

아버지께서 아버지의 뜻을 나타내면 천지가 없어진다는 것입니다. 아버지께서 하늘(아버지의 집)에서 나의 영을 살리려고 일하였다는 뜻(마음)을 나타내면 천지가 없어진다는 것입니다. 그런데 천지는 없어질 것이지만 내가 한 말은 없어지지 않을 것이라고 말한 것입니다. 그러면 내가 한 말은 영을 살리라는 것이기에 아버지께서 하늘(아버지의 집)에서 너의 영을 살리려고 일하였다는 뜻(마음)을 나타내도 내가 한 말은 진리이기에 없어지지 않을 것이라고 말한 것입니다.

천지가 없어져도 그 말이 없어지지 않으려면 흠이 없는 진리여야 합니다. 육체가 아니라 영을 살리는 일을 하여 하늘에 있는 살아 있는 영이 되어야 한다고 말한 것은 흠이 없는 진리이기에 결코 없어지지 않을 것이라고 말한 것입니다. 천지가 없어지면 흑암과 허공(흑암 아래의 깊음)만 있겠지만 육체가 아니라 영을 살리는 일을 하면 하늘(아버지의 집)에서 영원히 살아 있는 영으로 있게 된다는 것은 흠이 없는 진리이기에 영원히 없어지지 않을 것이라고 말한 것임을 나는 마음으로 알아야 한다는 것으로 계속 말씀드리겠으니 판단해 보시기를 원합니다.

아버지께서는 태초에 천지를 창조하신 것입니다. 아버지께서는 태초에 천지를 만들었기에 태초부터 지금까지 일을 하시고 계신 것입니다. 그러나 천지가 없어지면 아버지는 일하지 않는다는 것이기에 나는 아버지께서 태초에 하늘과 땅을 만들고 왜 일을 하고 있는지 마음으로 알려고 하여야 한다는 것입니다.

아버지의 아들은 아버지께서 일하시지 않으면 때가 된 것이라고 말한 것입니다. 그런데 아버지께서는 아버지를 떠난 탕자(아들)인 나의 영을 살리려고 일하시는 것입니다. 그러면 때가 되면 아버지께서는 아버지를 떠난 탕자(아들)인 나의 영을 살리는 일을 하지 않으신다는 것입니다. 아버지의 아들은 아버지께서 언제 갑자기 나의 영을 살리는 일을 하지 않을지 모른다고 말한 것이기에 나는 아버지께서 태초에 빛이 없는 하늘과 땅을 만든 뜻을 이루기 전에 육체가 아니라 영을 살리는 일을 하여야 한다는 것으로 판단해 보시기를 원합니다.

아버지께서 일하지 않으시면 아들인 나도 영원히 일하지 않고 쉴 것이라고 말한 것입니다. 아버지께서 일하지 않으시면 아들은 아버지와 함께 하늘(아버지의 집)에서 영원히 살아 있으면서 하늘을 밝히는 일을 하지 않고 쉰다는 것입니다. 아버지께서 아버지를 떠난 탕자(아들)를 살리려고 일하지 않으면 나는 흑암과 허공(흑암 아래의 깊음)에 있고 아들은 아버지의 거룩함이 빛으로 있는 하늘(아버지의 집)에서 아버지와 함께 영원히 하늘을 밝히는 일을 하지 않기에 나는 늦기 전에 아버지가 원하는 일을 하여야 한다는 것으로 계속 말씀드리겠으니 판단해 보시기를 원합니다.

아버지의 아들은 때가 되면 "흠이 있는 거짓(하나님만 하늘에서 살아 있는 유일한 영)을 진리로 믿은 자들은 아버지가 없고 하나님이 주인으로 있는 집(빛이 없는 태초의 하늘)에서 영원히 쉬지 못하고 일을 할 것이다"고 말한 것입니다. 아버지의 아들은 "흠이 있는 거짓(하나님만 하늘에서 살아 있는 유일한 영)을 진리로 믿고 영을 살리는 일을 하지 않는 자들은 아버지가 없고 하나님이 주인으로 있는 집(빛이 없는 태초의 하늘)을 밝히려고 영원히 꺼지지 않는 불에 자신을 태우면서 쉬지 못할 것이다"고 말한 것으로 계속 말씀드리겠습니다.

2절 하나님의 지으시던 일이 일곱째 날이 이를 때에 마치니 그 지으시던 일이 다하므로 일곱째 날에 안식하시니라

창세기 1장과 2장의 처음은 무엇인가요? 태초에 천지를 창조하시니라 ⇒ 천지와 만물을 다 이루니라입니다. 1장은 창조로 시작한 아버지의 뜻이고 2장은 하나님이 할일을 다하였다는 끝이라는 것입니다. 그러면 1장의 처음은 빛이 없는 하늘과 땅을 만든 아버지의 뜻이기에 2장은 하나님이 아버지의 뜻을 모두 끝내는 일을 하였다는 것입니다.

아버지는 태초에 빛이 없는 하늘과 땅을 만들기만 하고 다른 일을 하지 않았기에 하나님이 아버지가 벌인 일을 끝마쳤다는 것입니다. 아버지는 태초에 빛이 없는 하늘과 땅을 만들기만 하고 일한 것은 하나님이기에 하나님은 "내가 하늘과 땅의 주인이다"고 말한 것이 된다는 것입니다. 하나님이 아버지가 벌인 일을 끝마쳤다는 것은 아버지가 아무 뜻도 없이 하늘과 땅을 만들었기에 자신이 하늘과 땅을 완전하게 만들었다고 한 것입니다.

1장은 태초라는 시간의 시작이고 2장은 태초라는 시간의 끝이기에 일곱째 날은 시간의 끝이라는 것입니다. 일곱째 날이 시간의 끝이라는 것은 나에게 있던 시간이 없어지고 멈춘다는 것입니다. 일곱째 날에 나에게 있던 시간이 없어지면 나는 태초라는 시간으로 돌아가 영원히 하나님이 주인으로 있는 빛이 없는 하늘에 있게 된다는 것입니다.

1년이 되면 다시 하루가 된다는 것입니다. 일곱째 날이 지나면 다시 첫째 날로 돌아가야 한다는 것입니다. 그러나 창세기의 시작은 태초라는 시간이기에 일곱째 날이 지나면 빛이 없는 시간으로 돌아간다는 것으로 판단해 보시기를 원합니다.

태초부터 시작된 시간의 끝이 되면 태초라는 시간으로 돌아가 빛이 없는 하늘과 땅이 된다는 것입니다. 그러면 아버지께서 왜 빛이 없는 하늘과 땅을 만들었는지 아버지의 뜻을 나타내던 태초부터 시작된 시간의 끝이 되어 아버지가 없기에 빛이 없는 곳으로 있게 된다는 것으로 계속 말씀드리겠습니다.

나는 아버지가 있기에 아버지의 거룩함이 빛으로 있는 하늘을 밝히지 않고 쉴 것인지 아니면 하나님이 주인으로 있는 하늘을 밝히는 일을 할 것이지 선택을 하여야 한다는 것입니다. 나는 아버지가 있기에 아버지의 거룩함이 빛으로 있는 하늘에서 숨을 쉬는 영으로 있을 것인지 아니면 하나님이 주인으로 하늘에서 생기로 있는 영이 될 것인지 선택을 하여야 한다는 것입니다. 빛이나 생기가 되겠다고 하면 나는 해처럼 나를 영원히 꺼지지 않는 불에 태워야 하기에 나는 하나님을 하늘에서 살아 있는 유일한 영으로 섬기라는 거짓(율법이나 선지자의 말)을 따를 것인지 버릴 것인지 선택을 하여야 한다는 것입니다.

일곱째 날에 천지와 만물을 완전하게 하고 하나님이 안식하였다는 것입니다.

안식한다는 것은 시간이 멈추었다는 것이기에 하나님은 일하지 않는다는 것입니다. 그러나 아들은 아버지께서 지금 일하고 계시기에 나도 일하고 있다고 말한 것입니다.

아버지께서는 나를 살리려고 지금 일하고 계시지만 자신만 유일하게 살아 있는 영이라고 말하는 하나님은 내가 죽은 영이 되어야 하기에 일하지 않고 있다는 것입니다. 아버지께서는 나를 살리려고 지금 일하고 계시지만 하나님은 자신만 유일하게 살아 있는 영이라고 말하기에 안식을 하면서 나를 살리려고 일하지 않는다는 것으로 판단해 보시기를 원합니다.

내가 영을 살리는 일을 하지 않으면 안식을 하고 있는 하나님은 일하지 않는다는 것입니다. 내가 영을 살리는 일을 하지 않으면 하나님의 안식을 깨지 않으려는 것이기에 나는 아버지에게 "아직 때가 되지 않았다"고 하는 것입니다. 그리고 내가 영을 살리는 일을 하지 않으면 하나님은 유일하게 살아 있는 영으로 있으면서 일하지 않아도 되기에 안식을 하게 된다는 것으로 판단해 보시기를 원합니다.

내가 아버지의 뜻을 알려고 하지 않는 것은 아버지께서 아버지의 뜻을 나타내는 것을 원하지 않기 때문입니다.

아버지께서 왜 빛이 없는 하늘과 땅을 만든 것인가요? 아버지가 없는 곳은 빛이 없다는 것을 나타내신 것입니다. 하늘의 주인이나 하늘을 밝히는 빛이 되려고 하면 아버지가 없기에 빛이 없는 곳에 있게 된다는 것을 나타내신 것입니다. 아버지께서 아버지의 뜻을 나타내면 하늘의 주인이나 하늘을 밝히는 빛이 되려는 아들은 모두 아버지가 없기에 빛이 없는 곳에 있게 된다는 것을 나는 마음으로 알아야 한다는 것입니다.

아버지께서 아버지의 뜻을 나타내면 하늘의 주인이 되려는 하나님은 영원히 아버지가 없기에 빛이 없는 하늘에 있어야 한다는 것입니다. 하늘의 주인이 되려는 하나님은 때가 되면 빛이 없는 하늘을 밝히려고 영원히 꺼지지 않는 불로 자신을 태워야 한다는 것입니다. 하늘의 주인이 되려는 하나님은 때가 되면 아버지가 없는 하늘에서 영원히 꺼지지 않는 불로 자신을 태워야 하기에 때가 되는 것을 원하지 않는다는 것입니다.

하나님은 때가 되면 영원히 꺼지지 않는 불로 자신을 태워야 하기에 아버지께서 뜻을 나타내는 것을 원하지 않는데 내가 육체(죽은 하나님의 모습)로 있다는 것입니다. 하나님은 때가 되면 영원히 꺼지지 않는 불로 자신을 태워야 하기에 아버지께서 뜻을 나타내는 것을 원하지 않는데 내가 육체(죽은 하나님의 모습)를 살려 살아 있는 하나님의 모습이 되려고 한다는 것입니다.

내가 육체(죽은 하나님의 모습)를 살리는 일을 하면 나는 살아 있는 하나님의 모습이 되겠다는 것입니다. 내가 육체(죽은 하나님의 모습)를 살리는 일을 하면 하나님은 아버지에게 자신도 나를 살리는 일을 하고 있다고 말한다는 것입니다. 내가 육체(죽은 하나님의 모습)를 살리는 일을 하면 하나님은 아버지에게 자신도 나를 살리는 일을 하고 있다고 말하기에 나의 영을 살리려고 일하시는 아버지께서는 나로 인하여 뜻을 나타내는 날(때)을 연기하게 된다는 것으로 판단해 보시기를 원합니다.

3절 하나님이 일곱째 날을 복 주사 거룩하게 하셨으니 이는 하나님이 그 창조하시며 만드시던 모든 일을 마치시고 이 날에 안식하셨음이더라

일곱째 날은 시간이라는 것입니다. 하나님은 일곱째 날에 복을 주고 거룩하게 하였다는 것입니다. 그러면 하나님은 일곱째 날이라는 시간에게 복을 주고 거룩하게 한 것입니다.

그런데 하나님이 안식을 하려면 쉬는 장소가 있어야 한다는 것입니다. 하나님이 일곱째 날에 복을 주고 거룩하게 하였다는 것은 자신이 안식을 하면서 쉬고 있는 장소에도 복을 주고 거룩하게 하였다는 것입니다. 그러면 하나님이 안식을 한 일곱째 날에 복을 주고 거룩하게 하였다는 것은 자신이 안식을 하면서 쉬고 있는 자신의 집에도 복을 주고 거룩하게 하였다는 것으로 판단해 보시기를 원합니다.

하나님의 집은 저녁과 아침이라는 것입니다. 하나님은 자신이 안식하고 있는 시간(일곱째 날)과 집(저녁과 아침)에 복을 주고 거룩하게 하였다는 것입니다. 하나님이 안식하고 있는 일곱째 날은 태초에 시작된 시간의 끝이고 안식하는 곳은 저녁과 아침이기에 하나님은 안식이 끝나는 때가 오면 거룩한 시간이 있는 거룩한 집(저녁과 아침)에서 영원히 꺼지지 않는 불이 되어 빛이 없는 태초의 하늘을 태운다는 것으로 계속 말씀드리겠습니다.

하나님이 거룩하게 하려면 하나님에게 거룩함이 있어야 한다는 것입니다. 하나님은 자신의 거룩함인 생기로 자신이 안식을 하고 있는 시간(일곱째 날)과 집(저녁과 아침)을 거룩하게 하여야 한다는 것입니다. 그러면 하나님은 생기로 자신이 안식을 하고 있는 시간(일곱째 날)과 집(저녁과 아침)을 충만하게 한 것이기에 아버지께서 뜻을 나타내는 날(때)이 오면 영원히 자신과 자신의 집을 불로 태워야 한다는 것으로 계속 말씀드리겠으니 판단해 보시기를 원합니다.

일곱째 날에는 저녁이 되며 아침이 되는 시간이 없다는 것입니다.

저녁과 아침이라는 시간이 없으면 낮과 밤만 있다는 것입니다. 일곱째 날에는 저녁과 아침이라는 시간이 없기에 영원한 낮과 밤만 있게 된다는 것입니다. 일곱째 날에는 저녁과 아침이라는 시간이 없기에 때가 되면 영원한 낮과 밤만 있게 된다는 것으로 판단해 보시기를 원합니다.

일곱째 날에는 저녁과 아침이라는 시간이 없기에 아버지께서 뜻을 나타내면 아버지는 자신의 거룩함으로 영원한 낮에 있지만 하늘의 주인이 되려는 하나님은 자신의 거룩함인 생기가 충만하게 있는 영원한 밤에 있게 된다는 것입니다. 일곱째 날에는 저녁과 아침이라는 시간이 없기에 아버지께서 뜻을 나타내면 하늘의 주인이 되려는 하나님은 자신의 거룩함인 생기가 충만하게 있는 영원한 밤(빛이 없는 태초의 하늘)에서 생기로 있는 해처럼 영원히 꺼지지 않는 불이 되어 자신과 자신의 집(아버지가 없는 하늘)을 불로 태운다는 것으로 계속 말씀드리겠습니다.

아버지께서 태초에 빛이 없는 하늘과 땅을 만든 것은 시간의 시작이면서 시간의 끝을 만든 것입니다. 아버지께서 태초에 빛이 없는 하늘과 땅을 만든 것은 시간의 시작이지만 아버지께서 뜻을 나타내면 시간의 끝이 된다는 것입니다. 아버지께서 태초에 만든 빛이 없는 하늘과 땅은 시간의 시작이지만 아버지께서 뜻을 나타내면 시간의 끝이기에 영원한 밤으로 있게 된다는 것으로 판단해 보시기를 원합니다.

낮만 있거나 밤만 있으면 시간을 모르기에 끝이 없다는 것입니다. 아버지께서 뜻을 나타내면 처음(태초)이 나중(일곱째 날)이 되고 나중(일곱째 날)이 처음(태초)이 된다는 것입니다. 그러면 아버지께서 태초에 아버지가 있는 하늘은 빛이 있고 아버지가 없는 하늘은 빛이 없다는 것을 나타낸 것은 하늘의 주인이 되려고 하면 영원히 아버지가 없는 하늘에 있어야 한다는 것을 보여주신 것입니다. 그리고 아버지께서 태초에 아버지가 있는 하늘은 빛이 있고 아버지가 없는 하늘은 빛이 없다는 것을 나타낸 것은 하늘을 밝히는 빛이 되려고 하면 영원히 빛이 없는 하늘에 있어야 한다는 것을 보여주신 것으로 판단해 보시기를 원합니다.

아버지께서 태초에 아버지가 없으면 빛이 없는 하늘이 된다는 것을 나타내신 것은 아버지의 집은 빛이기에 하루가 없다는 것을 나타내신 것임을 나는 마음으로 알아야 한다는 것입니다. 아버지께서 태초에 아버지가 없으면 빛이 없는 하늘이 된다는 것을 나타내신 것은 아버지의 집은 빛이고 하루가 없기에 아버지와 아들은 영원히 하늘을 밝히는 일을 하지 않고 쉴 것이라고 말씀하신 것임을 나는 마음으로 알아야 한다는 것입니다. 숨을 쉬고 있는 내가 아버지께 간다면 나는 아버지의 거룩함이 밝히고 있는 빛의 하늘에서 흐르는 시간을 알지 못하기에 나는 아버지의 숨결로 숨을 쉬면서 영원히 살아 있는 영으로 있으면서 하늘을 밝히는 일을 하지 않기에 나를 불로 태우지 않는다는 것을 마음으로 알아야 한다는 것으로 계속 말씀드리겠으니 판단해 보시기를 원합니다.

•

기도문은 창세기와 하늘(아버지의 집)의 문을 여는 열쇠를 준 것입니다.

요한복음 12:44 예수께서 외쳐 가라사대 나를 믿는 자는 나를 믿는 것이 아니요 나를 보내신 이를 믿는 것이며 45 나를 보는 자는 나를 보내신 이를 보는 것이니라 46 나는 빛으로 세상에 왔나니 무릇 나를 믿는 자로 어두움에 거하지 않게 하려 함이로라

빛은 하늘(아버지의 집)을 떠나 하나님이 주인으로 있는 하늘을 빛으로 만든 것입니다. 빛은 하늘(아버지의 집)을 떠나 하나님이 주인으로 있는 하늘을 빛으로 만들려고 하였기에 어둠(빛이 없는 하늘)을 밝히는 불(해)이 된 것입니다.

빛은 하늘에서 아버지의 거룩함으로 빛을 냈지만 하나님의 거룩함으로 빛을 내는 빛이 되려고 하였다는 것입니다. 빛은 하늘에서 하나님의 거룩함으로 빛을 내는 빛이 되려고 하였기에 생기로 허공(빛이 없는 하늘)을 밝히는 불(해)이 되었다는 것입니다.

그러면 아버지의 아들이 자신은 빛으로 왔다고 말한 것은 하늘(아버지의 집)을 떠나 불(해)이 되려고 왔다는 것입니다. 그러나 아버지의 아들이 자신은 아버지에게 돌아간다고 말한 것은 하나님의 집(빛이 없는 하늘)을 밝히는 불(해)이 되려고 온 것이 아니라는 것이기에 아버지의 아들이 자신을 가리켜 빛으로 왔다고 말한 것은 비유라는 것으로 판단해 보시기를 원합니다.

나를 보는 자는 나를 보내신 이를 보는 것이라고 한 것은 "나는 나를 보내신 분의 모습이다"고 말한 것입니다. 육체(죽은 하나님의 모습)로 있지만 "나는 죽은 영이 아니라 나를 보내신 분의 모습이기에

살아 있는 영이다"고 말한 것입니다. 그리고 육체(죽은 하나님의 모습)를 살리는 일을 하지 않았으니 "나는 살아 있는 하나님의 모습이 아니라 나를 보내신 분의 살아 있는 모습이다"고 말한 것입니다. 그러면 아버지의 아들은 죽은 하나님의 모습을 살리려고 일한 것이 아니라 깊은 잠에 빠져 있는 영을 살려 숨을 쉬는 영(아버지의 모습)이 되려고 일한 것으로 계속 말씀드리겠습니다.

빛은 아버지의 거룩함으로 빛을 내면서 자신이 하늘에서 살아 있다는 것을 나타낸 것입니다. 빛으로 왔다는 것은 "나에게 아버지의 거룩함이 있기에 내가 숨을 쉬면서 살아 있는 것이다"고 말한 것입니다. 자신에게 아버지의 거룩함이 있다고 한 것은 "나는 숨을 쉬면서 살아 있는 아버지의 모습이다"고 말한 것으로 계속 말씀드리겠으니 판단해 보시기를 원합니다.

어둠은 밤(빛이 없는 하늘)이기에 아버지의 거룩함이 없다는 것입니다. 내가 어둠에 있으면 나는 아버지의 거룩함이 없는 곳에 있다는 것입니다. 나를 어둠에 거하지 않게 하겠다고 말한 것은 내가 아버지의 거룩함이 없는 곳에 있기에 나를 아버지의 거룩함이 있는 하늘에 있게 하겠다고 한 것입니다. 아버지를 떠난 탕자(아들)인 내가 아버지의 거룩함이 없는 어둠(밤)에 있기에 나를 아버지의 거룩함이 있는 하늘에 있게 하겠다고 한 것으로 판단해 보시기를 원합니다.

그리고 어둠은 하나님의 거룩함인 생기가 빛으로 있다는 것입니다. 내가 어둠에 있으면 나는 하나님의 거룩함인 생기가 빛으로 있는 불에 있는 것입니다. 그러면 아버지의 아들이 나를 어둠에 있게 하지 않고 빛에 있게 하겠다고 말한 것은 내가 하나님의 거룩함인 생기가 빛으로 있는 불에 있기에 나를 아버지의 거룩함이 빛으로 있는 하늘

(아버지의 집)에 있게 하겠다고 한 것으로 계속 말씀드리겠으니 판단해 보시기를 원합니다.

내가 어둠이면 나에게는 아버지의 거룩함이 없다는 것입니다. 내가 어둠이면 나에게는 숨결(아버지의 거룩함)이 없고 생기(하나님의 거룩함)가 있다는 것입니다. 그리고 어둠은 아버지가 없고 하나님이 주인으로 있는 밤(빛이 없는 하늘)이라는 것입니다. 그런데 아버지의 아들은 나를 아버지의 거룩함이 빛으로 있는 하늘(아버지의 집)에서 아버지의 숨결로 숨을 쉬는 영으로 만들려고 왔다고 말한 것입니다. 그러면 아버지의 아들은 나를 하늘을 밝히는 일을 하지 않아도 되는 아들로 만들러 왔다고 말한 것으로 계속 말씀드리겠습니다.

아버지의 아들을 가리켜 성령으로 잉태되었다고 말합니다.

성령이란 하나님의 영이고 하나님의 영은 하나님의 모습이라는 것입니다. 성령이란 불(하나님의 모습)로 있는 하나님의 영이기에 하나님의 거룩함인 생기로 있는 영이라는 것입니다. 성령은 하나님의 거룩함인 생기로 있는 해처럼 어둠(빛이 없는 하늘)에서 빛으로 있는 불이기에 성령이란 빛처럼 있으려는 불(하나님의 모습)이라는 것으로 계속 말씀드리겠습니다.

나를 보는 자는 나를 보내신 분을 보는 것이라고 말한 것은 나를 보내신 분이 있다고 말한 것입니다. 나를 보내신 분이 있다는 것은 "나는 누가 잉태를 시켜서 온 것이 아니다"고 말한 것입니다. 나를 보내신 분이 있기에 나는 누가 잉태를 시켜서 온 것이 아니라고 말한 것은 "나는 성령(하나님의 영)이 아니기에 불(죽은 빛)인 해(하나님의 모습)가 아니다"고 한 것입니다. 나를 보는 것은 나를 보내신 분을 보는 것이라고 말한 것은 "나는 나를 보내신 아버지의 모습이기에 숨을 쉬면서 살아 있는 아버지의 모습이다"고 말한 것으로 계속 말씀드리겠습니다.

요한복음 5:19 그러므로 예수께서 저희에게 이르시되 내가 진실로 진실로 너희에게 이르노니 **아들이 아버지의 하시는 일을 보지 않고는 아무것도 스스로 할 수 없나니** 아버지께서 행하시는 그것을 아들도 그와 같이 행하느니라 20 **아버지께서** 아들을 사랑하사 **자기의 행하시는 것을 다 아들에게 보이시고 또 그보다 더 큰일을 보이사 너희로 기이히 여기게 하시리라**

아들은 아버지께서 하신 일을 보았기에 아버지께서 하신 일을 보지 않았다면 아무것도 스스로 할 수 없다고 말한 것입니다. 아들이 아무것도 스스로 할 수 없다고 말하면서 육체(죽은 하나님의 모습)가 아니라 영을 살리는 일을 하라고 하였으니 아버지께서는 나의 영을 살리려고 일하시는 분이라고 증거한 것입니다.

나에게 너는 아버지를 떠난 탕자(아들)이니 육체(죽은 하나님의 모습)가 아니라 영을 살리는 일을 하라고 말한 것입니다. 그러면 내가 아버지의 집에서 하나님이나 빛처럼 되려고 하였기에 아버지께서 나에게 아버지가 없는 하늘을 보여주려고 태초에 빛이 없는 하늘과 땅을 만든 것임을 나는 마음으로 알아야 한다는 것으로 판단해 보시기를 원합니다.

참되다는 거짓이 없기에 흠이 없는 진리라는 것입니다.

요한복음 8:14 예수께서 대답하여 가라사대 내가 나를 위하여 증거하여도 내 증거가 참되니 나는 내가 어디서 오며 어디로 가는 것을 앎이어니와 너희는 내가 어디서 오며 어디로 가는 것을 알지 못하느니라 내 증거가 참되다는 것은 내 증거를 무조건 믿어도 된다고 말한 것입니다. 내 증거가 참되다는 것은 내가 한 말을 믿어야 죽지 않을 것이라고 말한 것입니다. 내 증거가 참되다는 것은 내가 한 말을 믿어야 죽지 않을 것이라고 말한 것이기에 "네가 나의 말로 인하여 죽는다면 그 책임은 내가 지겠다"고 한 것입니다. 그러면 내 증거가 참되다고 말한 것은 "네가 나의 말을 믿고 너의 영을 살리는 일을 하였는데 네가 죽은 영이 된다면 그 책임은 나에게 있으니 내가 너를 대신하여 죽은 영이 되겠다"고 한 것임을 나는 마음으로 알아야 한다는 것으로 판단해 보시기를 원합니다.

내가 나를 위하여 증거하여도 내 증거가 참되다는 것은 내가 나를 위하여 내가 누구인지 말하여도 흠이 없는 진리라고 한 것입니다. 육체가 아니라 영을 살리는 일을 하면서 나를 위하여 내가 누구인지 말하여도 내 증거가 흠이 없는 진리라고 한 것은 나는 내가 증거한 것으로 인하여 죽지 않는다고 말한 것입니다.

육체가 아니라 영을 살리는 일을 하면서 내 증거는 흠이 없는 진리라고 말한 것입니다. 그러면 내가 영을 살리는 일을 하면서 나를 아버지의 아들이라고 말하여도 나는 거짓을 말한 것이 아니기에 나는 죽지 않는다고 말한 것입니다. 그리고 네가 하늘에서 살아 있는 영이 되려고 영을 살리는 일을 하면서 너를 아버지의 아들이라고 말하여도 아버지께서는 너를 죽이지 않는다고 말한 것으로 계속 말씀드리겠으니 판단해 보시기를 원합니다.

아들은 육체가 아니라 영을 살리는 일을 하면서 나는 내가 어디서 왔는지 알기에 어디로 가는지 안다고 말한 것입니다. 그러면 나는 살아 있는 영으로 있다가 육체가 되었기에 살아 있는 영이 되어 내가 있던 곳으로 돌아간다고 말한 것입니다. 그리고 나는 육체로 있지만 영을 살리는 일을 하였기에 숨을 쉬면서 살아 계신 아버지의 모습으로 있는 영이 되어 하늘(아버지의 집)로 돌아간다고 말한 것으로 계속 말씀드리겠으니 판단해 보시기를 원합니다.

그런데 나에게 "너는 내가 어디서 왔는지 모르기에 내가 어디로 가는지 알지 못한다"고 하였으니 "너는 내가 있는 곳으로 오지 못한다" 고 말한 것입니다. 너는 내가 어디서 와서 어디로 가는지 알지 못하기에 너는 아버지가 있는 하늘로 들어가지 못한다고 말한 것입니다. 너는 내가 어디서 와서 어디로 가는지 알지 못하기에 너는 아버지가 있는 하늘로 들어가지 못할 것이라고 말한 것은 아들이 있어야 하는 곳은 아버지의 집이기에 아버지의 집으로 들어가려면 아들이 되어야 한다고 말한 것으로 판단해 보시기를 원합니다.

빛으로 왔다는 것은 빛이 있는 하늘에서 왔다고 말한 것입니다.

빛으로 왔다는 것은 빛이 있는 하늘에 있었다는 것입니다. 빛으로 왔다는 것은 내가 가는 곳은 빛이 있는 하늘이라고 말한 것입니다. 그런데 너는 내가 어디서 와서 어디로 가는지 알지 못한다고 하였으니 너는 아버지를 떠난 아들이지만 그것을 모르기에 아버지가 없기에 빛이 없는 하늘로 갈 것이라고 말한 것으로 계속 말씀드리겠으니 판단해 보시기를 원합니다.

육체로 있으면서 영을 살리는 일을 하라고 한 아들이 기도하는 방법을 말하였다면 그냥 외우라고 한 것이 아니라는 것입니다. 어디에서 왔는지 모르기에 어디로 가야 하는지 모르는 나에게 그냥 기도하는 방법을 가르쳐준 것이 아니라는 것입니다. 어디서 왔는지 모르면서 아버지가 없는 하늘로 가려고 하기에 나에게 기도하는 방법을 준 것이기에 나는 기도문에 있는 뜻을 알려고 하여야 한다는 것으로 계속 말씀드리겠으니 판단해 보시기를 원합니다.

1. 하늘에 계신 우리 아버지여는 아버지께서는 태초에 만든 하늘과 땅에 있지 않다고 가르쳐준 것입니다.

아버지의 아들은 숨을 쉬면서 살아 계신 아버지의 모습이기에 숨을 쉬면서 살아 있는 영이라는 것입니다. 그런데 아버지의 아들은 숨을 쉬는 육체로 있었고 나도 숨을 쉬는 육체로 있다는 것입니다. 그리고 아버지의 아들은 육체로 있는 나에게 하늘에 계신 우리 아버지라고 말한 것입니다.

아버지의 아들은 나에게 "나의 아버지와 너의 아버지는 같다"고 말한 것입니다. 나에게 "나와 너는 아버지가 같기에 우리는 형제다"고 말한 것입니다. 나에게 형제라고 말한 것은 "너는 나의 친구나 종이나 제자가 아니다"고 말한 것으로 판단해 보시기를 원합니다.

아들은 아버지가 있는 하늘로 돌아갔으니 나도 아버지가 있는 하늘로 돌아가야 한다는 것입니다. 아버지는 숨을 쉬면서 살아 계시기에 내가 숨을 쉬는 영이 되려고 하여야 아버지께서 하늘(아버지의 집)로 들어가는 문(아버지의 마음)을 연다는 것으로 계속 말씀드리겠습니다.

아버지를 아버지라고 한 것입니다.

아들은 나에게 "나의 아버지가 곧 너의 아버지다"고 말한 것입니다. 나는 아빠나 엄마를 찾으면서 아버지의 이름이나 엄마의 이름을 부르는가요? 그리고 나의 자녀가 나의 이름을 붙여 ○○○아버지 ○○○엄마라고 부른다면 나의 기분은 어떠할까요?

나의 아버지와 엄마가 당연히 아버지와 엄마이듯이 나의 자녀는 당연히 나의 아들과 딸이라는 것입니다. 내가 굳이 아버지와 엄마의 이름을 부르지 않아도 아버지나 엄마는 내가 자신을 찾고 있다는 것을 안다는 것입니다. 그리고 내가 아들이나 딸이라고 말하면 나의 아들과 딸은 내가 자신을 찾고 있다는 것을 안다는 것입니다. 그러면 내가 아버지를 모르더라도 육체가 아니라 영을 살려 달라고 간절히 매달리면 나에게 숨결을 준 아버지는 내가 자신을 찾고 있음을 안다는 것으로 판단해 보시기를 원합니다.

그런데 나는 하나님을 아버지라고 말하면서 그냥 아버지라 부르는가요? 그리고 성경을 보면 하나님이 자신을 가리켜 그냥 아버지라고 말하는가요? 하나님은 자신을 가리켜 어떠한 하나님이라 말하고 나는 하나님을 아버지라 부르면서 호칭 앞에 온갖 아름다운 말들로 표현하면서 주(주인님)라고 말한다는 것입니다.

아버지가 사장이나 회장 또는 장관이나 대통령이라고 하여 내가 아버지를 아버지님이라 불러야 하는가요? 내가 대통령이라고 나의 아들과 딸이 나를 대통령님이라고 불러야 하는가요? 아버지가 아무리 잘나고 높은 자리에 있어도 나에게는 그냥 아버지이고 내가 아무리 잘나고 높은 자리에 있어도 나의 아들과 딸에게는 그냥 아버지라는 것으로 판단해 보시기를 원합니다.

아버지는 빛의 하늘에 계신다고 증거한 것입니다.

아들은 나는 빛으로 왔고 나를 보낸 분은 아버지라고 한 것입니다. 아들은 아버지를 떠나 땅으로 왔다고 참(흠이 없는 진리)된 말로 하늘(아버지의 집)에 대하여 증거한 것임을 나는 마음으로 알아야 한다는 것입니다.

아들은 왜 아버지가 하늘에 있다고 한 것일까요? 님에게 아버지가 어디에 계시냐고 물으면 아버지가 어디에 있다고 말할 것입니다. 그런데 님의 아버지가 돌아가셨다면 님은 아버지가 어디에 있다고 말하지 못한다는 것입니다. 님이 아버지가 어디에 있다고 말하지 못하면 님의 아버지가 죽었기 때문이라는 것입니다.

그러나 아들은 아버지는 하늘에 있다고 말한 것입니다. 아버지가 하늘에 있다고 말한 것은 "네가 땅에서 숨을 쉬면서 살아 있듯이 아버지도 하늘에서 숨을 쉬면서 살아 있다"고 증거한 것이고 "아버지는 숨을 쉬면서 살아 있기에 빛이 있는 하늘에 있다"고 증거한 것으로 판단해 보시기를 원합니다.

에어 포스 원이라고 대통령이 타는 비행기가 있습니다. 그런데 대통령이 꼭 에어 포스 원에 타야만 하는 것인가요? 그리고 대통령이 다른 비행기에 타면 에어 포스 원은 어떻게 되는 것인가요? 대통령이 타면 그 비행기가 에어 포스 원이고 대통령이 없는 에어 포스 원은 그냥 비행기가 된다는 것입니다.

하늘도 아버지가 있어야 빛이 있는 하늘이 된다는 것입니다. 하늘에 아버지가 없으면 그냥 말로만 있는 하늘이 된다는 것입니다. 대통령이 비행기를 타면 그 비행기가 당연히 에어 포스 원이 되듯이 아버지가 있는 곳은 당연히 하늘이 된다는 것입니다. 아버지가 있으면 당연히 하늘이 되어야 하지만 아버지가 태초에 빛이 없는 하늘을 만들고 물 가운데 허공을 하늘이라 불렀으니 나는 내가 눈으로 보고 있는 하늘에 아버지가 없다는 것을 마음으로 알아야 한다는 것으로 판단해 보시기를 원합니다.

아들은 아버지의 집에서 왔기에 아버지는 아버지의 집에 있다는 것입니다.

아들이 아버지의 집에서 빛으로 왔다고 한 것은 아버지는 빛이 있는 하늘에 있다고 말한 것입니다. 아버지의 집에서 빛으로 왔기에 아버지의 집에 빛이 없다면 아버지는 하늘에 있다고 말하지 못한다는 것입니다. 아버지의 집에 빛이 없다면 아버지가 어디에 있는지 찾지 못하기에 아버지가 하늘에 있다고 말하지 못한다는 것입니다. 빛이 아버지의 집을 떠났다고 아버지가 빛이 없는 하늘에 있다면 아들은 아버지를 찾지 못하기에 아버지에게 돌아가지 못하고 허공을 떠돌아다녀야 한다는 것을 나는 마음으로 알아야 한다는 것입니다.

아들은 아버지의 집에서 빛으로 왔지만 아버지의 집은 빛이 없어도 빛이 있는 하늘이라는 것입니다. 아들이 아버지의 집에서 빛으로 왔지만 아버지의 집은 빛이 없어도 빛이 있는 하늘이기에 "나는 아버지의 집을 밝히려고 아버지의 집으로 돌아가는 것이 아니다"고 증거한 것입니다.

네가 아버지의 집을 밝히는 빛이 되려고 하면 너는 결코 아버지의 집으로 들어가지 못한다고 말한 것입니다. 내가 아버지의 집을 밝히려고 하면 나는 아버지의 집에 빛이 없다고 하면서 아버지의 집을 불로 태우려는 것이기에 나는 결코 아버지의 집으로 들어가지 못한다는 것으로 계속 말씀드리겠으니 판단해 보시기를 원합니다.

2. 이름이 거룩히 여김을 받으시오며

이름이란 내가 다른 사람과 구별되는 명칭이기에 이름은 내가 누구인지 나타내는 것입니다. 아버지의 이름이 거룩하지 있다면 아버지의 이름으로 있는 자가 나에게 아버지로 있는 것입니다.

아버지의 이름으로 있는 자는 아버지의 모습으로 있는 아들이라는 것입니다. 아버지의 이름으로 있는 자는 아버지의 모습으로 있는 아들이기에 아버지가 한 일을 보고 아버지가 원하는 일을 하면 아버지가 누구인지 증거하는 아들이 된다는 것입니다. 그러나 아버지의 모습으로 있는 아들이 아버지를 대신하여 아버지로 있으면 죽은 우상(아버지의 모습)이 되어야 하기에 죽은 영이라는 것을 나는 마음으로 알아야 한다는 것으로 계속 말씀드리겠으니 판단해 보시기를 원합니다.

아버지께서 태초에 만든 빛이 없는 하늘에는 아버지가 없지만 아버지의 모습인 빛의 영이 있다는 것입니다. 아버지는 아버지의 모습인 빛의 영이 있지만 빛이 없는 하늘에 빛이 있으라고 말씀하신 것입니다. 아버지의 모습인 빛의 영이 있지만 빛이 없는 하늘에 빛이 있으면 아버지께서는 자신이 어디에 있는 누구인지 나에게 나타내신 것입니다. 그런데 아버지의 모습인 빛의 영은 아버지가 없는 하늘에서 나에게 아버지가 되려고 하기에 아버지의 이름으로 있는 것이 된다는 것으로 판단해 보시기를 원합니다.

아버지의 이름이 거룩히 여김을 받고 있다고 말한 것입니다.

빛의 영이 빛이 있게 된 자신의 집(태초의 하늘)을 낮과 밤으로 나눈 것입니다. 빛의 영은 빛이 있게 된 자신의 집(태초의 하늘)을 낮과 밤으로 나누고 낮에 있었다는 것입니다. 그러면 아버지의 아들은 "빛의 영이 빛이 있게 된 자신의 집(태초의 하늘)을 낮과 밤으로 나누고 낮에 있으면서 자신이 아버지이기에 하늘에 빛이 있는 것이라고 하였다"고 한 것입니다.

여김이란 마음속으로 그러하다고 인정하거나 생각한다는 것입니다. 아버지의 이름이 거룩히 여김을 받는다는 것은 아버지의 이름이 거룩하게 인정을 받고 있다는 것입니다. 아버지의 이름은 하늘에서 아버지로 있으려는 빛의 영이기에 "빛의 영은 하늘에서 살아 있다는 인정을 받으려 하고 빛의 영이 하늘에서 살아 있다는 인정을 받고 있다"고 말한 것입니다.

아버지의 아들은 "허공(빛이 없는 태초의 하늘)에 있게 된 빛의 영은 하늘에 있지 못하는데 너에게서 하늘에서 살아 있다는 인정을 받고 있다"고 말한 것입니다. 아버지가 없는 하늘에서 아버지의 이름으로 있는 빛의 영은 거룩하지 않지만 나에게서 하늘에서 살아 있는 아버지로 인정을 받고 있다고 말한 것임을 나는 마음으로 알아야 한다는 것으로 판단해 보시기를 원합니다.

아버지의 아들은 하나님을 가리켜 "너는 아버지의 이름이다"고 말한 것입니다. 하나님에게 "너는 아버지의 모습이지만 아버지로 있기에 나와 형제가 아니다"고 말한 것입니다. 아버지의 아들이 하나님에게 아버지의 이름이라고 한 것은 "너는 아버지가 없는 하늘에서 아버지로 있기에 나와 형제가 아니다"고 말한 것으로 판단해 보시기를 원합니다.

하나님이 나에게 양자가 되라는 것은 아버지가 아니기에 아버지가 되려는 것입니다. 아버지가 아니면서 나를 양자로 삼으려는 하나님은 자신만 유일하게 살아 있는 영이라는 말을 하고 있다는 것입니다. 내가 자신만 유일하게 살아 있는 영이라고 말하는 하나님의 양자가 되면 하나님이 나를 숨을 쉬면서 살아 있는 영으로 만든다는 것인가요 아니면 숨을 쉬지 못하는 죽은 영으로 만든다는 것인가요?

아버지의 아들은 육체로 있는 나에게 "너는 나와 형제이기에 살아 있는 영이다"고 말한 것입니다. 그러나 아버지의 모습인 하나님에게

"너는 아버지가 없는 하늘에서 아버지의 이름으로 있기에 나와 형제가 아니니 죽은 영이다"고 말한 것입니다. 그러면 하나님은 아버지가 없는 하늘에서 아버지의 이름으로 자신만 유일하게 살아 있는 영으로 있으면서 나의 영을 죽이려는 죽은 영이라고 증거한 것임을 나는 마음으로 알아야 한다는 것으로 계속 말씀드리겠으니 판단해 보시기를 원합니다.

3. 나라이 임하옵시며

나라는 하늘이라는 것입니다. 나라에 임하시라고 말하면 그 하늘에 주인이 있다는 것인가요 없다는 것인가요? 나라에 임하시라는 것은 그 하늘에 주인이 없다는 것이기에 주인이 없는 하늘에 임하시라고 말한 것입니다. 그리고 나라에 임하시라는 것은 주인이 없기에 빛이 없는 하늘에 임하여 빛의 하늘로 만들라고 한 것으로 판단해 보시기를 원합니다.

그런데 주인이 없는 하늘은 하늘이 된 허공이라는 것입니다. 태초의 하늘에는 하나님이 있기에 주인이 없는 하늘은 물 가운데 허공과 허공(하늘 위의 물이 있던 자리)이라는 것입니다.

허공(하늘 위의 물이 있던 자리)에는 빛이 없지만 아버지의 거룩함이 있다는 것입니다. 그러면 아버지의 아들은 아버지에게 아버지의 거룩함이 있는 허공(하늘 위의 물이 있던 자리)에 임하여 빛의 하늘로 만드시라고 말한 것입니다.

그리고 하나님에게 생기(하나님의 거룩함)가 있는 허공(물 가운데 하늘)에 있으면서 불로 태우라고 말한 것입니다. 아버지의 아들은 나에게 "너는 아버지가 있는 하늘이 빛이고 하나님이 있는 하늘은 불이라는 것을 알아야 한다"고 말한 것입니다.

아버지의 거룩함이 있지만 빛이 없는 하늘은 허공(하늘 위의 물이 있던 자리)이라는 것입니다. 하나님의 거룩함이 있지만 빛이 없는 하늘은 물 가운데 허공이라는 것입니다. 그러면 아버지의 아들이 아버지께 허공(하늘 위의 물이 있던 자리)에 임하시고 하나님에게 허공(물 가운데 하늘)에 있으라고 한 것은 나에게 누구의 하늘이 빛이고 누구의 하늘이 불인지 알라고 말한 것으로 계속 말씀드리겠으니 판단해 보시기를 원합니다.

아버지와 하나님에게 하늘이 된 허공에 임하라고 말함

↓

하늘 위의 물이 있던 자리 ⇔ 물 가운데 하늘이 있던 자리

아버지께서 임하면 빛의 하늘이 된다고 함 ⇔ 하나님이 임하면 불로 태우면서 낮으로 만든다고 한 것임

아버지가 있는 하늘은 나를 불로 태우지 않는다고 함 ⇔ 하나님이 아버지로 있는 하늘은 나를 불로 태운다고 함

4. 뜻이 하늘에서 이루어진 것같이 땅에서도 이루어지이다.

하늘에서 뜻을 이룬 것같이 땅에서도 이루어질 것이라고 말한 것입니다. 그런데 하늘에서 이룬 뜻이 땅에서도 이루어지면 때가 되었다는 것입니다. 그리고 아버지의 뜻이 하늘에서 이루어졌다는 것은 아버지가 하늘에서 아버지로 있게 되었다는 것입니다.

아버지의 뜻이 하늘에서 이루어졌다는 것은 하늘에 아버지로 있으려는 아들이 없게 되었다는 것입니다. 하늘에 아버지로 있으려는 아들이 없다는 것은 하늘에서 아버지를 쫓아내려는 아들이 없게 되었

다는 것입니다. 하늘에 아버지로 있으려는 아들이 없게 되었다는 것은 하늘에서 아버지를 대신하여 아버지로 있으려는 아들이 없기에 아버지는 아들과 함께 하늘에 있게 되었다는 것입니다.

하늘에서 주인이 되려는 하나님은 허공(아버지가 없는 하늘)에 있다는 것입니다. 그러면 때가 되면 하늘에서 주인이 되려고 한 하나님은 영원히 허공(아버지가 없는 하늘)의 주인으로 있게 되고 아버지는 하늘에서 영원히 아버지로 있게 된다는 것으로 계속 말씀드리겠으니 판단해 보시기를 원합니다.

그리고 때가 되면 빛이 없는 태초의 하늘에서 주인으로 있는 하나님이 아버지가 없는 땅의 주인으로 있게 된다는 것입니다. 때가 되면 하나님은 빛이 없는 태초의 하늘에서 아버지가 없는 땅을 불로 태운다는 것으로 계속 말씀드리겠습니다.

해가 땅을 달처럼 불로 태우지 못하는 것은 하늘(하늘 위의 물이 있던 자리)에 아버지의 거룩함이 있기 때문입니다. 해가 빛이 없는 태초의 하늘에서 땅을 불로 태우려면 하늘(하늘 위의 물이 있던 자리)에 아버지의 거룩함이 없어야 한다는 것입니다. 그러면 아버지의 아들은 때가 되면 땅의 하늘에서 아버지의 거룩함이 없어질 것이기에 허공(빛이 없는 하늘)에서 주인으로 있는 하나님이 땅을 불로 태울 것이라고 말한 것으로 계속 말씀드리겠으니 판단해 보시기를 원합니다.

아버지의 뜻이 땅에서 이루어지면 때가 되었다는 것입니다.

아버지의 뜻이 하늘에서 이루어졌듯이 땅에서도 이루어지면 이룰 것이 없기에 때가 되었다는 것입니다. 때가 되면 하나님은 허공(빛이 없는 태초의 하늘)과 땅에서 유일하게 살아 있는 영으로 있어야 하기에 나는 죽은 영이 된다는 것입니다. 그러면 아버지의 아들은 때가 되면 하나님이 허공(빛이 없는 태초의 하늘)과 땅에서 유일하게 살아 있는 영으로 있으면서 너를 죽지 못하는 죽은 영인 생기로 살아 있는 영으로 만들 것이라고 말한 것으로 계속 말씀드리겠습니다.

때가 되면 하나님은 아버지가 없는 하늘과 땅에서 유일하게 살아 있는 영으로 있을 것이니 "네가 영을 살리는 일을 하지 않으면 너는 영원히 죽은 영으로 있을 것이다"고 말한 것입니다. 때가 되면 하나님은 아버지가 없는 하늘과 땅에 자신만 유일하게 살아 있는 영이라는 것을 나타낼 것이기에 네가 영을 살리는 일을 하지 않으면 너는 불에 태워지면서 영원히 죽지 못하는 죽은 영으로 있을 것이라고 말한 것입니다.

때가 되면 하나님은 자신만 유일하게 살아 있는 영이라는 것을 나타내려고 빛이 없는 하늘과 땅을 불로 태울 것이라고 말한 것입니다. 때가 되면 하나님은 빛이 없는 하늘과 땅을 불로 태우면서 자신간 유일하게 살아 있는 영이라는 것을 나타낼 것이기에 "네가 영을 살리는 일을 하지 않으면 너는 영원히 꺼지지 않는 불에서 죽은 영으로 있을 것이다"고 말한 것입니다. 때가 되면 하나님은 빛이 없는 하늘과 땅을 불로 태우면서 자신만 유일하게 살아 있는 영이라는 것을 나타낼 것이기에 네가 영을 살리는 일을 하지 않으면 너는 하나님의 불에 태워지면서 영원히 죽지 못하는 죽은 영으로 있을 것이라고 말한 것임을 나는 마음으로 알아야 한다는 것으로 계속 말씀드리겠습니다.

아버지의 뜻이 태초의 하늘에서 이루어졌다면 아버지는 어떠한 분인가요?

빛이 없는 하늘에 아버지의 모습인 빛의 영이 있는데 아버지의 뜻이 이루어진 것이 됩니다. 그런데 아버지가 아버지의 모습인 빛의 영을 빛이 없는 하늘에 있게 하였다면 아버지는 자신의 아들을 죽이려고 일하는 악한 자가 됩니다.

그러나 아버지의 뜻이 하늘에서 이루어졌다는 것은 "아버지의 모습인 빛의 영이 하늘의 주인이 되려고 아버지를 하늘에서 쫓아내려다 빛이 없는 허공에 있게 되었다"고 말한 것입니다. 하나님이 아버지를 대신하여 하늘의 주인이 되려고 아버지를 하늘에서 쫓아내려다 빛이 없는 허공에 있게 되었다고 말하면서 "하늘에는 아버지를 대신하여 아버지로 있으려는 아들이 없기에 때가 되면 아버지는 하늘에서 영원히 아버지로 있을 것이다"고 증거한 것으로 판단해 보시기를 원합니다.

하나님은 빛이 있게 된 하나의 하늘을 낮과 밤으로 나누고 자신이 있는 하늘은 빛이 있는 낮이지만 자신이 없는 하늘은 빛이 없는 밤이라고 한 것입니다. 그런데 아버지께서 아버지가 없는 하늘은 빛이 없다는 것을 보여주려고 태초에 빛이 없는 하늘을 만든 것입니다. 그러면 하나님이 아버지가 없기에 빛이 없는 하늘에 있게 되었다는 것은 아버지가 있기에 빛이 있는 하늘에서 아버지를 쫓아내고 주인이 되려고 하였다는 것을 스스로 증거한 것으로 판단해 보시기를 원합니다.

하나님이 빛이 있게 된 하나의 하늘을 낮과 밤으로 나누고 자신이 있는 하늘은 낮이지만 자신이 없는 하늘은 밤이라고 한 것은 아버지가 있기에 빛이 있는 하늘에서 주인이 되려고 하였다는 것을 증거한 것입니다. 하나님이 빛이 있게 된 하나의 하늘을 낮과 밤으로 나누고 자신이 있는 하늘은 낮이지만 자신이 없는 하늘은 밤이라고 하였기에 아버지께서 아버지가 하늘에 없으면 어떻게 되는지 나타내려고 하나님이 주인으로 있는 낮을 밤으로 만들었으니 하늘(아버지의 집)로 돌아오라는 아버지의 뜻은 하늘에서 이루어진 것과 같다는 것으로 판단해 보시기를 원합니다.

아버지의 아들은 "하늘에서 아버지가 되려고 한 아들이 아버지가 없는 하늘에서 낮(빛의 하늘)에 있지 못하게 되었으니 아버지의 뜻이 하늘에서 이루어졌다"고 말한 것입니다. 하늘에서 주인이 되려고 한 하나님은 낮(빛의 하늘)에 있지 못하기에 허공(빛이 없는 하늘)에서 주인으로 있으려 한다고 말한 것입니다. 하나님은 낮(빛의 하늘)에 있지 못하기에 허공(흑암 아래의 깊음)에서 "너에게 아버지가 되려 하고 너는 하나님을 낮(빛의 하늘)의 주인으로 섬기는 종이 되어 하나님의 아들(모습)이 되려 한다"고 말한 것으로 계속 말씀드리겠으니 판단해 보시기를 원합니다.

5. 오늘날 우리에게 일용할 양식을 주옵시고

양식이란 입으로 먹는 열매를 말한 것이 아니라는 것입니다. 육체가 아니라 영을 살리는 일을 하라고 하였으니 양식이란 입으로 먹는 열매가 아니라는 것으로 판단해 보시기를 원합니다.

열매란 육체를 살리려고 입으로 먹는 것입니다. 열매란 육체(죽은 하나님의 모습)를 살려 살아 있는 하나님의 모습이 되려고 입으로 먹는 것입니다. 그런데 육체(죽은 하나님의 모습)를 살리지 말라고 하였으니 살아 있는 하나님의 모습이 되지 말라고 말한 것입니다. 그러면 육체(죽은 하나님의 모습)를 살아 있는 하나님의 모습으로 만들려고 자신만 유일하게 살아 있는 영이라고 말하는 하나님에게 열매를 구걸하지 말라고 말한 것으로 계속 말씀드리겠으니 판단해 보시기를 원합니다.

육체가 아니라 영을 살리는 일을 하라고 하였으니 양식이란 나의 영을 살리는 것입니다. 육체가 아니라 영을 살리는 일을 하라고 하였으니 양식이란 나의 영을 살리는 아버지의 거룩함을 말한다는 것입니다.

물 가운데 하늘에는 하나님이 없지만 아버지의 거룩함으로 빛을 낸 빛이 있었다는 것입니다. 물 가운데 하늘에는 하나님이 없지만 아버지의 거룩함으로 빛을 낸 빛이 있었고 하늘 아래에는 땅과 바다(흑암)로 나누어져 있었다는 것입니다. 물 가운데 하늘에는 하나님이 없지만 아버지의 거룩함으로 빛을 낸 빛이 있었고 물이 없는 땅에서 나온 풀과 채소와 나무는 아버지의 거룩함에 있었기에 죽지 않고 살아 있었다는 것입니다.

육체로 있던 아버지의 아들이 나를 보는 것은 아버지를 보는 것이라고 한 것은 "내가 숨을 쉬면서 살아 있듯이 아버지도 숨을 쉬면서 살아 있다"고 말한 것입니다. 그런데 육체로 있던 아버지의 아들은 "나는 아버지가 있기에 빛이 있는 하늘에서 왔으니 아버지가 있기에 빛이 있는 하늘로 돌아간다"고 말한 것입니다. 그러면 육체로 있던 아버지의 아들은 "나는 아버지의 거룩함이 빛으로 있는 하늘에서 아버지의 거룩한 숨결로 숨을 쉬는 영으로 있을 것이다"고 말한 것이기에 아버지의 아들이 말한 양식은 아버지의 거룩한 숨결이라는 것으로 판단해 보시기를 원합니다.

아들이 아버지가 있는 집으로 들어가면 아들은 아버지의 집에서 어떠한 모습으로 있게 된다는 것일까요?

아버지가 있는 집 ⇒ 아버지+숨을 쉬면서 살아 있는 아버지의 모습으로 있는 영+아버지의 거룩함이 빛으로 있는 하늘 내가 육체(죽은 하나님의 모습)를 살리지 않으면 나는 살아 있는 하나님의 모습이 되지 않는다는 것입니다. 숨을 쉬면서 살아 있는 내가 육체(죽은 하나님의 모습)를 살리지 않으면 나는 살아 있는 하나님의 모습이 되지 않는다는 것이기에 하나님은 숨을 쉬면서 살아 있는 영이 아니라는 것을 나는 마음으로 알아야 한다는 것으로 판단해 보시기를 원합니다.

내가 육체(죽은 하나님의 모습)가 아니라 영을 살리면 나는 아버지의 거룩함이 빛으로 있는 하늘에서 아버지의 숨결로 숨을 쉬는 영(아버지의 모습)이 된다는 것입니다. 숨을 쉬면서 살아 있는 내가 생기인 하나님의 모습이 되지 않으려고 영을 살리는 일을 하면 나는 아버지의 거룩함이 빛으로 있는 하늘에서 아버지의 거룩한 숨결로 숨을 쉬면서 살아 있는 영(아버지의 모습)으로 있게 된다는 것으로 판단해 보시기를 원합니다.

내가 영을 살리는 일을 한다는 것은 아버지의 모습이 되려고 애를 쓰는 것이 아니라는 것입니다. 내가 영을 살리는 일을 한다는 것은 아버지의 모습이 되려고 애를 쓰는 것이 아니라 내가 숨을 쉬면서 살아 있는 것은 아버지가 숨을 쉬면서 살아 있기 때문이라는 것을 마음으로 알고 아버지는 숨을 쉬면서 살아 있기에 나에게 생기(살아 있는 기)를 주는 자가 아니라는 것을 증거하는 것으로 계속 말씀드리겠으니 판단해 보시기를 원합니다.

6. 우리가 우리에게 죄 지은 자를 사하여 준 것같이

아버지의 아들은 네가 너에게 죄 지은 자를 사하여 주었다고 말한 것입니다. 죄 지은 자를 사하여 주려면 나에게 죄를 지은 자가 있다는 것입니다. 나에게 죄를 지은 자가 있지만 내가 죄가 없는 자로 만들었다는 것입니다. 그러면 아버지의 아들은 "죄를 지은 자가 누구인지 알고 싶으면 너에게 죄가 없는 자로 있는 자가 누구인지 알라"고 말한 것으로 판단해 보시기를 원합니다.

나에게 죄 지은 자는 나에게 더러운 일을 한 자라는 것입니다. 나에게 죄를 지은 자는 나를 죽이려고 일하는 자라는 것입니다. 나에게 죄를 지은 자는 나를 죽이려고 일하는 자이기에 나의 앞에서 살아 있는 자가 아니라 죽은 자로 있어야 한다는 것입니다.

그런데 내가 나를 죽이려고 일하는 자의 죄를 사하여 주었다는 것입니다. 내가 나를 죽이려고 일하는 자의 죄를 사하여 주면 나는 나를 죽이려는 더러운 자를 깨끗한 자로 만든 것입니다. 내가 나를 죽이려고 일하는 자의 죄를 사하여 주면 나는 나를 죽이려는 더러운 자에게 나를 살리는 깨끗한 자라고 한 것입니다.

내가 나를 죽이려고 일하는 자의 죄를 사하여 주면 나는 죽은 자를 나의 앞에서 살아 있는 깨끗한 자로 만든 것입니다. 내가 나를 죽이려고 일하는 자의 죄를 사하여 주면 나는 나를 죽이려는 자의 앞에서 죽은 자로 있어야 하고 나를 죽이려는 자는 나의 앞에서 유일하게 살아 있는 자로 있어야 한다는 것으로 판단해 보시기를 원합니다.

나에게 죄를 지은 자 ⇔ 내가 나에게 죄 지은 자를 사하여 줌

↓

나를 죽이려는 더러운 자 ⇔ 나를 살리는 깨끗한 자로 만듦

나를 죽이려고 더러운 일을 함 ⇔ 나를 살리라고 한 것임

나에게 죽은 자로 있어야 함 ⇔ 나에게 유일하게 산 자가 됨

나를 죽이려고 일하지 못함 ⇔ 나는 나를 죽이라고 시킨 것임

↓

나는 나를 죽이려고 일하는 자를 나를 살리는 주인으로 섬기면서 나의 영을 살리는 일을 하지 않으려고 한다는 것임

나에게 죄를 지은 자는 누구인가요?

나는 육체가 아니라 영을 살리는 일을 하여 살아 있는 영이 되어야 합니다. 나는 육체가 아니라 영을 살리는 일을 하여 살아 있는 영이 되어야 하기에 나를 죽은 영으로 만들려고 일하는 자가 나에게 죄를 지은 자가 된다는 것입니다.

나는 육체(죽은 하나님의 모습)를 살리지 않아야 하기에 살아 있는 하나님의 모습이 되지 않아야 합니다. 나를 살아 있는 하나님의 모습으로 만들려는 자가 나에게 죄를 지은 자가 된다는 것입니다. 그리고 나를 자신만 유일하게 살아 있는 영이라고 말하는 하나님의 양자로 만들려는 자가 나에게 죄를 지은 자가 된다는 것으로 판단해 보시기를 원합니다.

나는 영을 살리는 일을 하여 아버지의 거룩함이 빛으로 있는 하늘(아버지의 집)로 들어가는 살아 있는 영(아버지의 모습)이 되어야 합니다. 그러면 나를 하늘(아버지의 집)로 들어가지 못하게 하면서 하나님이 아버지로 있는 허공(빛이 없는 하늘)으로 인도하는 자가 나에게 죄를 지은 자가 된다는 것입니다.

나에게 죄를 지은 자는 나를 하늘(아버지의 집)로 들어가지 못하는 죽은 영으로 만들려고 일하는 자이기에 자신만 하늘에서 살아 있는 유일한 영이라고 말하면서 나를 양자로 삼으려는 하나님이라는 것입니다. 나에게 죄를 지은 자는 자신만 하늘에서 살아 있는 유일한 영이라고 말하면서 나를 하늘(아버지의 집)로 들어가지 못하게 하는 하

나님이지만 오히려 내가 하나님을 주인(아버지)으로 섬기고 있으니 나는 하나님이 지은 죄를 사하여 주고 나를 죽이라고 허락한 것으로 판단해 보시기를 원합니다.

아버지의 아들이 하늘(아버지의 집)로 돌아가라고 말한 것은 내가 하늘(아버지의 집)로 들어가지 않겠다고 하기 때문입니다. 아버지의 아들이 하늘(아버지의 집)로 돌아가는 영(아버지의 모습)이 되라고 말한 것은 내가 하나님이 불로 태우는 허공(빛이 없는 하늘)으로 들어가는 영(하나님의 모습)이 되려고 하기 때문이라는 것으로 계속 말씀드리겠으니 판단해 보시기를 원합니다.

나는 해가 있는 하늘과 달이 있는 하늘을 보고 있다는 것입니다.

해는 하나님이 허공(빛이 없는 하늘)에서 유일한 빛으로 있다는 모습을 나타내는 불(죽은 빛)이라는 것입니다. 아버지의 아들은 아버지가 있기에 빛이 있는 하늘로 들어가라고 하였지만 나는 해가 있는 허공(우주)을 빛이 있는 하늘이라고 말한다는 것입니다. 아버지의 아들은 아버지가 있기에 빛이 있는 하늘로 들어가라고 하였지만 나는 해가 있는 허공(우주)을 빛이 있는 하늘이라고 말하면서 마음으로 아버지가 있기에 빛이 있는 하늘을 찾지 않으려고 한다는 것입니다.

나는 해로 인하여 아버지가 있기에 빛이 있는 하늘을 찾지 못하기에 해는 죄를 지은 자가 된다는 것입니다. 해로 인하여 아버지가 있기에 빛이 있는 하늘을 찾지 못하기에 해는 죄를 지은 자가 되어야 하지만 내가 나에게 죄 지은 자를 사하여 나에게 죄가 없는 자로 만들었다는 것입니다. 해로 인하여 아버지가 있기에 빛이 있는 하늘을 찾지 못하기에 해는 죄를 지은 자가 되어야 하지만 내가 해의 죄를 사하고 죄가 없는 빛으로 만들었으니 나는 해가 빛으로 있는 하늘에서 나를 불로 태워야 한다는 것으로 판단해 보시기를 원합니다.

해는 우주(허공)에 있는 불이기에 하늘에 있는 빛이 아니지만 나는 해가 있기에 하늘에 빛이 있다고 말합니다. 나는 해가 하늘을 밝히는 빛이라고 말하면서 해를 주인(하나님)으로 섬긴다는 것입니다. 내가 해를 주인(하나님)으로 섬기면 나는 나의 영을 죽이려고 일하는 하나님에게 죄를 짓는 것이기에 하나님에게 죽임을 당하는 것으로 하나님이 나에게 지은 죄를 사하여 준다는 것으로 판단해 보시기를 원합니다.

달은 하나님이 우주(허공)에서 유일하게 거룩하게 있다는 모습을 나타내는 광명(죽은 빛의 육체)이라는 것입니다. 달을 가리켜 밤(어둠)을 밝히는 빛이라고 말하면 나는 아버지의 거룩함이 있는 하늘을 찾지 못합니다. 나는 달로 인하여 아버지의 거룩함이 있는 하늘을 찾지 못하기에 달이 나에게 죄를 지은 자가 되어야 하지만 내가 나에게 죄 지은 자를 사하여 나에게 죄가 없는 자로 만들었다는 것입니다. 나는 달로 인하여 아버지의 거룩함이 있는 하늘을 찾지 못하기에 달이 나에게 죄를 지은 자가 되어야 하지만 내가 달의 죄를 사하고 달을 죄가 없는 광명(죽은 빛의 육체)으로 만들었으니 나는 불(죽은 빛)인 해에 태워져야 한다는 것으로 판단해 보시기를 원합니다.

달은 빛을 내지 못하지만 나는 달을 밤(어둠)을 밝히는 빛이라고 말합니다. 나는 달을 밤(어둠)을 밝히는 빛이라고 하면서 달을 하늘의 주인(하나님)으로 섬긴다는 것입니다. 내가 달을 하늘의 주인(하나님)으로 섬기면 나는 나의 영을 죽이려고 일하는 하나님에게 죄를 짓는 것이기에 나는 나에게 죄를 지은 하나님에게 죽임을 당하는 것으로 하나님이 나에게 지은 죄를 사하여 준다는 것으로 판단해 보시기를 원합니다.

나에게 죄를 지은 자가 죄의 사함을 받고 주인으로 있음

↓

죽은 영인 하나님 ⇔ 죽은 빛인 해 ⇔ 죽은 빛의 육체인 달

유일하게 살아 있는 영 ⇔ 유일한 빛 ⇔ 유일하게 거룩한 육체

나는 죽은 영이 됨 ⇔ 불에 타는 영 ⇔ 불에 태워지는 육체

나를 하늘(아버지의 집) ⇔ 나를 빛의 하늘로 ⇔ 나를 빛이 없는
로 가지 못하게 함 가지 못하게 함 하늘로 인도함

↓

하나님의 집에 있 ⇔ 하나님의 집을 ⇔ 나를 불로 태우면서
는 죽은 영이 됨 밝히는 불이 됨 하나님의 집을 밝힘

7. 우리 죄를 사하여 주옵시고

내가 죄의 사함을 받으려면 나에게 죄가 있어야 합니다. 내가 죄를 사하여 달라고 말하면 나에게 죄가 있다는 것이기에 나는 죄를 지은 자가 된다는 것입니다.

죄를 지은 자는 죽임을 당합니다. 그러면 내가 죽임을 당하는 자이기에 아버지의 아들이 나에게 "너는 너의 죄가 무엇인지 알고 죄의 사함을 받아야 한다"고 비유로 말한 것으로 판단해 보시기를 원합니다.

아버지의 아들은 나에게 "너는 아버지를 떠난 탕자(아들)다"고 말한 것입니다. 나는 하늘(아버지의 집)에서 살아 있는 영(아버지의 모습)으로 있었지만 아버지를 떠나 육체(죽은 하나님의 모습)로 있는 탕자라는 것입니다. 나는 아버지를 떠나 육체(죽은 하나님의 모습)에서 생기로 살아 있는 하나님의 모습이 되려는 탕자인 것을 마음으로 알아야 한다는 것입니다.

하나님은 흙으로 만든 한 사람을 동산에 두고 나중에 남자와 여자로 만든 것입니다. 하나님은 흙으로 만든 한 사람을 동산에 두고 선악을 알게 하는 나무의 열매를 먹지 말라고 한 것입니다. 그리고 한 사람은 남자와 여자라는 육체(죽은 하나님의 모습)가 되어 선악을 알게 하는 나무의 열매를 먹었다는 것으로 이것에 대하여는 뒤에서 계속 말씀드리겠습니다.

하나님이 생령인 한 사람을 생명나무가 있는 동산에 둔 것은 생명나무의 열매를 먹으라고 한 것입니다. 하나님이 생령인 나에게 생명나무의 열매를 먹으라고 하면 "네가 그 열매를 먹어야 살아 있는 영으로 있을 것이다"고 한 것입니다. 그러면 나는 생명나무의 열매를 먹으면서 영을 살리는 일을 하지 않겠다는 마음을 먹었다는 것으로 판단해 보시기를 원합니다.

아버지의 아들이 육체가 아니라 영을 살리는 일을 하라고 말한 것은 입으로 먹는 열매로 영을 살리라고 한 것이 아니라는 것입니다. 아버지의 뜻을 행하여야 아버지의 아들이 될 것이라고 하였으니 나는 아버지가 원하는 일을 하면서 살아 있는 영(아버지의 모습)이 되려고 하여야 한다는 것입니다. 내가 동산에서 생명나무의 열매를 먹고 생기로 살아 있는 영으로 있으려고 한 것은 숨을 쉬면서 살아 있는 영이 되지 않겠다고 한 것이기에 나는 아버지를 떠나 죽은 영이 되겠다고 하면서 아버지에게 죄를 지은 것이 된다는 것으로 판단해 보시기를 원합니다.

아버지를 떠나 땅에서 육체(죽은 하나님의 모습)로 있는 나

↓

아버지께 죄를 지은 나 ⇔ 아버지께 죄의 사함을 받으려는 나

↓

영을 살리려고 하지 않음 ⇔ 나는 영을 살리려고 일하게 됨

생명나무의 열매를 먹고 살아 있는 영으로 있으려고 함 ⇔ 아버지가 원하는 일을 하면서 살아 있는 영이 되려고 함

생명나무의 열매를 먹지 못하면 살아 있는 영으로 있지 못함 ⇔ 생명나무의 열매를 먹지 않아도 살아 있는 영으로 있게 됨

생명나무의 열매를 먹으면 죽은 영이 되기에 나를 죽이는 더러운 열매라는 것임 ⇔ 아버지의 뜻을 행하면 살아 있는 영으로 있기에 나는 더러운 열매를 구걸하지 않음

↓

자신만 살아 있는 유일한 영이라고 말하는 하나님이 원하는 것 ⇔ 나의 영을 살리려고 일하는 아버지가 원하는 것임

하나님은 선악을 알게 하는 나무의 열매를 먹으면 반드시 죽을 것이라고 말(예언)한 것입니다.

내가 선악을 알게 하는 나무의 열매를 먹고 죽지 않으려고 하면 하나님의 말(예언)을 무시하는 것입니다. 내가 선악을 알게 하는 나무의 열매를 먹고 죽지 않으려고 하면 나는 하나님을 멸시한 것이기에 하나님에게 죽임을 당하여야 한다는 것입니다.

그런데 뱀은 선악을 알게 하는 나무의 열매를 먹으면 결코 죽지 않을 것이라고 말(예언)한 것입니다. 뱀은 선악을 알게 하는 나무의 열매를 먹고 그 열매를 먹으면 반드시 죽을 것이라고 말(예언)한 하나님을 멸시하라고 한 것입니다.

육체는 반드시 죽어야 한다는 것입니다. 육체가 반드시 죽어야 하는 것은 선악을 알게 하는 나무의 열매를 먹었다는 것입니다. 육체는

선악을 알게 하는 나무의 열매를 먹었기에 반드시 죽어야 하나님의 말(예언)을 무시하지 않는 것입니다. 육체(죽은 하나님의 모습)는 반드시 죽어야 하나님의 말(예언)을 이루면서 하나님을 멸시하지 않는 육체가 된다는 것입니다.

내가 죽지 않는 육체라고 말하면 나는 뱀의 말(예언)을 듣고 하나님의 말(예언)을 무시하는 죄를 짓는 것입니다. 내가 죽지 않는 육체라고 말하면 나는 하나님의 말(예언)을 이루지 못하게 하려고 죄를 짓는 것입니다. 내가 죽지 않는 육체라고 말하면 나는 하나님의 말(예언)을 이루지 못하게 하려고 죄를 짓는 것이기에 나는 하나님에게 죽임을 당하는 것으로 하나님의 말(예언)을 이루어야 한다는 것입니다.

그러면 아버지의 아들은 “너는 하나님의 말(예언)을 무시하는 죄를 지었으니 하나님에게 죄의 사함을 받아야 죽지 않는 육체가 될 것이다”고 말한 것입니다. 그러나 아버지의 아들은 육체가 아니라 영을 살리면서 성경에 기록된 것을 이루었으니 “네가 반드시 죽어야 하는 육체라는 것을 알면 너는 결코 하나님에게 육체가 지은 죄의 사함을 받지 못한다는 것을 알게 될 것이다”고 말한 것입니다. 그리고 아버지의 아들은 “네가 하나님에게 죄의 사함을 받으면 하나님에게 육체가 죽임을 당하지 않겠지만 나이(때)가 되면 결국 죽어 하나님의 말(예언)을 이루어야 한다는 것을 알아야 한다”고 말한 것으로 판단해 보시기를 원합니다.

빛이 되면 해처럼 되고 거룩하게 되면 달처럼 된다는 것입니다.

내가 빛이 되면 나는 해처럼 되어 하나님을 낮의 주인으로 있지 못하게 한다는 것입니다. 내가 거룩하면 나는 달처럼 되어 하나님을 밤의 주인으로 있지 못하게 한다는 것입니다.

하늘을 밝히는 빛이나 하늘에서 거룩하게 있으면 나는 하나님을 허공(아버지가 없는 하늘)에서 유일하게 살아 있는 영으로 있지 못하게 하려고 하나님을 멸시하는 것이 된다는 것입니다. 그러면 내가 하늘에서 빛이나 거룩하게 있으면 하늘에서 자신만 유일하게 살아 있다고 말하는 하나님을 멸시하는 것임을 모르고 있기에 아버지의 아들이 "네가 하나님에게 죄의 사함을 받으면 허공(하나님의 집)에서 하나님에게 죽임을 당하지 않는 죽은 영으로 있을 것이다"고 비유로 말한 것으로 판단해 보시기를 원합니다.

내가 죄를 사하여 달라고 말하면 죄가 있다는 것이기에 나는 죄인이라는 것입니다. 내가 죄를 사하여 달라고 말하면 나는 죄를 지은 죄인이기에 나를 죄가 없기에 죽임을 당하지 않는 깨끗한 자로 만들어 달라는 것입니다.

그러면 아버지의 아들은 나에게 "육체는 하나님의 말(선악을 알게 하는 나무의 열매를 먹으면 반드시 죽을 것이다)을 무시하였기에 반드시 죽임을 당하는 죄를 지었으니 하나님에게 죄의 사함을 받고 죽임을 당하지 않는 죄가 없는 육체가 되라"고 말한 것입니다. 그러나 아버지의 아들은 육체가 아니라 영을 살리는 일을 하라고 하였으니 나는 나의 영이 하나님에게 죽임을 당하는 죄를 짓지 않았다는 것을 마음으로 알고 육체를 살리려고 하나님에게 죄의 사함을 받는 죄인이 아니라 영을 살리는 일을 하여 하나님에게 죽임을 당하지 않는 죄인이 되어야 한다는 것으로 판단해 보시기를 원합니다.

8. 우리를 시험에 들게 하지 마옵시고

생령인 한 사람은 동산에서 생명나무의 열매를 먹으면서 영을 살리는 일을 하지 않았다는 것입니다. 나는 동산에서 생명나무의 열매를 먹으면서 살아 있는 영으로 있었지만 지금 그 열매를 먹지 않고 있다는 것입니다. 나는 생명나무의 열매를 먹으면서 살아 있는 영으로 있었지만 지금 그 열매를 먹지 못하니 살아 있는 영에서 죽은 영이 된 것입니다.

내가 생명나무의 열매를 먹고 살아 있는 영으로 있었다는 것은 영을 살리는 일을 하지 않겠다고 시험(죽음)에 빠진 것입니다. 그런데 내가 다시 시험(죽음)에 빠지려면 나는 다시 그 열매를 먹고 살아 있는 영으로 있겠다고 하여야 한다는 것입니다. 그러면 내가 생명나무의 열매를 먹겠다고 하면 나는 다시 시험(죽음)에 빠진 것이 되어 하나님에게 두 번 죽임을 당한 영이 되어야 한다는 것으로 계속 말씀드리겠으니 판단해 보시기를 원합니다.

나는 시험에 빠져 생명나무의 열매를 먹고 살아 있는 영으로 있었음 ⇒ 지금 생명나무의 열매를 먹지 않으니 나는 사망을 당한 것이 됨 ⇒ 내가 생명나무의 열매를 먹으려는 것은 사망을 당한 영이 죽지 않는 영이 되겠다는 것임 ⇒ 나는 사망을 당한 죽은 영이지만 영을 살리지 않기에 영원한 사망인 불못(둘째 사강)으로 들어가야 한다는 것임

동산에는 생명나무와 선악을 알게 하는 나무가 있었다는 것입니다.

하나님이 짐승과 뱀에게 풀을 먹으라고 말한 것은 과일을 먹지 말라고 한 것입니다. 짐승과 뱀은 자신을 죽이려고 선악을 알게 하는 나무의 열매를 먹지 않았다는 것이고 자신을 살리려고 생명나무의 열매도 먹지 않았다는 것으로 판단해 보시기를 원합니다.

그런데 사람은 생명나무의 열매를 먹고 살아 있는 영으로 있었다는

것입니다. 그러면 짐승과 뱀은 살아 있는 하나님의 모습이기에 하나님이 짐승과 뱀에게 생명나무의 열매를 먹으라고 말하지 않은 것이 된다는 것입니다. 그리고 하나님이 짐승과 뱀에게 선악을 알게 하는 나무의 열매를 먹으면 반드시 죽을 것이라고 말하지 않은 것은 하나님의 모습은 죽지 않는다고 말한 것입니다. 그러나 내가 하나님의 모습이 되면 나는 하나님의 집에서 죽지 못하는 죽은 영으로 있으면서 영원히 불에 태워져야 한다는 것을 마음으로 알아야 한다는 것으로 판단해 보시기를 원합니다.

하나님은 자신의 종도 먹지 않는 더러운 열매를 만든 것이고 뱀은 자신도 먹지 않는 더러운 열매를 나에게 먹으라고 한 것입니다. 그러면 하나님은 자신과 자신의 종도 먹지 않는 더러운 열매를 만든 것이고 뱀은 아버지를 떠난 탕자(아들)인 나를 죽이려고 주인(하나님)과 자신도 먹지 않는 더러운 열매를 먹으라고 준 것으로 판단해 보시기를 원합니다.

하나님은 예언(선악을 알게 하는 나무의 열매를 먹으면 반드시 죽을 것이다)을 한 것이고 내가 그 열매를 먹었다고 다시 예언(육체는 반드시 죽어야 한다)을 한 것입니다. 내가 그 열매를 먹었다고 하나님이 다시 예언(육체는 반드시 죽어야 한다)을 한 것은 결코 나의 육체(죽은 하나님의 모습)를 살리지 않겠다고 한 것임을 나는 마음으로 알아야 한다는 것입니다.

뱀은 선악을 알게 하는 나무의 열매를 먹으면 결코 죽지 않을 것이라고 말(예언)한 것이고 하나님은 그 열매를 먹으면 반드시 죽을 것이라고 말(예언)한 것입니다. 그러면 나는 동산에서 육체(죽은 하나님의 모습)가 되어 죽지 않는 육체(죽은 하나님의 모습)가 되려고 육체(죽은 하나님의 모습)를 살리려는 시험에 빠진 것이 된다는 것으로 판단해 보시기를 원합니다.

그런데 아버지의 아들은 시험에 들게 하지 말라고 말한 것입니다. 나에게 시험에 들지 말라고 말한 것은 "너는 육체(죽은 하나님의 모습)를 살리려는 시험에 빠지지 말라"고 한 것입니다. 그러나 나는 반드시 죽어야 하는 육체(죽은 하나님의 모습)가 되었으니 시험에 빠진 것입니다. 그러면 내가 반드시 죽어야 하는 육체(죽은 하나님의 모습)로 있는 것은 시험에 빠진 것이기에 아버지의 아들은 나에게 "너는 다시 죽지 않는 육체가 되려고 육체(하나님의 죽은 모습)를 살리려는 시험에 빠지지 말라"고 말한 것이 된다는 것으로 판단해 브시기를 원합니다.

나는 죽지 않는 육체(죽은 하나님의 모습)가 되려고 하나님의 말(선악을 알게 하는 나무의 열매를 먹으면 반드시 죽을 것이다)을 무시하는 시험에 빠진 것입니다. 시험에 빠진 내가 다시 시험에 빠지려면 또 하나님의 말(육체는 반드시 죽어야 한다)을 무시하여야 한다는 것입니다. 시험에 빠진 내가 다시 시험에 빠지려견 또 하나님의 말(육체는 반드시 죽어야 한다)을 무시하여야 하기에 나는 생명나무의 열매를 먹고 살아 있는 육체(죽은 하나님의 모습)가 되려고 하여야 한다는 것입니다.

결코 죽지 않는 육체(죽은 하나님의 모습)가 되려고 하나님의 말(선악을 알게 하는 나무의 열매를 먹으면 반드시 죽을 것이다)을 무시하는 시험에 빠짐 ⇒ 생명나무의 열매를 먹고 죽지 않고 살아 있는 육체(죽은 하나님의 모습)가 되려고 하면 하나님의 말(육체는 반드시 죽어야 한다)을 또 무시하는 시험에 빠진 것임 ⇒ 하나님의 말(육체는 반드시 죽어야 한다)을 무시하는 육체(죽은 하나님의 모습)가 되면 죄 위에 죄를 짓는 것이고 죽음을 당하지 않으려다 다시 죽음을 당하는 것이기에 사망에서 사망으로 들어가 영원한 사망인 불못(둘째 사망)에 있어야 한다는 것임

먹지 못하는 열매는 나를 죽이는 더러운 열매라는 것입니다.

육체가 아니라 영을 살리는 일을 하라고 한 것은 육체를 살리려는 시험에 빠지지 말라는 것입니다. 그런데 나는 죽지 않는 육체가 되려고 하였지만 반드시 죽어야 하는 육체가 되었으니 이미 시험에 빠진 것입니다. 나는 시험에 빠져 죽지 않는 육체가 되려고 하나님과 하나님의 종도 먹지 않는 더러운 열매를 먹었으니 내가 또 시험에 빠지려면 나는 다시 하나님과 하나님의 종도 먹지 않는 생명나무의 열매를 먹고 죽지 않고 살아 있는 육체(죽은 하나님의 모습)가 되려고 하여야 한다는 것입니다.

나는 시험에 빠져 열매를 먹은 것이기에 내가 또 시험에 빠지면 다시 열매를 먹어야 한다는 것입니다. 하나님은 선악을 알게 하는 나무의 열매를 먹으면 반드시 죽을 것이라고 말(예언)한 것이고 내가 그 열매를 먹었다고 반드시 죽어야 한다고 다시 말(예언)한 것입니다. 하나님은 반드시 죽어야 한다고 말(예언)하였으니 육체(죽은 하나님의 모습)를 살리려고 나에게 자신과 자신의 종도 먹지 않는 더러운 열매(생명나무의 열매)를 주지 않는다는 것입니다. 그러면 죽지 않는 육체가 되려고 시험에 빠진 내가 다시 시험에 빠져 육체를 살리려고 하면서 불못(둘째 사망)으로 들어가려고 하기에 아버지의 아들이 "너는 열매로 너를 살리려는 시험에 빠지지 말고 영을 살리는 일을 하여 살아 있는 영(아버지의 모습)이 되어야 한다"고 말한 것으로 계속 말

씀드리겠으니 판단해 보시기를 원합니다.

9. 다만 악에서 구하옵소서

나는 하늘(아버지의 집)에서 살아 있는 영(아버지의 모습)으로 있던 아버지의 아들이라는 것을 마음으로 알아야 한다는 것입니다. 나는 하늘(아버지의 집)에서 살아 있는 영(아버지의 모습)으로 있던 아버지의 아들이지만 아버지를 떠나 육체(죽은 하나님의 모습)로 있다는 것을 마음으로 알아야 한다는 것입니다.

나는 아버지를 떠나 죽은 육체(하나님의 모습)로 있는 것입니다. 나는 아버지를 떠나 죽은 육체(하나님의 모습)로 있기에 내가 죽은 영(하나님의 모습)이 되면 나는 영원한 사망인 불못(둘째 사망)에 있게 된다는 것입니다.

나는 아버지를 떠나 죽은 육체(하나님의 모습)로 있기에 내가 육체를 살리는 일을 하면 나는 죽은 영(하나님의 모습)이 되겠다는 악에 있는 것입니다. 나는 아버지를 떠나 죽은 육체(하나님의 모습)로 있기에 내가 하나님의 아들이 되겠다고 하면 나는 죽은 영(하나님의 모습)이 되어 하나님이 아버지로 있는 영원한 사망인 불못(둘째 사망)으로 들어가려고 악에 있는 것으로 영원한 사망에 대하여는 계속 말씀드리겠으니 판단해 보시기를 원합니다.

육체는 생명나무의 열매를 먹지 못하면 반드시 죽어야 하기에 생기로 부활을 하여 다시 죽지 않겠다고 하는 것입니다.

아버지의 아들은 육체가 반드시 죽어야 하는 것은 선악을 알게 하는 나무의 열매를 먹었다는 것이기에 하나님의 말(예언)을 무시하는 시험에 빠진 것이라고 말한 것입니다. 육체가 반드시 죽어야 하는 것은 하나님의 말(예언)을 무시하는 시험에 빠진 것이지만 생명나무의 열매를 먹고 죽은 육체(하나님의 모습)를 살리려는 것은 다시 하나님의 말(육체는 반드시 죽어야 한다)을 무시하는 시험에 빠진 것이라고 말한 것입니다.

부활은 숨을 쉬지 못하는 죽은 육체(하나님의 모습)에게 있는 것입니다. 부활을 하려면 숨을 쉬지 못하는 죽은 육체(하나님의 모습)가 되어야 한다는 것입니다. 부활이란 숨을 쉬지 못하는 죽은 육체(하나님의 모습)가 되면 생기(살아 있는 기)로 살아 있는 육체(죽은 하나님의 모습)가 된다는 것으로 부활에 대하여는 계속 말씀드리겠으니 판단해 보시기를 원합니다.

육체가 죽으면 부활을 하여 다시 죽지 않는 육체(죽은 하나님의 모습)가 될 것이라고 말합니다. 숨을 쉬면서 살아 있는 내가 숨을 쉬지 못하는 죽은 육체(하나님의 모습)가 되면 생기(살아 있는 기)로 부활을 하여 다시 죽지 않는 죽은 하나님의 모습이 될 것이라고 말하는 것입니다.

하나님은 선악을 알게 하는 나무의 열매를 먹었다고 동산에서 쫓아내면서 육체는 반드시 죽어야 한다고 말(예언)한 것입니다. 동산에서 쫓겨난 내가 생명나무의 열매를 먹고 죽지 않는 육체가 되겠다고 하면 나는 육체를 살리려고 다시 하나님의 말(예언)을 무시하는 시험에 빠진 것이 됩니다. 그러나 육체가 죽으면 생기(살아 있는 기)로 부활을 하여 다시 죽지 않겠다고 하면 나는 생명나무의 열매를 먹지 않아도 죽지 않는 죽은 하나님의 모습으로 있으면서 하나님을 멸시하겠다는 것이기에 악에 있는 것이 된다는 것입니다.

육체는 시험에 빠져 선악을 알게 하는 나무의 열매를 먹었기에 반드시 죽어야 한다는 것입니다. 시험에 빠진 육체는 반드시 죽어 죽은 하나님의 모습이 되어야 한다는 것입니다. 시험에 빠진 육체는 반드시 죽어 숨을 쉬지 못하는 죽은 하나님의 모습이 되어야 하기에 내가 생명나무의 열매를 먹겠다고 하는 것은 죽은 육체(하나님의 모습)를 살리면서 영(아버지의 모습)을 죽이려고 다시 시험에 빠진 것이 된다는 것입니다.

육체가 죽더라도 생기로 부활을 하여 다시 죽지 않는 죽은 하나님의 모습이 되겠다고 하면 나는 시험에 빠진 것보다 더 악하기에 악에 있는 악인이 된다는 것입니다. 육체(죽은 하나님의 모습)가 죽더라도 생기로 부활을 하여 다시 죽지 않는 죽은 하나님의 모습이 되겠다고 하면 하나님의 집이 무덤이라는 것을 알면서 하나님의 집으로 들어가려는 것이기에 아버지의 아들이 "너는 시험에 빠진 것보다 더 악하기에 악에 있는 악인이다"고 말한 것임을 나는 마음으로 알아야 한다는 것으로 판단해 보시기를 원합니다.

나를 악에서 구하라고 말한 것입니다.

나를 악에서 구하려면 나는 악에 있어야 합니다. 아버지의 아들은 나에게 "너는 악에 있으니 너를 악에서 구하라"고 말한 것입니다. 아버지의 아들이 나에게 악에 있지 말라고 말한 것은 내가 나의 영을 죽이려고 악에 있다고 말한 것으로 판단해 보시기를 원합니다.

생명나무의 열매를 먹지 않으면 나의 육체는 반드시 죽어야 합니다. 그리고 하나님은 자신의 말(육체는 반드시 죽어야 한다)을 이루어야 하기에 나에게 결코 생명나무의 열매를 주지 않는다는 것입니다. 그런데 나는 생명나무의 열매를 먹지 못하기에 육체가 반드시 죽어야 한다는 것을 알면서 생기로 부활을 하여 다시 죽지 않는 육체가 될 것이라고 말한다는 것입니다. 그러면 나는 하나님이 자신의 말(육체는 반드시 죽어야 한다)을 이루려고 생명나무의 열매를 주지 않는다는 것을 알면서 생기로 부활을 하려고 하나님이 나를 죽이는 자라는 것을 숨기려는 것이기에 아버지의 아들이 나에게 "너는 악에 있지 말라"고 말한 것으로 판단해 보시기를 원합니다.

생기로 부활을 하여 다시 죽지 않는 죽은 하나님의 모습이 될 것이라고 말하면 나는 하나님이 나를 죽이는 자라는 것을 숨기려고 악한 말을 하는 것입니다. 내가 생기로 부활을 하려면 나는 하나님이 나를 죽이는 자라는 것을 숨겨야 하기에 아버지의 아들이 "너는 악에 있지 말라"고 한 것입니다. 내가 생기로 부활을 하여 다시 죽지 않는 죽은 하나님의 모습이 되려면 나는 하나님이 나를 죽이는 자라는 것을 숨겨야 하기에 아버지의 아들이 "너는 죽지 않는 죽은 하나님의 모습이 되어 자신만 유일하게 살아 있는 영이라고 말하는 하나님에게 죽임을 당하는 악한 영이 되지 말라"고 한 것임을 나는 마음으로 알아야 한다는 것으로 계속 말씀드리겠으니 판단해 보시기를 원합니다.

나는 육체를 살리려고 하지 않아야 하나님의 말(육체는 반드시 죽는다)을 이루는 육체가 된다는 것입니다. 육체를 살리려고 하지 않으면 하나님에게 죽임을 당하지 않는 육체가 되지만 아버지의 아들은 "육체가 아니라 영을 살리는 일을 하라"고 말한 것입니다. 아버지의 아들이 육체가 아니라 영을 살리는 일을 하라고 한 것은 "네가 육체를 살리지 않으면 하나님에게 죽임을 당하지 않듯이 네가 영을 살리는 일을 하여 살아 있는 영이 되면 너는 하나님에게 죽임을 당하지 않기에 하늘(아버지의 집)에서 영원히 살아 있는 아들로 있을 것이다"고 말한 것입니다.

육체가 죽으면 생기로 부활을 하여 살아 있는 하나님의 모습이 될 것이라고 말하면 하나님이 나를 죽이는 자라는 것을 숨기려는 것입니다. 육체(죽은 하나님의 모습)가 죽으면 생기로 부활을 하여 살아 있는 하나님의 모습이 될 것이라고 말하면 하나님이 죽은 영이라는 것을 숨기려는 것입니다. 육체(죽은 하나님의 모습)가 죽으면 생기로 부활을 하여 살아 있는 하나님의 모습이 될 것이라고 말하면 하나님이 나를 죽이는 악한 영이라는 것을 숨기려는 것이기에 아버지의 아들이 "너를 살리는 분은 아버지라는 것을 알고 악에 있지 말라"고 말한 것입니다.

아버지의 아들은 육체가 아니라 영을 살리는 일을 하라고 말한 것이고 하나님은 선악을 알게 하는 나무의 열매를 먹었기에 육체는 반드시 죽어야 한다고 말(예언)한 것입니다. 그러면 하나님도 육체를 살리는 일을 하지 말라고 말한 것이 되어야 하지만 하나님은 자신만 유일하게 살아 있는 영이라고 말하기에 육체와 영을 살리는 일을 하지 말라고 한 것으로 판단해 보시기를 원합니다.

하나님은 자신만 유일하게 살아 있는 영이라고 말하기에 네가 영을 살리는 일을 하면 나를 무시하는 것이라고 협박을 한 것입니다. 하나님은 네가 영을 살리려고 하면 나를 무시하면서 나에게 죽임을 당하려는 것이니 너는 영을 살리려는 마음을 먹지 말라고 협박을 한 것입니다. 그러면 아버지의 아들은 나에게 "자신만 유일하게 살아 있는 영이라고 말하는 하나님은 결코 너의 영을 살리지 않으니 너는 하나님의 협박에 미혹되어 너를 죽이는 일을 하지 말고 아버지께서 너를 살리려고 일하니 아버지를 믿고 살아 있는 영이 되라"고 말한 것으로 판단해 보시기를 원합니다.

아버지께서 나에게 원하는 것 ⇔ 하나님(빛의 영)이 원하는 것

↓

육체를 살리려고 하지 않는 것임 ⇔ 육체가 반드시 죽는 것임

영을 살리려고 일하는 것임 ⇔ 영을 살리려고 하지 않는 것임

숨을 쉬면서 살아 있는 것임 ⇔ 생기로 살아 있는 것임

하늘을 밝히지 않는 것임 ⇔ 허공(하나님의 집)을 밝히는 것임

↓

아버지의 집에서 일하지 말고 살아 있기만 하라는 것임 ⇔ 불에 태워지면서 영원히 하나님의 집을 밝히라는 것임

10. 대개 나라와 권세와 영광이 아버지께 영원히 있사옵나이다

내가 아무리 나이를 먹어도 부모는 나를 어린아이로 여긴다는 것입니다. 그리고 어린 내가 부모의 집에 있으면 부모가 나를 살리기에 나는 부모의 집에서 살아 있기만 하면 된다는 것입니다.

아버지의 아들은 모든 나라와 권세와 영광이 아버지께 영원히 있다고 말한 것입니다. 모든 나라와 권세와 영광이 아버지께 영원히 있으면 아들에게는 아무것도 없다는 것입니다. 모든 나라와 권세와 영광이 아버지께 영원히 있으면 아버지가 아들을 살려야 하기에 아들은 하늘(아버지의 집)에서 아무걱정 없이 살아 있기만 하면 된다는 것으로 판단해 보시기를 원합니다.

그러나 하나님은 자신의 집에서 자신만 유일하게 살아 있는 영으로 있다는 것입니다. 내가 하나님의 양자가 되면 나는 아비(하나님)에게 죽임을 당하여 하나님의 집에서 영원히 죽은 영으로 있어야 한다는 것을 마음으로 알아야 한다는 것입니다.

모든 나라와 권세와 영광이 아버지께 영원히 있으면 아버지의 자리를 빼앗으려는 아들이 없다는 것입니다. 모든 나라와 권세와 영광이 아버지께 영원히 있으려면 아버지의 자리를 빼앗으려는 아들이 없어야 하기에 아버지는 하늘(아버지의 집)에서 영원히 아버지로 있어야 한다는 것입니다. 그리고 아들은 "나는 아버지의 모습이지만 아버지의 이름으로 일하는 아들이지 아버지를 대신하여 아버지로 있는 것이 아니다"고 말한 것입니다.

내가 아들인 것을 아버지가 증거해 주신다고 한 것은 나는 하늘(아버지의 집)에서 아들로 있다고 말한 것입니다. 아들이 아버지의 집에서 아들로 있으면 아버지는 하늘을 떠나지 않고 아버지로 있어야 한다는 것입니다. 아들이 하늘에서 아들로 있으면 아버지는 하늘을 떠나지 않아도 되기에 아들은 아버지와 함께 아버지의 거룩함이 빛으로 있는 하늘(아버지의 집)에 영원히 있게 된다는 것으로 판단해 보시기를 원합니다.

육체가 아니라 영을 살리는 일을 하라고 한 것은 나에게 하늘(아버지의 집)을 밝히는 빛이 되라고 말한 것이 아닙니다. 나에게 육체(죽은 하나님의 모습)를 살려 허공(빛이 없는 하늘)을 불로 밝히는 하나님의 모습이 되지 말라고 말한 것입니다. 나에게 하늘(아버지의 집)을 밝히는 빛이 되라고 말한 것이 아니라 아버지가 있기에 아버지의 거룩함이 빛으로 있는 하늘(아버지의 집)에서 숨을 쉬는 영으로 있으라고 말한 것입니다.

나는 아버지가 있기에 아버지의 살아 계심이 빛으로 있는 하늘(아버지의 집)에서 숨을 쉬면서 살아 있는 영으로 있기만 하면 된다는 것입니다. 내가 하늘(아버지의 집)을 밝히면 아버지는 내가 있는 집을 떠나야 하고 나는 허공(아버지가 없는 하늘)을 밝히는 불(하나님의 모습)이 되어야 하기에 나는 아버지의 집에서 숨을 쉬면서 살아 있는 영으로 있기만 하면 된다는 것으로 판단해 보시기를 원합니다.

그런데 하나님은 일곱째 날에 자신의 집에서 안식을 하고 있다는 것입니다. 하나님은 안식을 하면서 자신의 아들(모습)들에게 자신을 대신하여 자신의 집을 밝히라고 시킨 것입니다. 하나님은 안식을 하고 하나님의 아들(모습)들은 자신을 불로 태우면서 하나님을 대신하여 하나님의 집에서 주인 노릇을 하고 있다는 것입니다. 하나님은 안식을 하고 하나님의 아들(모습)들이 하나님의 집을 불로 밝히면서 하나님을 대신하여 주인 노릇을 하고 있기에 때가 되면 하나님은 자신의 집에서 자신만 유일하게 살아 있다는 것을 나타내려고 영원히 꺼지지 않는 불이 되어 자신의 집을 불못(둘째 사망)으로 만든다는 것으로 계속 말씀드리겠으니 판단해 보시기를 원합니다.

11. 아버지가 되려면 아버지가 없는 하늘에 있어야 한다는 것입니다.

삼박자가 맞아야 한다는 말이 있습니다. 하나님이 아버지가 되려면 삼박자가 맞아야 한다는 것입니다. 하나님이 아버지가 되려면 아버지가 없는 하늘에 아버지의 모습으로 있는 영과 빛이 있어야 한다는 것으로 판단해 보시기를 원합니다.

나에게 아버지를 떠난 탕자(아들)라고 한 것은 내가 아버지가 있는 하늘(아버지의 집)로 돌아가지 않으려 한다고 말한 것입니다. 아버지를 떠난 내가 육체(죽은 하나님의 모습)로 있으면서 아버지에게 돌아가지 않으려 한다고 말한 것입니다. 그러면 아버지를 떠난 나는 육체(죽은 하나님의 모습)에서 하나님을 대신하여 살아 있는 영으로 있으면서 아버지에게 돌아가는 것을 마음으로 싫어하고 있는 것입니다.

내가 아버지에게 돌아가지 않으려고 하기에 나에게 기도하는 방법을 주면서 "네가 육체(죽은 하나님의 모습)에서 어떻게 있는지 마음으로 알고 아버지의 뜻(마음)을 구하라"고 말한 것입니다. 이 죄인은 감히 아버지의 뜻(마음)에 대하여 알았다고 말씀드리는 것이 아니라 아버지의 뜻(마음)을 구하려고 아버지께 간절히 매달리는 가엾은 자라고 말씀드리는 것입니다. 그리고 이 죄인이 조금이나마 간절히 구한 아버지의 뜻(마음)에 대하여 감히 말씀드리는 것은 아버지께 더 좋고 많은 것을 구하시어 감히 아버지의 뜻(마음)에 대하여 말씀드리고 있는 이 죄인이 얼마나 미약하고 가엾은 자인지 아시기를 간절히 원하기 때문입니다.

아버지께서 태초에 아버지가 없기에 빛이 없는 하늘과 땅을 만들었지만 아버지와 아들이 없었다는 것입니다. 아버지는 빛이 없는 하늘과 땅에는 아버지와 아들이 없다는 것을 나타낸 것입니다. 아버지는 빛이 없는 하늘과 땅에는 아버지와 아들이 없다는 것을 나타냈지만 아버지의 모습인 하나님(빛의 영)이 있게 되었으니 나는 하늘의 주인이 되려는 아들은 빛이 없는 곳에 있게 된다는 것을 알고 아버지가 주인으로 있는 하늘에서 아들로 있기를 원하여야 한다는 것으로 판단해 보시기를 원합니다.

육체(죽은 하나님의 모습)에는 주인(아버지와 아들)이 없다는 것입니다. 육체에는 주인(아버지와 아들)이 없기에 나는 육체(죽은 하나님의 모습)에서 죽은 영으로 있는 것입니다. 나는 숨을 쉬면서 살아 있는 영(아버지의 모습)이지만 육체(죽은 하나님의 모습)에서 주인(살아 있는 영)으로 있지 못한다는 것입니다. 나는 숨을 쉬면서 살아 있는 영(아버지의 모습)이지만 육체(죽은 하나님의 모습)에서 깊은 잠에 빠져 잠에서 깨어나지 않으려고 한다는 것으로 판단해 보시기를 원합니다.

육체는 흙이기에 빛이 없음 ⇒ 나는 빛이 없는 밤(육체)에 있는 것이 됨 ⇒ 나는 빛이 없는 밤(육체)에서 숨을 쉬면서 살아 있는 영으로 있음 ⇒ 나는 빛이 없는 밤(육체)에서 깊은 잠에 빠져 있기에 잠에서 깨어나지 않으려고 한다는 것임

하나님은 밤(빛이 없는 하늘)에서 주인으로 있듯이 밤(빛이 없는 육체)의 주인으로 있으려고 한다는 것입니다. 자신만 유일하게 살아 있는 영이라고 말하는 하나님이 밤(빛이 없는 육체)의 주인이 되려고 한다는 것입니다. 하나님이 육체의 주인으로 있으면 나는 하나님을 유일하게 살아 있는 영으로 있지 못하게 하는 악한 영이 되지 않으려고 육체(죽은 하나님의 모습)에서 죽은 영으로 있어야 한다는 것으로 판단해 보시기를 원합니다.

탕자(아버지의 아들)인 나는 아버지를 떠나 밤(육체)에 있음

↓

밤(육체)에서 잠들어 있음 ⇒ 하나님이 육체의 주인으로 있음

나는 밤(육체)에서 깨어나지 않으려고 함 ⇒ 하나님이 육체에서 유일하게 살아 있는 영으로 있다는 것임

하나님이 육체(죽은 하나님의 모습)에서 유일하게 살아 있는 영으로 있는 것은 내가 육체를 살리려고 하기 때문이라는 것입니다. 내가 육체(죽은 하나님의 모습)를 살리려고 하면 하나님이 육체의 주인으

로 있으면서 육체를 살려야 한다는 것입니다. 내가 육체(죽은 하나님의 모습)를 살리려고 하면 하나님이 육체를 살리려고 육체에서 유일한 선으로 있어야 하기에 나의 영은 육체에서 악으로 있어야 한다는 것으로 판단해 보시기를 원합니다.

육체는 하나님의 형상이기에 밤(죽은 하나님의 모습)이라는 것입니다. 육체를 살리려면 밤(죽은 하나님의 모습)을 낮(빛의 하늘)으로 만들어야 한다는 것입니다. 육체를 살리려면 하나님이 주인으로 있어야 하기에 육체를 낮(빛의 하늘)으로 만들어야 한다는 것으로 판단해 보시기를 원합니다.

육체(죽은 하나님의 모습)를 낮(빛의 하늘)으로 만들려고 함

↓

숨을 쉬고 있는 나는 숨을 쉬지 못하는 빛이 됨 ⇒ 나의 육체에서 주인으로 있는 하나님이 숨을 쉬고 있게 됨

나는 숨을 쉬지 못하면서 생기로 살아 있는 영이 됨 ⇒ 하나님이 나의 육체에서 숨을 쉬는 영(아버지의 모습)이 됨

↓

나는 빛이 없는 하늘에서 불(하나님의 모습)이 됨 ⇒ 하나님을 낮(빛의 하늘)에서 살아 있는 유일한 영으로 만듦

나에게서 아버지의 숨결이 떠나면 아버지의 거룩함이 떠난 것입니다. 나에게서 아버지의 숨결이 떠나면 나는 아버지의 거룩함이 없기에 빛이 되지 못한다는 것입니다. 나에게서 아버지의 숨결이 떠나면 나는 아버지의 거룩함이 없기에 빛이 되지 못하고 하나님의 거룩함인 생기로 있는 불(죽은 빛)인 해(하나님의 모습)가 되어야 하기에 나는 빛이 되려고 하지 않아야 한다는 것으로 판단해 보시기를 원합니다.

나는 숨결(아버지의 거룩함)을 버리고 빛이 되려고 함

↓

하나님에게 숨결(아버 ⇒ 나는 숨을 쉬지 못하는 죽은 영이
지의 거룩함)이 감 지이만 생기로 살아 있는 영이 됨

↓

하나님이 숨을 쉬는 영 ⇒ 아버지의 모습인 나는 해처럼 생
(아버지의 모습)이 됨 기로 있는 불(하나님의 모습)이 됨

↓

하나님은 하늘에서 숨을 쉬면 ⇒ 나는 하나님을 대신하여 허
서 살아 있는 아버지가 됨 공에 있는 하나님의 신이 됨

지금까지 이 죄인이 드리는 말씀을 보셨다면 다시 처음부터 보시면서 판단해 보시기를 간절히 원합니다. 그리고 창세기 2장에 대하여 말씀드리는 것을 보시면 이 죄인이 얼마나 미약한 말씀을 드리고 있는지 아시게 되실 것입니다.

– 2권에서 계속